WIESBADEN

Baudenkmale
und
Historische Stätten

von
Berthold Bubner

Verlag
H.-G. Seyfried
Wiesbaden
1993

Bildquellennachweis:

Die Abbildungsvorlagen entstammen, soweit sie nicht der zitierten Literatur entnommen sind, folgenden Quellen (Die Ziffern geben die Anzahl der Abb. an):

Architektursammlung TU München (1); W. Bardenhewer (1); L. Deiglmayr (1); Denkmalbehörde Wiesbaden (15); F. Gerecke (2); Fa. Gehrmann Consult GmbH (1); Hochbauamt Wiesbaden (1); H. Höppli (1); Kartogr. Inst. G. Schiffner, Lahr/Baden (2); P. Kaufmann (1); Landesamt für Denkmalpflege Wiesbaden (2); Landesbibliothek Wiesbaden (3); M. Lauth (1); H. K. E. Pohle (3); B. Roessel (2); Sammlung Nass. Altertümer/Museum Wiesbaden (44); R. Schmidt (3); Staatsbauamt Wiesbaden (4); Stadtarchiv Wiesbaden (2); E. Steinbrecher/Stadtplanungsamt (18); Verlag Schnell u. Steiner/K. Gramer (2); Vermessungsamt Wiesbaden (7); J. B. Weber/Presseamt (53); A. Zais (1); Ziethen-Verlag (1)

Kartographie: Vermessungsamt Wiesbaden 1992. Kartengrundlage Stadtkarte 1:2500 verkleinert auf 1:5000.

Für weitere Photoarbeiten wird Petra Glaser, Petra Ritter und Walter Rautenberg (Vermessungsamt) gedankt.

Impressum:

© Verlag H.-G. Seyfried, Wiesbaden 1993

Redaktion und Gestaltung: Berthold Bubner
Satz und Druck: Dinges & Frick GmbH, Wiesbaden

ISBN 3-922 604-20-X

Zum Geleit

Bauwerke bestimmen das Wesen der Stadt. Sie berichten von der Zeit, in der sie entstanden sind und von dem Geist, der sie schuf. Wiesbaden ist vorwiegend eine Stadt des 19. Jahrhunderts. Der Wandel vom Weltkurort zum modernen Wirtschaftszentrum spiegelt sich auch in den Bauwerken wider. Was den Charme dieser Stadt ausmacht, sind nicht zuletzt ihre historischen Bauten, die ihr einen individuellen Charakter verleihen.

„Baudenkmale und historische Stätten" will verstanden sein als ein Denkmalführer, der Einheimischen wie Fremden die Blicke schärft für die Schönheiten einer untergegangenen Epoche, zugleich jedoch hinführen zu den architektonischen Reizen der Umgebung, die gemeinsam mit dem Stadtkern und den ausgedehnten Villengebieten bis heute die Attraktivität und Unverwechselbarkeit Wiesbadens bestimmen.

Mein Dank gilt denen, die dieses Büchlein erarbeitet haben, für ihr Engagement und ihre Liebe zu unserer Stadt. Meine herzlichen Grüße gelten allen, die diesen Denkmalführer in die Hand nehmen und darin verweilen.

Achim Exner
Oberbürgermeister

Inhaltsverzeichnis

Stichworte zur Stadtgeschichte

1. Jh. n. Chr.

Römerkastell in Wiesbaden, dessen Mitte vermutlich der heutige Mauritiusplatz war sowie Steinkastell auf dem Heidenberg unter Kaiser Domitian (81–96 n. Chr.). Die Römer nennen Wiesbaden „Aquae Mattiacae" (die Wasser der Mattiaker) nach dem hier ansässigen Germanenstamm. Schützenhofquelle, Adlerquelle und Kochbrunnen werden im Zusammenhang mit Thermenanlagen zu Badezwecken benutzt. (13, 14, 17, 18, 19, 98)

2. Jh. n. Chr.

Konstituierung der Civitas Mattiacorum unter Kaiser Hadrian (117–138 n. Chr.) Auflassung des Steinkastells.

3. Jh. n. Chr.

Zerstörung von Aquae Mattiacae durch die Alemannen.

4. Jh. n. Chr.

Bau der „Heidenmauer" (14) unter Kaiser Valentinian (364–375 n. Chr.) (14)

400 n. Chr.

Verlust der römischen Herrschaft.

Ende 5.–10. Jh.

Unter den fränkischen Königen wird die Ansiedlung Hauptort des „Königssondergaues". Einhard, der Chronist Karls des Großen, erwähnt 829 erstmals ein „Castrum Wisibada", in dem er übernachtet hat. Reste einer solchen Turmburg oder eines Königshofes („curtis regia") wurden nach dem 2. Weltkrieg beim Wiederaufbau unter dem Kavalierhaus (8) gefunden. Das Zentrum dieser Burg ist demnach im Bereich des heutigen Schloßplatzes zu suchen, während sich der „Flecken", d.h. die Wohnstatt der Bürger am Standort des ersten (claudischen) Kastells, im Bereich des heutigen Mauritiusplatzes befand.

11. Jh. n. Chr.
Wiesbaden geht als kaiserliches Lehen in den Besitz der Grafen von Nassau über.

13./14. Jh.
Erwähnung der Burg Sonnenberg als Sitz der Grafen von Nassau (82).

1236
Verleihung der Stadtrechte für den Burgbezirk durch Kaiser Friedrich II. (1212–1250). Zu dieser Zeit besteht noch der „pallas" oder „saal" der Königsburg.

1242
Zerstörung Wiesbadens durch den Mainzer Erzbischof Siegfried III. und 40 Jahre später durch Gottfried v. Eppstein.

1296
König Adolf von Nassau (1277–1298), der einzige deutsche König aus dem Geschlecht der Nassauer, stiftet das Kloster Klarenthal (80).

1348
Karl IV. (1316–1378) bestätigt den Grafen von Nassau die Stadt Wiesbaden als Lehen.

Im Mittelalter
umfaßte der befestigte Ort den Bereich innerhalb der heutigen Taunus-, Wilhelm-, Friedrich-, Schwalbacher-, Coulinstraße und Saalgasse. Dieses Gebiet wurde von der sog. Heidenmauer geradlinig durchschnitten.
Im nordöstlichen Teil, dem „Sauerland", lagen die Badhäuser, im südlich an die Heidenmauer grenzenden Gebiet „Flecken" und „Stadt" mit dem Herrschaftsbereich.

14./15. Jh.
Fehden zwischen den Mainzer Kurfürsten und den Grafen von Nassau. In dieser Zeit werden die Wehrhöfe in Frauenstein (71–74) errichtet.

1503
Erste urkundliche Erwähnung des Uhrturms (6) (Regierungszeit Graf Adolf III. 1480–1511). Gleichzeitig entsteht eine neue, vergrößerte Stadtmauer und der „Neue Bau" im Burgbezirk, der 1596 durch das „Neue Schloß" abgelöst wird.

1547
Großer Stadtbrand, der Wiesbaden mit Ausnahme der Schloßgebäude fast völlig zerstört.

1608/10
Bau des alten Rathauses (1) (Regierungszeit Graf Ludwig II. 1605–1627).

1626/1644
Wiesbaden wird im 30jährigen Krieg (1618–1648) mehrmals verwüstet.

1690–1698
Fürst Georg August Samuel (1677–1721) läßt die alte Stadtmauer abbrechen, die Neu-, Weber- und Saalgasse anlegen und beginnt eine neue Stadtmauer mit Tortürmen (I, 11) zu bauen. 1696 wird das „Neue Schloß" erneuert und vergrößert.

1701–1703

Baubeginn des Biebricher Schlosses (60).

1728

Bau des Hauses der Familie Cetto (12).

1744

Fürst Karl (1728–1775) erhebt Wiesbaden zum Regierungssitz. Residenz wird das zu dieser Zeit fertiggestellte Biebricher Schloß.

1753

Bau des Marktbrunnens (5).

Um 1800

entstehen das Handwerkerhaus (41), mutmaßlich das Haus Neugasse 18 (11), und der Hof Geisberg (45) (Regierungszeit des Fürsten Karl Wilhelm 1775–1803).

1806

Nassau wird Herzogtum, nachdem die Beschlüsse der Reichsdeputation 1803 eine Vergrößerung der nassauischen Besitzungen herbeigeführt hatten.

1810

Fertigstellung des alten Kurhauses durch Christian Zais (23).

1813

Baubeginn des Erbprinzenpalais (Christian Zais) (31) (Regierungszeit Herzog Friedrich August 1803–1816)

1816

Herzog Wilhelm I. (1816–1839)

vereinigt das Nassauische Land unter seinem Zepter; Wiesbaden wird Hauptstadt des Herzogtums Nassau.

Herzog Friedrich August und sein Nachfolger Wilhelm I. beabsichtigen, der jungen Hauptstadt durch neue, einheitliche Bauten ein großzügiges und stattliches Aussehen zu geben. Diesem Vorhaben muß manches alte Bauwerk, u.a. der alte Schloßbereich, weichen.

1805 tritt Christian Zais (1770–1820), zunächst Landbaumeister, dann herzoglicher Bauinspektor, in nassauische Dienste. Er leistet als Baukünstler Grundlegendes für die Entwicklung der Stadt Wiesbaden.

Baudirektor Carl Florian Goetz (1763–1829) beginnt eine leistungsfähige Bauverwaltung im Herzogtum aufzubauen und schafft die Voraussetzungen für die Anlage von Wilhelm- und Friedrichstraße sowie deren Bebauung mit Modellhäusern.

Mit der Planung des Kurviertels und dessen räumlicher Gestalt, mit dem Kurhaus 1808–10 (23), dem Badhaus „Vier Jahreszeiten" 1817–1822 (22), dem Erbprinzenpalais 1813–20 (31) und schließlich dem Generalbauplan von 1818 legt Christian Zais seine Auffassung von der künftigen Gestaltung der Stadt dar und bestimmt damit ihren architektonischen Rahmen. Zais beabsichtigt, den Alleenring um sein

„historisches Fünfeck" (Wilhelmstraße/Taunusstraße/Röderstraße/Schwalbacher Straße/Luisen-/bzw. Rheinstraße) zu schließen und noch vor Anlage der Luisenstraße mit dem Bau der Rheinstraße zu beginnen.

Die Stadt entwickelt sich rasch über die Stilgrenzen des Klassizismus hinaus, der jedoch im weiteren Verlauf des 19. Jh. in verschiedenster Form, z.B. in der Nachblüte des Spätklassizismus (56, 57), bestimmend ist.

Die Regierungszeit Herzog Wilhelms I. ist in der Architektur gekennzeichnet durch den Übergang vom strengen „römischen" zum sogenannten romantischen Klassizismus („Biedermeier") und den spätromantischen Strömungen um die Jahrhundertmitte als Ausdruck bürgerlicher Kunst und Kultur.
In diese Zeit fallen folgende, noch erhaltene Bauten (in der Reihenfolge ihrer Entstehung):
Schenk'sches Haus (35), Jagdschloß Platte (55), Kavalierhaus (8), Alte und Neue Kolonnade (24, 25), Alte Münze (37), Pädagogium (Hessisches Kultusministerium) (37), Staatsministerium (39), Baubeginn des Stadtschlosses (3).

1839–1866
Herzog Adolph von Nassau (1839–1866) übernimmt die Regierung. Die architektonischen Merkmale seiner Zeit sind gekennzeichnet durch den beginnenden „Historismus", der in unbefangener Weise

u.a. Formen der Romanik, Gotik, der italienischen Frührenaissance (Rundbogenstil) und exotischer Stilrichtungen anwendet und damit neue Gestaltungsmöglichkeiten erschließt. Das klassizistische Bauideal bleibt daneben weiterhin lebendig. Mit dem Bau des Palais von Hagen (1823) und des im Krieg untergegangenen Palais der Herzogin Pauline (sog. „Paulinenschlößchen") um 1840 oberhalb der Sonnenberger Straße werden die Hänge erstmals in größerem Stil bebaut. Dies ist der Beginn der ausgedehnten Villengebiete.

Unter Herzog Adolph entstehen (in zeitlicher Reihenfolge) u. a.:

Stadtschloß (3), Staatsministerium (39), Landhaus vor dem Tor (56), Bonifatiuskirche (36), Griechische Kapelle (Russisch-orthodoxe Kirche) (52), Nerobergtempel (53), Waterloo-Denkmal (38), Marktkirche (2), Kaskaden-Brunnen (26), Schule auf dem Schulberg (42), Beginn der Adolfsalle (47), Englische Kirche (32).

1866
Wiesbaden wird preußisch und entwickelt sich in der Zeit bis zur Jahrhundertwende zum mondänen Weltbad. Durch die regelmäßigen Kaiserbesuche erlebt die Stadt eine spektakuläre Aufwertung, die sich auch im Bauwesen bemerkbar macht.

Die südlichen und westlichen Viertel im Bereich der Ringstraße erwei-

11

tern sich. Die alten Villengebiete um den Kurbezirk, im Nerotal und an der Bierstädter Höhe erhalten ihre endgültige Gestalt. Architektonisch wird diese Zeit zunächst bestimmt vom „Historismus" (u.a. Gotik, italienische Hochrenaissance unter dem Einfluß Gottfried Sempers (1803–1879) und deutsche Renaissance), dessen letzte Steigerung insbesondere die Ära Wilhelms II. prägt (Neubarock).

Der preußische Einfluß macht sich u.a. in der Übernahme der Berliner Bautradition Karl Friedrich Schinkels (1781–1841) und der von ihm inspirierten Bauakademie geltend (47, 48).

Um die Jahrhundertwende zeigen sich zahlreiche Strömungen, die eine Überwindung des Späthistorismus und seines formalen Anspruches zur Folge haben. Es bilden sich als Reformbewegungen auf vorwiegend handwerklicher Grundlage u. a. der Jugendstil (art nouveau) (59), der Deutsche Werkbund und ein Neuklassizismus (58), der klassizistische Traditionen neu interpretiert.

Bauten der preußischen Zeit sind (in der Reihenfolge der Entstehung) u.a.:
Alte Synagoge (16), Wilhelms Heilanstalt (9), Konservatorium (57), Casino-Gebäude (34), Keramische Werkstätten Höppli (48), Villa Clementine (33), Müllerstraße (43), Bergkirche (40), Neues Rathaus (4), Hessisches Staatstheater (27), Ringkirche, Weißes Haus (59), Neues Kurhaus (23), Hauptbahnhof (50), Landeshaus (51), Söhnlein-Villa (58), Luther-Kirche (49), Museum (46).
Das ursprünglich klassizistische Stadtbild des 19. Jh. ging durch die Bauentwicklung in preußischer Zeit und die Zerstörungen im 2. Weltkrieg verloren und ist nur noch vereinzelt erkennbar (Luisenstraße und Luisenplatz, Rheinstraße, Wilhelmstraße, Taunusstraße).

Im Folgenden werden auch Bauten beschrieben, die nicht mehr vorhanden sind. Ihre Erwähnung ist dennoch wichtig, weil sie aus der Geschichte der Stadt nicht fortzudenken sind und als historische Stätten in den Namen von Plätzen, Straßen und Häusern weiterbestehen.

Historischer Rückblick

Ungeachtet des römischen Ursprungs gilt Wiesbaden vor allem als eine Schöpfung des 19. Jh., welches der Stadt Form und Gestalt verliehen hat.

Noch immer bestimmt der Kranz von Alleen, der damals angelegt wurde, ihren Maßstab und ihre Dimensionen.

In den Erweiterungen bis zur Ringstraße haben sich vielfach klassizistisch-biedermeierliche Züge erhalten, ebenso wie die ausgedehnten Villengebiete ihren landschaftlichen Charakter wahren konnten, während der monumentale Städtebau des ausgehenden Jahrhunderts auch in Wiesbaden neben seinem künstlerischen Anspruch die ihm innewohnende soziale Problematik verdeutlicht.

Im architektonischen Reichtum dieser für Wiesbaden wesentlichen Epoche zeigen sich jedoch auch die Spuren alter und ältester Geschichte.

Diese läßt sich anhand zahlreicher Grabungsfunde bis zu einem Kastell aus der Zeit Claudius' (41–54 n. Chr.) mit dazugehöriger Siedlung im ersten Jahrhundert n. Chr. zurückverfolgen.

Das „Aquae Mattiacae" der Römer war rechtsrheinischer Vorposten der Niederlassung Mainz (Moguntiacum) und Badeort zugleich, wie ausgedehnte Thermenanlagen in der Nähe des Kochbrunnens beweisen. (I 14; II 17, 18, 19)

Mit dem Zerfall des römischen Reiches wurde die Ansiedlung Zentrum des fränkischen Königssondergaues und ist als „Castrum Wisibada" überliefert. Reste einer Turmburg oder eines Königshofes (curtis regia) wurden im Bereich des Schloßplatzes (I) gefunden, während der „Flecken", d.h. die Wohnstatt der Bürger am Ort des ersten (claudischen) Kastells im Bereich des heutigen Mauritiusplatzes lag.

Um 1170/80 wurde Wiesbaden kaiserliches Lehen der Grafen von Nassau. Das Jahr 1236 brachte die Verleihung der Stadtrechte durch Friedrich II. (1212–1250). Der Ort umfaßte zu dieser Zeit das Gebiet der heutigen Taunus-, Wilhelm-, Friedrich-, Schwalbacher-, Coulinstraße und Saalgasse. Dieses wurde von der Resten der römischen Heidenmauer gradlinig durchschnitten und teilte die Stadt in das nordöstliche „Sauerland" mit den Badehäusern und Quellen sowie die südlich gelegenen Bezirke „Flecken" und „Stadt". Mehrere Umwandlungen der Burg führten im Jahre 1596 zur Errichtung des „Neuen Schlosses", nachdem zwei große Stadtbrände 1547 und 1562 die Adelshöfe und Bürgerbauten Wiesbadens weitgehend vernichtet hatten.

Der Bau des Rathauses (I 1) 1610 und die barocken Planungen der Neugasse, Weber- und Saalgasse durch Fürst August Samuel (1677–1721) gegen Ende des Jahrhunderts waren Merkmale der weiteren baulichen Entwicklung, die u.

Fürst Georg August Samuel
(1677–1721)

Der 30jährige Krieg (1618–1648) hatte vom mittelalterlichen Wiesbaden nur noch Name und Verlauf einiger Gassen in der Altstadt übrig gelassen. Im Wirken Georg August Samuels zeigte sich deshalb erstmals ein deutliches Interesse des nassauidsteinischen Hauses am Wohlergehen der Stadt. Erst die Verlegung der Residenz der Nassauer Fürsten in das 1744 fertiggestellte Biebricher Schloß (IX, 60) verhalf der Stadt zur weiteren Entwicklung und schließlich, 1806, zum Rang Wiesbadens als Hauptstadt des Herzogtums.

Unter französischer Vorherrschaft waren die nassauischen Besitzungen 1803 im Reichsdeputationshauptschluß erweitert worden. Der territoriale Zugewinn ebenso wie die Mitgliedschaft im Rheinbund seit 1806 verschaffte sich Geltung in einer größeren politischen und baulichen Repräsentation.

a. mit einem erneuten Umbau des Schlosses 1696 und der Stadtmauern bis 1739 vollendet wurde.

Der bekannte Stich von Merian zeigt den Zustand um 1646.

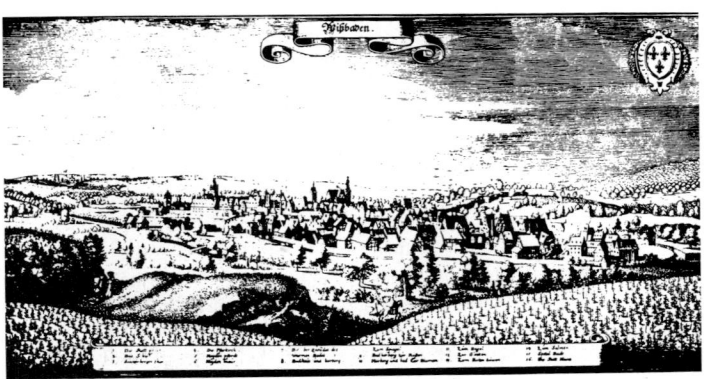

Ansicht von Wiesbaden (Merian 1646)

Der Einzug der herzoglichen Behörden in die Stadt weckte damit das Bedürfnis nach zahlreichen öffentlichen und privaten Bauten, welche der jahrhundertealten Tradition Wiesbadens als Badeort einen weltgültigen Rahmen verliehen.

Herzog Friedrich August (1803–1816) und sein Nachfolger Wilhelm I. (1816–1839) nutzten die Gunst der Stunde, die manchem ländlichen Kurort Europas damals eine Zukunft als Modebad verhieß und förderten durch sog. Baugnaden den großzügigen Ausbau der jungen Residenz. Mit dem Eintritt von Christian Zais (1770–1820) als Bauinspektor in nassauische Dienste 1805 hatte sich zugleich ein Baukünstler gefunden, der die Grundlagen für die weitere Entwicklung des künftigen Weltbades schuf.

In der Planung des Kurviertels und

Herzog Wilhelm von Nassau (1816–1839)

seiner räumlichen Gestalt, im Kurhaus (1808–1810), dem Hotel Vier Jahreszeiten (1817–1822), dem Erbprinzenpalais (1813–1820) und schließlich in den Anmerkungen zu einem Generalbauplan (III 22, 23,

Ansicht von Wiesbaden 1797, Aquarell von G. H. Hergenröder

Altes Kurhaus und Palais v. Hagen, Lithographie nach Bosse, um 1830

31) begründete Christian Zais seine Auffassung von Wiesbadens weiterer baulicher Entwicklung und bestimmte damit bis heute ihre architektonische Erscheinung. Mit dem „Historischen Fünfeck" schuf er einen Ring von Bauten und Alleen um den alten Stadtkern und verwirklichte damit eine klassizistische Idee.

Die Stadt entwickelte sich jedoch rasch über diese räumlichen Grenzen hinaus, wenngleich das klassizistische Erbe als Spätklassizismus bis zur Jahrhundertwende Gültigkeit behielt.
Ab 1817 wurde das Straßenfünfeck nach Süden über die Friedrich- und Luisenstraße zur Rheinstraße hin erweitert. Der Luisenplatz (IV 36,

37), noch heute repräsentativer klassizistischer Stadtplatz, erhielt bereits 1831 mit den Bauten von Münze, Pädagogium und der ersten Bonifatiuskirche seine endgültige Gestalt.

Waren die Bauparzellen des historischen Fünfecks den „besseren" Ständen, den Beamten und Offizieren, vorbehalten, so wurde der einfachen Bevölkerung Bauland im Gebiet der heutigen Bergkirche (V) zugewiesen: Nerostraße, Römerberg und Röderstraße erhielten zu dieser Zeit ihre ersten Konturen.
Der Durchbruch der Burgstraße hatte Markt- und Schloßplatz mit dem neuen Kurbezirk verbunden und zum städtebaulichen Schwerpunkt umgestaltet. Das herzogliche

Schloß (I, 3), 1837–1842 im Zentrum der Stadt errichtet, wurde schließlich Ausdruck einer neuen, bürgernahen Haltung des Herrscherhauses und in seinem biedermeierlichen Klassizismus Vorbild für zahlreiche bürgerliche Bauten der Stadt.

Mit schwärmerischer Religiosität hatte sich die Epoche gleichzeitig dem Mittelalter zugewendet, dessen Gedankenwelt sie als der Klassik an Natürlichkeit vergleichbar empfand. Der Neubau der Marktkirche 1853–1862 (I, 2) wurde damit zu einem Höhepunkt der ausklingenden Romantik.

Neue Ministerialgebäude in der Luisen- und Rheinstraße, Hotels und Badehäuser im Quellenviertel (II) sowie die Auslagerung bäuerlichen Gewerbes vollendeten den Wandel vom Landstädtchen zur herzoglich-nassauischen Residenz.

Mit dem Bau des Palais von Hagen 1823, dem Vorgängerbau des späteren Witwensitzes der Herzogin Pauline an den nordöstlichen Hängen, überschritt Wiesbaden erstmals seine klassizistischen Grenzen (VIII). Dies war der Beginn der berühmten Villengebiete, die sich bald über die Sonnenberger Straße, die Mainzer- und Bierstädter Chaussee, am Kurpark und im Nerotal ausdehnten und als grüner Gürtel das östliche und nördliche Weichbild bestimmten, während die Stadt sich jenseits der Rhein- und Schwalbacher Straße hinaus in

Marktkirche, Lithographie nach P. Spieker 1856

regelmäßigen Bauquartieren fortentwickelte.

Mit dem Aufblühen des Bades zur mondänen Kulisse wurden Kur und Erholung gesellschaftliche Norm und Faktoren wirtschaftspolitischen Kalküls.

Der planmäßige Ausbau des Kurbetriebes, die Erschließung der Stadt durch die Eisenbahn, der Bau zweier Bahnhöfe 1842 und 1857 sowie eine breit angelegte Publizistik machten Wiesbaden weit über die Landesgrenzen hinaus bekannt.

Kultur und Lebensart begüterter Schichten prägten nun zunehmend die scheinbare Idylle und zahlreiche

Gäste blieben für immer in der durch Landschaft und Klima begünstigten Stadt.

Wiesbaden war zwischen 1820 und 1835 von ca. 5500 auf 9000 Bewohner gewachsen und steigerte sich auf 18800 im Jahre 1860, um bald darauf, 1866, im Jahr der Annektion durch Preußen, die Anzahl von 26200 zu erreichen. Diese für die Stadt des 19. Jh. typische Entwicklung hatte Wiesbaden ausschließlich der Eigenschaft als industrieferner Kur- und Wohnort mit ausgeprägten Dienstleistungen zu verdanken.

Die Zeit nach der Jahrhundertmitte erlebte den gärtnerischen Ausbau des Kurbezirkes (III) in seiner heutigen Gestalt, die Anlage des War-men Dammes (29) zum englischen Landschaftspark, die Errichtung der gußeisernen Trinkhalle (II) als Wandelbahn zwischen Kochbrunnen und Kurbereich sowie den Ausbau des Neroberges (53) zu einem beliebten Ausflugsziel mit Tempel und Restauration.

1855 war die sog. Griechische Kapelle (52) als Grablege und weithin sichtbares Wahrzeichen der romantisch und empfindsam gestimmten Epoche vollendet.

Der Zeitraum von 1857 bis zum Ende der nassauischen Herrschaft wurde damit wesentlich für die weitere Entwicklung der Stadt. Die Neuverleihung der Spielkonzession und die Bildung einer Aktiengesellschaft zur Finanzierung der luxuriö-

Panorama von Wiesbaden (A. Carse 1857)

sen Ausgestaltung der Kuretablissements und Parkanlagen, der Generalplan von Oberbaurat Carl Boos 1856 sowie eine lebhafte Bautätigkeit waren unbedingte materielle Voraussetzungen auf dem Wege zur „Weltkurstadt", einem Prädikat, welches bis heute Wertschätzung und Ruhm Wiesbadens unterschwellig bestimmt.

1866 wurde das Herzogtum Nassau Teil des Königreiches Preußen und Wiesbaden zu einem Mittelpunkt der Provinz Hessen-Nassau. Damit waren Entwicklungen vorgegeben, die der Stadt unmittelbaren Zugang zum preußischen Geist und zur weltstädtischen Kultur Berlins verliehen. Die regelmäßigen Besuche preußischer Könige und Kaiser boten dafür das gewünschte Renommée.

Die Einwohnerzahlen stiegen indessen unaufhörlich und bevölkerten 1871 36000 Menschen diesen Ort der Lebensfreude und des kultivierten Selbstgenusses, so waren es um 1900 bereits 86000. Mit 100000 Einwohnern im Jahre 1905 wurde Wiesbaden zur Großstadt.

Das ehedem einheitliche klassizistische Stadtbild Wiesbadens aus den Anfängen des 19. Jh. ist bis auf wenige Bauten mit ihren edlen, der zeitgenössischen Antikenkenntnis entlehnten Formen verschwunden:

Das Erbprinzenpalais (31) von Christian Zais, mit der blockhaften Wirkung des Baukörpers und dem sockelgetragenen Portikus noch in der Tradition des englischen Palladianismus, das Gebäude Friedrichstraße 32 (35) als Beispiel eines klassizistischen Modellhauses, die nördliche Brunnenkolonnade (24) aus dem Jahre 1827 und die östliche Flankenbebauung des Luisenplatzes (IV) entstammen dieser Epoche.

Die der klassizistischen Zeit ebenso eigentümliche Rückbesinnung auf das Mittelalter, die im Rundbogenstil sowohl Romanisches als auch Formen der italienischen Frührenaissance adaptierte und gleichermaßen bis 1850 die Einflüsse der englischen Neugotik aufnahm, ist in Wiesbaden lediglich in den Bauten kirchlicher und staatlicher Repräsentation zu finden. St. Bonifatius (36), Marktkirche (2) und das Staatsministerium (39) stehen hierfür als Beispiel.

Der bürgerliche Privatbau dagegen blieb, von einigen Villen und Wohnbauten im „mittelalterlichen Style" abgesehen, dem klassizistischen Kanon verbunden, der sich seit 1860 im Spätklassizismus der reicheren und eleganteren architektonischen Ausdrucksmöglichkeiten bediente, welche u.a. durch die zeitgenössische archäologische Forschung beeinflußt waren.

Allenthalben begann sich nun auch der künstlerische Einfluß Preußens geltend zu machen, der mit der Noblesse und Freiheit antikisierender Formen und den tektonischen Bestrebungen der Berliner Schule in

Wiesbaden vielfältige Nachahmung fand.

Mit der biedermeierlichen Intimität seines Stadtkerns, den repräsentativen Bauten des zweiten Jahrhundertdrittels, den glanzvollen Erweiterungen südlich der Rheinstraße und dem Kranz freundlicher, aus mediterranem Geist geschaffener Villen gewann Wiesbaden jetzt jene Verheißung, welche die Stadt zum wohl bedeutendsten Kurort Europas machte.

Wilhelmstraße, Hotel Bellevue
um 1875

Das preußische Reich, durch Kaisertum und kontinentale Vormacht gestärkt, bevorzugte nach 1870 zunehmend die Geschmeidigkeit italienischer Vorbilder, welche die klassizistische Rationalität mit der Logik und Monumentalität der römischen Architektur zu einer imperialen Baukunst im Geiste der Renaissance verband. Das Casinogebäude (34) in der Friedrichstraße sei hier als Beispiel erwähnt, ebenso wie mancher weitere Entwurf aus der Hand seines Architekten Wilhelm Bogler.

Die wirkungsmächtige Formenwelt der rustizierten Sockelgeschosse, der ausladenden Gesimse, der Pilaster-, Säulen- und Bogenstellungen wurde bald von der deutschen Neorenaissance überlagert, die sich im großen Rathauswettbewerb 1883 erstmals gezeigt hatte und bis nach 1890 die bauliche Gestaltung bestimmte. Neobarock und Jugendstil schließlich – die Beispiele sind Legion – begleiteten die hektische Entwicklung Wiesbadens auf dem Wege zur Großstadt und in unser Jahrhundert.

Der Bau von Wohnungen, ja von ganzen Stadtquartieren war seit langem schon weitgehend Sache privater Initiative gewesen und mit der Übernahme des preußischen Landrechts war eine vorausschauende Planung der städtebaulichen Entwicklung nur noch im großen Rahmen gegeben; imperialer Anspruch und echtes soziales und wirtschaftliches Bedürfnis reizten allerorts zu ausgedehnter Spekulation.

Nach Süden und Westen, jenseits der Adelhaid- und Schwalbacher Straße entwickelte sich die Stadt in regelmäßigen, dicht überbauten Quartieren. Rheinstraße und Adolfsallee erhielten damit die Funktion innerstädtischer Achsen.

20

Der „Bebauungsplan für die Erweiterung der Stadt Wiesbaden 1871" von Stadtbaumeister Alexander Fach (1815–1883) realisierte schließlich in den Ringstraßen (VII) eine für Wiesbaden neue städtebauliche Idee, während in den ausgedehnten Villenquartieren die malerische Phantasie der Epoche das kunstvolle Arrangement gepflegter Bauten und Gärten als pittoreske Impression erlebte. Mehr noch als der Glanz der jährlichen Hofhaltung bewirkte gerade die Anmut des idyllischen Ortes jene unerhörte Prosperität, die im luxuriösen Raffinement alles bisher Vertraute in seine Schranken verwies.

Königliches Hoftheater (Stich nach einer Photographie um 1895)

In der Erwartung des wirtschaftlichen Aufschwunges nach der Krise von 1873 wurde nunmehr der Bau zahlreicher öffentlicher Gebäude betrieben:

Das neue Rathaus (4), 1884–1887 nach Plänen Professor Georg v. Hauberrissers erbaut, die Ringkirche (VII) des Berliner Baumeisters und Professors Johannes Otzen von 1892–1894 und das neue Hoftheater (27, 28), durch die Architekten Fellner und Helmer im gleichen Zeitraum errichtet, waren ebenso wie die Ringstraße auf opulente Wirkung und städtebauliche Dramaturgie angelegte spektakuläre Projekte, die auch im privaten Bauwesen ein selbstbewußtes Lebensgefühl etablierten.

Um 1900 war der Ring an seiner Peripherie weitgehend geschlossen und entfaltete mit seinen an-

spruchsvollen Architekturen noch einmal die Theatralik einer überlebten Epoche – war doch mittlerweile auch im Städtebau ein Auffassungswandel eingetreten, welcher nicht länger die Monumentalität historistischer Achsen und Schmuckplätze erstrebte, sondern eher die Idylle und Lebendigkeit der individuellen Straßen- und Platzgestaltung als eigentliche künstlerische Leistung sah.

Der Neubau des Kurhauses (23) durch Professor Friedrich von Thiersch, 1907 nach nur zweijähriger Bauzeit vollendet, wurde für Wiesbaden Höhepunkt und unübertroffener Abschluß der spektakulären baulichen Entwicklung, war hinsichtlich seiner Konzeption und Gestaltung jedoch ein modernes, in die Zukunft weisendes Gebäude.

Mit 190 000 Kurgästen im Jahre 1910 sprengte Wiesbaden als mondänes Weltbad die bis dahin geläufigen Dimensionen. Weit über eintausend teilweise glanzvoll ausgestattete Villen prägten die landschaftlich reizvolle Umgebung, während im Drang ständiger baulicher Erneuerung vieles vom alten Wiesbaden für immer verschwand.

Die Stadtviertel jenseits des Ringes prägte bereits der Konflikt um eine zeitnahe städtebauliche und soziale Reform; kaum sonst als im Rheingau- und Dichterviertel zeigte sich jedoch auch die Schwierigkeit des künstlerischen Wandels unter den Bedingungen der tradierten architektonischen Gestalt.

Nach 1900 erhielt das Baugeschehen in Wiesbaden durch weitere namhafte Architekten und die mit ihnen verbundenen Projekte gleichwohl wichtige Impulse, in denen sich die unterschiedlichen Stilhaltungen der Reformzeit auch künstlerisch konkretisierten.

An erster Stelle seien hier Paul Bonatz als Erbauer des Verwaltungsgebäudes der Firma Henkell (67), Theodor Fischer mit dem Landesmuseum (46) und Hermann Muthesius im Villenbau zu benennen. Die progressiven Bauten der Zeit zwischen 1890 und 1914 waren damit eine Antwort auf die formale und inhaltliche Entwertung der Baukunst durch Stilimitationen und eklektische Historismen, die im wahllosen Zitieren historischer Epochen nur selten soziale und technische Erfordernisse mit solchen der Kunst zeitgerecht zu integrieren verstanden, obwohl gerade das 19. Jh. hierfür die ideellen und materiellen Voraussetzungen geschaffen hatte.

Die Architektur des ersten Jahrhundertviertels befreite sich deshalb von ihrer traditionellen Bindung an vorwiegend ästhetische und historische Kategorien.
Die Rücksicht auf den praktischen Nutzen und die scheinbare Bedingtheit der Kunstform durch die Funktion ließ in den solcherart gestalteten Bauten der Zeit nach dem ersten Weltkrieg völlig neue, zuvor nur geahnte Formen und Ausdrucksmöglichkeiten entstehen.

Der Werkbund mit seinem Ethos einer Veredelung der gewerblichen Arbeit durch das Zusammenwirken von Kunst, Handwerk und Industrie und die funktionale Maschinenästhetik des Bauhauses waren in dieser Zeit bewußtseinsprägende Stationen auf der Suche nach dem wahrhaft „internationalen" Stil. Auch hier sind in Wiesbaden eine Reihe beispielhafter Bauten zu nennen.

Der Strukturwandel Wiesbadens vom Kurort zu einer Stadt der Verwaltung und des Gewerbes, der sich schon nach 1918 in einem grundlegenden Wandel der wirtschaftlichen Basis vollzogen hatte, wurde nach dem zweiten Weltkrieg, nach Zerstörung, Wiederaufbau und rapidem Wachstum auch in einer allmählichen Veränderung der historischen Bereiche sichtbar.
Mit ca. 265 000 Einwohnern ist Wiesbaden heute eine moderne Großstadt im Ballungsraum Rhein-Main, die sich auf einer Fläche von 204 qkm – 55 qkm davon als Wal-

dung – und umgeben von zwanzig reizvollen Vorortgemeinden entwickelt und über ein landschaftlich und architektonisch abwechslungsreiches Spektrum verfügt. Mit seinem Baubestand bedeutender historischer Epochen besitzt die Stadt einen wertvollen Schatz, welcher ihr auch in Zukunft Identität und Unverwechselbarkeit gibt.

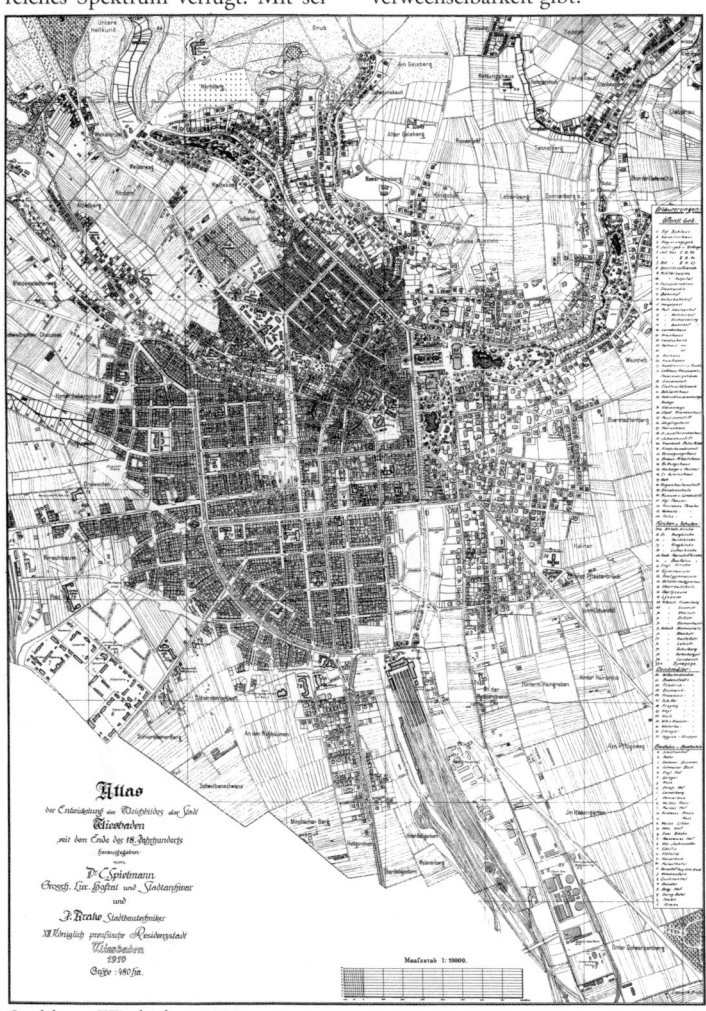

Stadtkarte Wiesbaden, 1910

I Die Altstadt (1–16)

Das Zentrum Wiesbadens wird eindrucksvoll bestimmt von den Bauten des 19. Jh., deren Erscheinungsbild kaum Gelegenheit bietet, sich in die ältere bauliche Vergangenheit der Stadt zuückzuversetzen.

Schon im frühen Mittelalter waren jedoch vor den wasserführenden Wällen und Gräben des damaligen Stadtkerns mit dem seit karolingischer Zeit (8./9. Jh.) ständig erweiterten Burgbezirk und dem Rathaus (1) zwei weitere Siedlungen entstan-

den – im Norden und jenseits der spätantiken Heidenmauer (14) das „Sauerland", welches mit den Quellen und Badhäusern den späteren Kranz- und Kochbrunnenplatz (17, 19) – ehemals Stätte des antiken Badelebens – umschrieb sowie westlich der „Flecken", Zentrum der römischen „Civitas Mattiacorum" und Handelsplatz des Mittelalters um die ehemalige Mauritiuskirche (10).

Einschließlich der Wallanlagen umfaßte die mittelalterliche Siedlung ungefähr das Gebiet zwischen Tau-

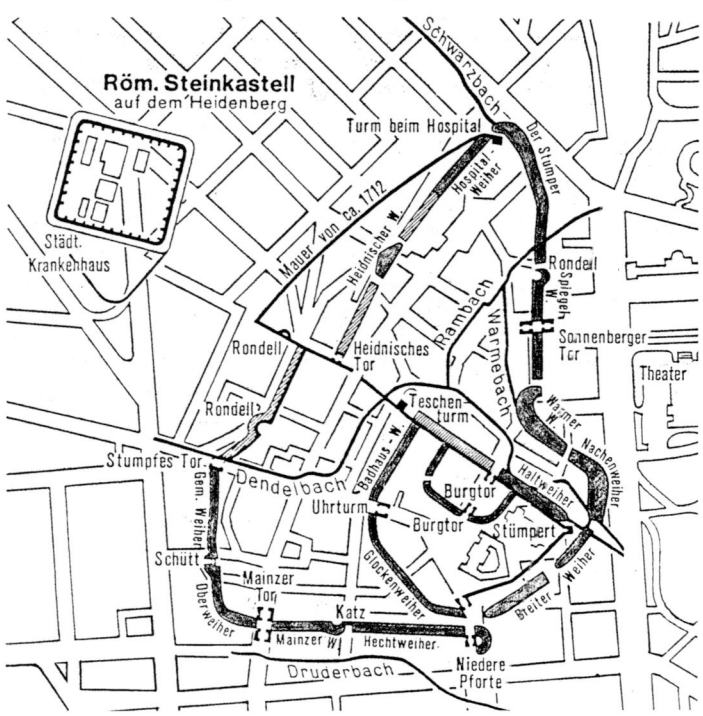

Plan des historischen Wiesbaden nach Kart. Inst. G. Schiffner, Lahr/Baden

nusstraße, Saalgasse, Friedrich- und Wilhelmstraße.

Seit Beginn des 16. Jh. wurde Wiesbaden anstelle der Befestigung durch Wälle und Gräben mit einem wehrhaften Kranz von Mauern, Türmen und Toren umgeben, die mit den Schloßbauten bis zum ausgehenden 18. Jh. die einprägsame und idyllisch anmutende Silhouette des Ortes bestimmten.

Im Achsenkreuz der Altstadt mit innerer Kirchgasse, Langgasse, Marktstraße und Michelsberg ebenso wie im gewundenen Verlauf des „Schiffchen" (12) und der angrenzenden Straßen gibt sich die mittelalterliche Epoche der Stadt noch zu erkennen, während der Wiederaufbau unter Fürst Georg August Samuel (1677–1721) nach den Verwüstungen des 30jährigen Krieges noch im barocken Regelmaß von Saal-, Weber- und Neugasse überliefert ist.

Schwerpunkt der Bautätigkeit seit 1691 war zunächst die Erneuerung der Stadt, die vornehmlich unter städtebaulichen und ästhetischen Gesichtspunkten behandelt wurde. Georg August Samuel war damit der erste Regent überhaupt, welcher den Versuch unternahm, Wiesbaden durch das Bauwesen zu Ansehen und Geltung zu bringen.

Diese Erneuerung bedeutete zunächst allerdings keine Ausdehnung über die Grenzen des damaligen Mauerrings, sondern war vielmehr eine Neuordnung der zahlreichen brachliegenden Flächen durch repräsentative barocke Bauten, in

denen, als künstlerische Entsprechung der geistig-sozialen Wirklichkeit des Absolutismus, das kulturelle Vorbild Italiens und Frankreichs zum Ausdruck kam.

Der innere Ausbau der Stadt hatte zugleich umfangreiche Veränderungen an Mauern, Türmen und Toren zur Folge:

Die Anlage der Neugasse erforderte an der Einmündung der Mauergasse den Bau eines größeren Torturmes, das Neutor, während die alte Niederpforte – das spätere Mainzer Tor an der Kreuzung von Friedrich- und Marktstraße – den südlichen Hauptzugang übernahm und das „Sauerland" in den Mauerring einbezogen wurde.

Als markante und die Silhouette der Stadt bestimmende Bauten bestanden nach diesen Erneuerungen u. a. das Stumpe Tor am Michelsberg (15), das Neutor, das Niedertor (Mainzer Tor), das Sonnenberger Tor, das Rathaus (1), der Uhrturm (6), die Mauritiuskirche (10) sowie die ausgedehnten Schloßbauten von 1596/1696, welche wir uns nach den Stadtansichten des 17. Jh. als turmreiche, mit großen Schweifgiebeln versehene Gebäude der Renaissance aus Stein oder Fachwerk vorstellen müssen. Eine Reihe von Adelshöfen und ausgedehntere Bürgerbauten sowie etliche größere Badhäuser im „Sauerland" ergänzten das Bild.

Während die Entfestung am Beginn des 19. Jh. zur schrittweisen

Preisgabe des gesamten Stadtberinges und der Schloßgebäude führte, blieb der Uhrturm (6) als einziger baulicher Zeuge des Mittelalters bis 1873 erhalten.

Kriege und Brände, insbesondere derjenige von 1547 ebenso wie die vehemente Bautätigkeit seit 1800 haben damit sowohl die mittelalterliche als auch die neuzeitliche (16.–18. Jh.) Stadttopographie und ihre baulichen Zeugen weitgehend vernichtet. Lediglich in einigen Straßenbezeichnungen wie Grabenstraße, Mauergasse oder Neugasse lebt die geschichtliche Erinnerung fort.

Mit der Niederlegung der Wehr- und Burganlagen nach 1800 und der Orientierung des klassizistischen Städtebaues („Historisches Fünfeck") an die Peripherie (III, 21–33) entstand im alten Stadtkern ein Vakuum, welches sich erst seit 1840 mit den Monumentalbauten aus dem Geist des 19. Jh. füllte und eine durchgreifende Erneuerung der angrenzenden Quartiere sowie des gesamten privaten Bauwesens nach sich zog.

Diese zeigte sich zunächst in einem biedermeierlichen Klassizismus, der sich an der zeitgenössischen Kenntnis der Antike orientierte und seit 1842 im Stadtschloß (3) ein repräsentatives und zugleich legitimes Vorbild fand.

Der Bau der Marktkirche (2) (1853–1863) mit der ungewohnt kühnen Verwendung des Ziegels wurde dann zu einem unbestritte-

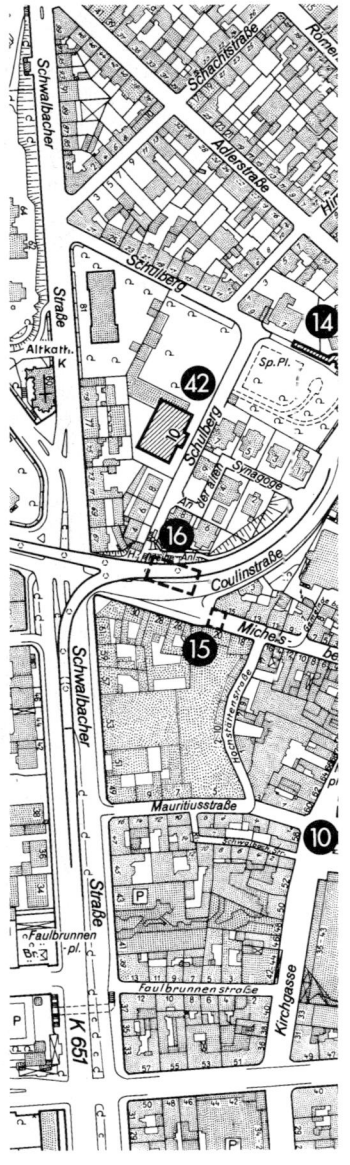

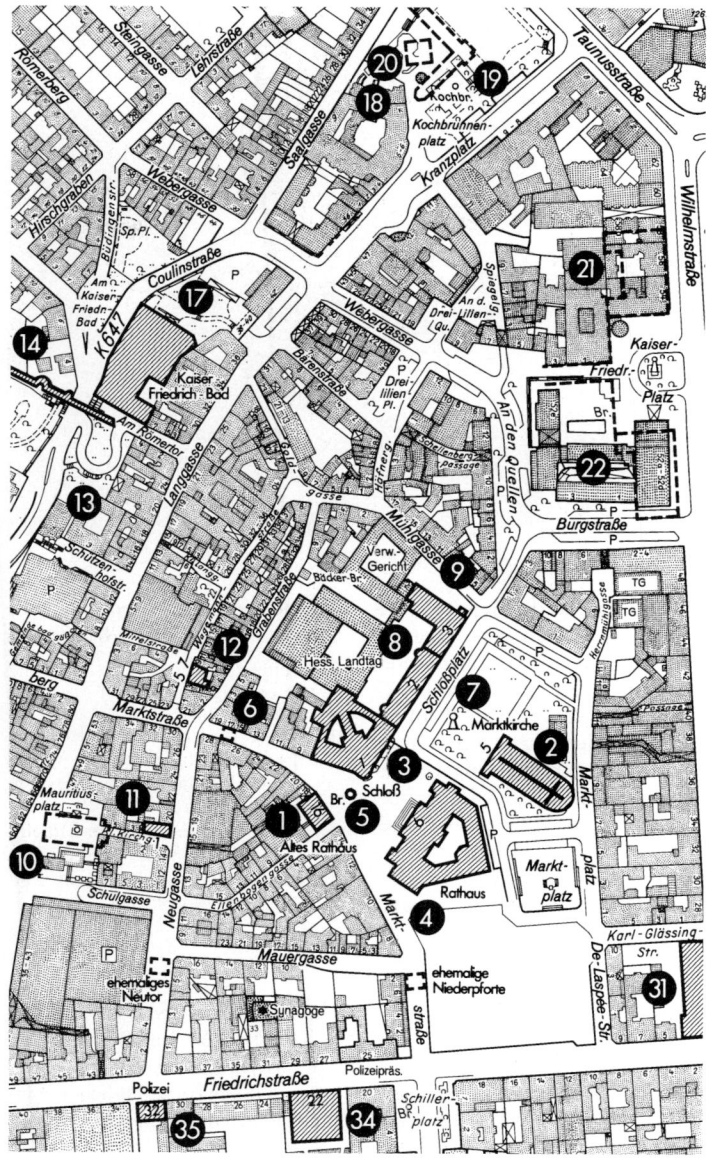

27

Schloßplatz um 1910 (Aquarell von Theuerkauf)

nen Höhepunkt des „romantischen Klassizismus" und seiner erneuten Hinwendung zum Mittelalter, während das neue Rathaus (4) 1887 erstmals in Wiesbaden die Formenwelt der deutschen Neo-Renaissance dokumentierte, die bis zur Jahrhundertwende und im Hochgefühl nationaler Potenz das Baugeschehen maßgeblich bestimmte.

Nach den erheblichen Kriegsverlusten ist dieser Bereich auch heute das städtebauliche und politische Zentrum der Stadt und Wiesbadens lebendige Mitte.

Lit.: Spielmann, Ch., Krake, J., Die Entwickelung des Weichbilds der Stadt Wiesbaden, 1912; Kropat, W. A., Das alte Wiesbaden (1500–1806), Nass. Annalen 85/1974;
Renkhoff, O., Wiesbaden im Mittelalter, Wiesbaden, 1980; Bubner, B., Wiesbaden-Baukunst und historische Entwicklung, Wiesbaden 1983.

1. Altes Rathaus
Marktstraße 16

Das alte Rathaus, der einzige, teilweise erhaltene Renaissancebau Wiesbadens, wurde 1608–1610 im Auftrag Graf Ludwigs II. von Nassau (1605– 1627) nach einem Plan von Stadtbaumeister Valerius Baussendorf durch Antonius Schöffer errichtet. Zeichnungen und ein Modell (s. Abb.) im Museum (46) ver-

Altes Rathaus, Modell des ursprünglichen Zustandes (Fr. Erlemann)

gegenwärtigen das damalige Aussehen:

Das steinerne Erdgeschoß von 1610
zeigt mit seinen Türen und Treppen den heutigen Zustand. Darüber
befand sich ein Fachwerkgeschoß
mit Schweifgiebeln und geschnitzten Erkern des Straßburger Meisters
Hans Jacob Schütterlin.

Als besonderer Schmuck waren elf
Eichenholztafeln unter den Fenster-
brüstungen eingelassen. Zwei Dop-
peltafeln tragen das Wappen des
Grafen Ludwig von Nassau und den
Pelikan als Sinnbild der aufopfern-
den Liebe sowie das Wappen der
Stadt mit dem Phönix, der, sich op-
fernd, verjüngt aus der Asche em-
porsteigt; vier Holzreliefs zeigen ferner allegorische Darstellungen mit
den vier Haupttugenden: Justitia
(Gerechtigkeit), Fortitudo (Tapfer-
keit/Stärke), Prudentia (Klugheit)
und Temperantia (Mäßigkeit) sowie die drei theologischen Tugen-
den: Fides (Glaube), Spes (Hoffnung) und Caritas (Liebe/Näch-
stenliebe) als Gestalten antiker und
christlicher Mythologie.

Das Auftreten der Renaissance in
der deutschen Baukunst um 1520
bedeutete zunächst eine äußerliche
Übernahme italienischer Orna-
mentmotive, ohne daß die klare
Formenwelt Italiens verinnerlicht
oder gar mit dem noch im Spätgotischen wurzelnden Raumgefühl ge-
brochen wurde. Die neue Baugesin-
nung war durch theoretische Ab-
handlungen und Kupferstiche in
weiten Kreisen des künstlerischen
Handwerks vorbereitet und be-
fruchtete erneut die noch im spätgotischen Vorbild lebende Phantasie. Nicht die toskanische, sondern
vielmehr die schmuckfreudigere
lombardische Renaissance wurde
deshalb für den germanischen Kulturkreis zunächst verbindlich. Die
Renaissance des Mittelrheins blieb
gleichwohl lebhaft in spätmittelalterlichen Traditionen verankert.

Das Eindringen neuer Stil- und
Formvorstellungen im späten 16.
und 17. Jh. bedeutete für das herkömmliche Fachwerk zugleich einen Verfall seiner konstruktiv-in-
haltlichen Elemente, welcher nun
von einem Zug ins Malerische und
Dekorative begleitet wurde. Vor-
herrschend war das Bestreben, Motive des Steinbaues, wie z. B. das
Roll- und Beschlagwerk des Manierismus in die traditionellen Holzbau einzuflechten.

1725 wurde das Fachwerkgeschoß
von J. P. Knefalt, J. Chr. Kopp und
Johannes Bager instandgesetzt und
farblich neu gefaßt. 1829 erhielt das
Rathaus wegen gravierender bauli-

29

Altes Rathaus

cher Mängel ein steinernes Obergeschoß und damit seine heutige, der mittelalterlich-romantischen Vorstellungswelt des frühen 19. Jh. ent-

lehnte, gotisierende Gestalt. Die Tafeln wurden 1859 an das Museum Wiesbaden übergeben, wo sie ausgestellt sind.

Seit dem Umbau von 1829 befinden sich unter den Fenstern flache Steinreliefs als Kopien, die an die Eichenholztafeln erinnern.

Neuere Nachforschungen lassen vermuten, daß in dem Bau von 1610 eine hochmittelalterliche Gerichtslaube verborgen ist.

Das Alte Rathaus ist heute Standesamt. Im Kellergewölbe befindet sich ein Weinrestaurant.

Lit.: Brusberg, A., Das alte Rathaus zu Wiesbaden, Wiesbaden 1985.

2. Marktkirche
Schloßplatz 5

Herzog Wilhelm (1816–1839) hatte während seiner Regierungszeit begonnen, die alten Schloßbauten von 1596/1696 im Zentrum der Stadt zu entfernen.

Im Auftrag seines Nachfolgers Herzog Adolph (1839–1866) errichtete Carl Boos (1806–1883), damals bereits Baurat im herzoglichen Ministerium, von 1852–1862 an deren Stelle die Marktkirche, die nach dem Brand der Mauritiuskirche (10) 1850 zur evangelischen Hauptkirche Wiesbadens wurde und noch lange nach ihrer Errichtung den Namen „Schloßkirche" trug. Die Marktkirche war der erste reine

Marktkirche

Ziegelbau im Herzogtum Nassau und entstand unter dem Einfluß der englischen Neogotik Aug. N. Welby Pugins (1813–1852) sowie des preußischen Baumeisters Carl Friedrich Schinkel (1781–1841), der in Anlehnung an die norddeutsche Gotik, u. a. mit der Werder'schen Kirche in Berlin einen für das Verständnis der Romantik wesentlichen Ziegelbau geschaffen hatte, der gotische und klassizistische Formen vereint.

Ausgelöst u. a. durch J. W. v. Goethes literarische Betrachtungen angesichts des Straßburger Münsters 1771 hatte sich die Zeit um 1800 in der Rückbesinnung auf die Klassik mit naiver Religiosität ebenfalls dem Mittelalter zugewendet, dessen Gedankenwelt als der Antike an Reinheit und Tiefe vergleichbar verstanden wurde und, wie diese, dem Bemühen um geistig-sittliche Erneuerung entsprang.

Boos gilt als herausragender Architekt des „romantischen" Historismus, der u.a. die Gotik zum Vorbild hatte und in der Berufung auf mittelalterliche Traditionen den „deutschen Dom" als Hort christlich-nationaler Einheit sah.

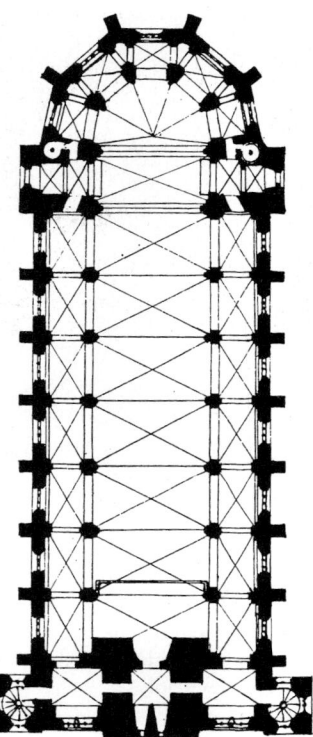

Marktkirche, Grundriss Emporengeschoß

Die dreischiffige Kirche ist neugotisch gestaltet und hat fünf schlanke Türme, deren höchster, durch die Tallage bedingt, mit 90 m die Portalfassade um 60 m überragt und mit seiner filigranen Silhouette das Stadtbild Wiesbadens höchst eindrucksvoll bestimmt. Die Portale besitzen Dienste und Rahmungen in Flachrelief aus gebranntem Ton. Sämtliche Terrakotta-Arbeiten entstammen der Werkstatt von J. Höppli (48). Das basilikale Langhaus mit sechs Jochen und annähernd halbrundem Chorschluß ist ca. 61,5 m lang und 21 m breit. Acht Pfeiler trennen paarweise das hohe Mittelschiff von den niedrigen Seitenschiffen.

Die architektonischen Einzelheiten des Bauwerkes sind gotisch profiliert und repräsentieren damit den zeitbedingten romantischen Spiritualismus, folgen jedoch den Geset-

Marktkirche, Innenraum

Im Chor stehen fünf Marmorskulpturen, die Wesensbestandteil des Innenraumes und Geschenke Herzog Adolphs sind.

Sie stellen Christus und die vier Evangelisten Matthäus, Marcus, Lucas und Johannes dar. Entwurf und ein Teil der Ausführung stammen von Emil Alexander Hopfgarten (1821–1856) (52, 60) in Anlehnung an Arbeiten des Bildhauers Bertel Thorwaldsen (1770–1844). Im Turm wurde 1986 ein Glockenspiel eingerichtet.

Lit.: Die neue evangelische Kirche zu Wiesbaden 1862, o. V.;
Weiler, Cl., Romantische Baukunst in Nassau, Nass. Annalen 63/1952;
Leppla, R., Die Marktkirche als Werk der Baukunst, Wiesbaden 1962;
Kleineberg, G., Architektur im Herzogtum Nassau I/II, Wiesbadener Leben 10/81; 11/81;
Hesse, M., Wiesbaden Marktkirche, Reihe Kleiner Kunstführer, München 1987.

zen der klassischen Formbildung und Proportionen. Das natürliche Gleichgewicht der Baumassen macht die Marktkirche zu einer der wesentlichen architektonischen Leistungen dieses Stils.

3. Stadtschloß
Schloßplatz 1

Mit dem Durchbruch der Burgstraße zu Beginn des 19. Jh. waren Markt- und Schloßplatz mit dem neuen Kurbezirk (I, III) verbunden und städtebaulicher Schwerpunkt geworden.

Nach mehreren Schloßprojekten an anderer Stelle (Warmer Damm, Luisenplatz) wurde 1837 im Auftrag von Herzog Wilhelm mit dem Bau begonnen. Nach seinem Tod 1839 setzte Herzog Adolph das Werk fort. Entwurf und künstlerische Leitung wurden dem bedeutenden Architekten und großherzoglichen Hofbaudirektor Georg Moller (1784–1852) aus Darmstadt übertragen; Ausführung und Überwachung besorgte Bauakzessist Richard Goerz (1811–1880). Die Bauzeit betrug fünf Jahre und das Vorhaben hatte den vorherigen Abriß mehrer alter Schloßgebäude und Bürgerhäuser notwendig gemacht.

Stadtschloß

Der dreigeschossige Bau ist noch streng klassizistisch gegliedert und dokumentiert das lange Nachwirken der klassischen Tradition: Das Sockelgeschoß zeigt eine flache Rustizierung und darüber einen zum Fries gestalteten Gurt in maurischen Formen, die Fenster der Obergeschosse die stiltypische Verdachung und Rahmung; über dem reich gegliederten Konsolgesims steht eine durchgehende Attika, die ein weiteres Geschoß verbirgt.

Der architektonische Akzent des Bauwerkes liegt in der geistreichen Gestaltung der Ecke: Das in den stumpfen Winkel eingeschobene Rund mit römisch-toskanischen Säulen bildet den Eingang. Der Balkon mit Balustrade darüber wiederholt die Rundung. Zwischen den Fenstern des zweiten Geschosses erscheint das Nassauer Wappen.

Die Idee zur Erschließung des Gebäudes von der Ecke war durch die städtebauliche Situation gegeben und geht auf den Lehrer Georg Mollers, den markgräflich-badischen Oberbaudirektor Friedrich Weinbrenner (1766–1826) aus Karlsruhe sowie eigene Bauten in Darmstadt zurück. Der Eingang wurde dadurch zur architektonischen Achse, auf der sich Treppenhaus und Kuppelräume sowie die Zimmerfluchten im Geiste klassizistischer Rationalität spiegelsymmetrisch entwickeln.

In den Flügeln des Schlosses befanden sich die Audienz- und Gesellschaftsräume des Herzogs. Die ein-

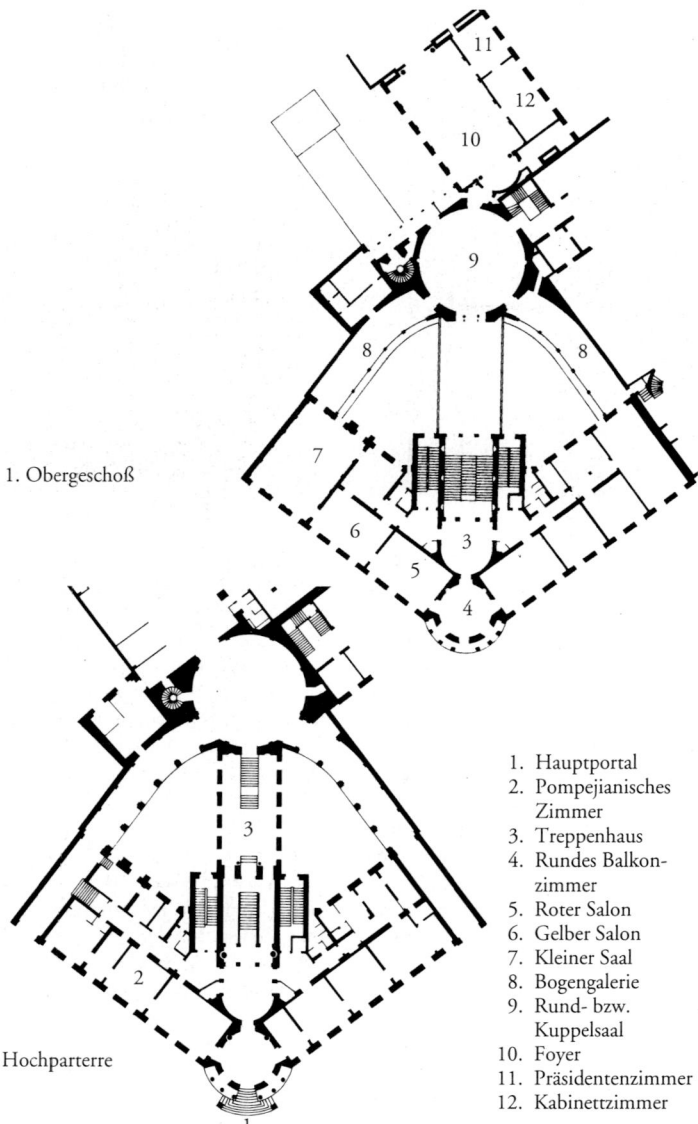

1. Obergeschoß

Hochparterre

1. Hauptportal
2. Pompejianisches Zimmer
3. Treppenhaus
4. Rundes Balkonzimmer
5. Roter Salon
6. Gelber Salon
7. Kleiner Saal
8. Bogengalerie
9. Rund- bzw. Kuppelsaal
10. Foyer
11. Präsidentenzimmer
12. Kabinettzimmer

Stadtschloß Wiesbaden, Grundriss Hochparterre und 1. Obergeschoß

34

Stadtschloß, Treppenhaus

zelnen Zimmer sind durchweg nur über lange Wege zu erreichen – eine bauliche Konzeption, um den Anschein von Größe und Weitläufigkeit auf dem beengten Grundstück zu geben. Die Innenausstattung aus der Nassauer Zeit ist weitgehend erhalten und zählt zu den bedeutenden Kunstleistungen dieser Epoche. Bemerkenswert sind neben zahlreichen kunstvoll gestalteten Räumen das Treppenhaus mit den Sandsteinstatuen Ludwig von Schwanthalers (1802–1848), der runde, kuppelgewölbte Saal und das „pompejanische Zimmer".

Die Malereien stammen überwiegend von den Brüdern Ludwig und Friedrich Wilhelm Pose aus Mannheim bzw. Düsseldorf und reflektieren mit ihren Anleihen an die klassisch-römische Wandmalerei zugleich den Stand der zeitgenössi-

Stadtschloß, Rundsaal

schen archäologischen Forschung. Wertvoll sind ebenfalls die Parkettfußböden in den Repräsentationsräumen aus acht verschiedenen

Holzarten, Perlmutt und Messing. Durch seine Lage im Zentrum der Stadt erhielt das Schloß den Charakter eines herrschaftlichen Wohnhauses und wurde so der vom Herzogshaus angestrebten Bürgernähe gerecht. Von 1842–1866 diente das Schloß als Residenz des Herzogs Adolph von Nassau.

Nach der Annektion 1866 residierten hier zeitweilig die preußischen Könige und deutschen Kaiser. 1918 war das Schloß mehrere Wochen Sitz des Arbeiter- und Soldatenrates von Wiesbaden und von 1919 bis 1925 Sitz des französischen Oberkommandos über die besetzten Rheinlande.

Von 1925 bis 1939 wurde das Gebäude für Führungen freigegeben, bis 1939 das Generalkommando der deutschen Wehrmacht einzog.

Seit 1946 ist es Versammlungs- und Verwaltungsgebäude des Hessischen Landtages, wurde von 1952 bis 1962 restauriert und um den Plenarsaal erweitert, dem die wertvolle, wegen ihres hölzernen Dachstuhls berühmte Reithalle zum Opfer fiel..

Lit.: Frölich, M., Sperlich, H. G., Georg Moller, Darmstadt 1959;
Vollmer, E.-Ch., Das Schloß in Wiesbaden, Wiesbaden 1983.

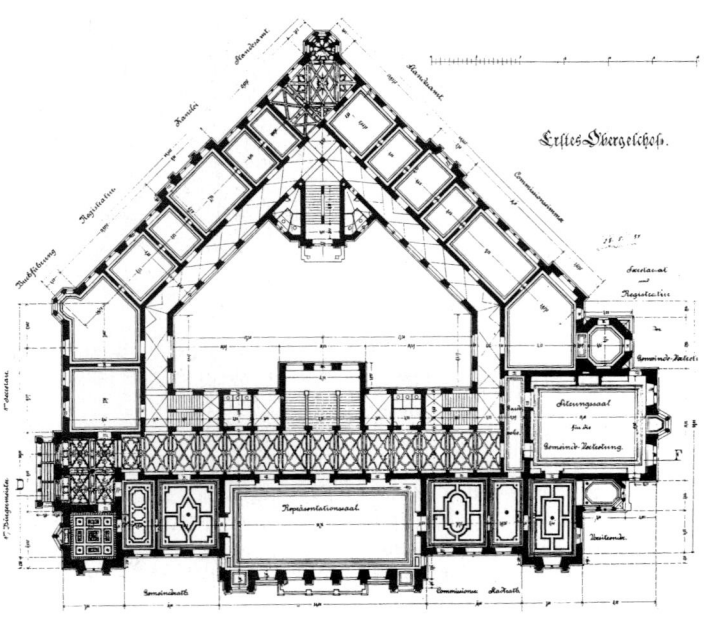

Rathaus, Grundriß 1. Obergeschoß, 1884

4. Neues Rathaus
Schloßplatz 6

Zwischen 1800 und 1885 war die Einwohnerzahl Wiesbadens von 2 200 auf 55 000 angestiegen und die Stadt hatte als nassauische Residenz und als Sitz des Regierungspräsidenten nach 1866 zahlreiche Behörden aufgenommen. Auch das Kurwesen war seit 1873 eine städtische Aufgabe und hatte sich erfolgreich entwickelt.

Dieses rasche Wachstum und die neuen Verwaltungsstrukturen nach preußischem Vorbild waren Anlaß zum Bau des neuen Rathauses. Georg von Hauberrisser (1841–1922) aus München, in jungen Jahren bereits renommierter Architekt und Erbauer des Münchner Rathauses, erhielt nach einem ergebnislosen Wettbewerb 1883 den Auftrag, die Pläne für ein repräsentatives Bau-

Schloßplatz mit Schloß, Marktkirche und Rathaus (v.l.n.r.)

werk zu liefern, welches 1887 vollendet war, nachdem die Bauten von Schloß und Marktkirche diesem Bereich die Konturen der ausklingenden Romantik verliehen hatten. Mit der Festigung preußischer Macht im ehemaligen Herzogtum waren biedermeierliche Idylle und

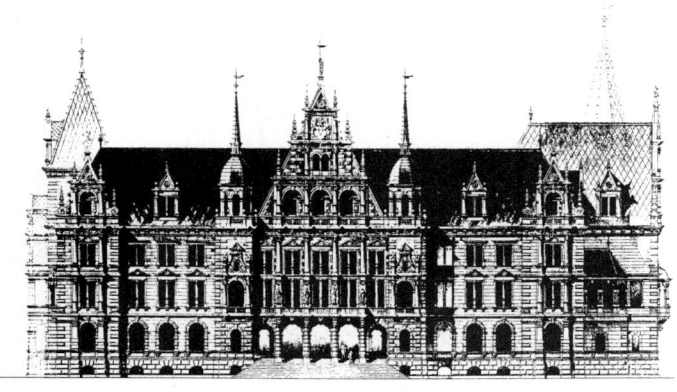

Rathaus, Ansicht der Hauptfront, 1884

Intimität zusehends aus dem Stadtbild verschwunden und Wiesbaden begann, sich den herrschenden Verhältnissen anzuschließen.

Das fünfeckige, silhouettenreiche Gebäude war deshalb in den malerischen Formen der deutschen Renaissance gehalten. Im Sinne der Reichsidee und ihrer künstlerisch-politischen Interpretation durch das 19. Jh. wurden Gotik und deutsche Renaissance damals für öffentliche und private Bauaufgaben die bevorzugten Stile.

Architektonische Erscheinung und ideeller Anspruch des Rathauses suchten deshalb ihre Vorbilder in Spätmittelalter und beginnender Neuzeit als Epochen nationaler Größe und vaterländischer Tradition. Die damit zitierten Geschichtsepochen galten zugleich als Höhepunkte bürgerlicher Kultur.

Die Fassaden des monumentalen, um einen Innenhof gruppierten Gebäudes aus Pfälzer Sandstein waren lebhaft durch Erker und Giebel gegliedert und fanden bald Nachahmung in den übrigen Bauten der Stadt (vgl. Abb. S. 28).

Im zweiten Weltkrieg entstanden an der prunkvollen Schaufassade des Rathauses schwere Bombenschäden. 1951 wurde der vordere Haupttrakt nach modernen Gesichtspunkten wieder errichtet, wobei die zerstörten Repräsentationsräume zu Büros umgestaltet wurden. Der hintere Teil des Gebäudes mit der Erschließung im Hauptflügel ist im Original erhalten geblieben.

Die Vorhalle wird von Granitsäulen getragen und führt zur Haupttreppe, welche sich auf halber Höhe in zwei Aufgänge teilt. Hier stehen heute die Statuen der Justitia und Clio von Bildhauer Hermann Schiess (1836–1899).

In den vergangenen Jahren wurde das Rathaus grundlegend saniert und durch eine Vielzahl baulicher Veränderungen sinnvoll bereichert.

Lit.: Lemcke, J., Der Rathausbau...., Wiesbaden 1883; Kranz-Michaelis, Ch., Zur deutschen Rathausarchitektur des Kaiserreiches in: Die deutsche Stadt im 19. Jahrhundert, München 1974; Bubner, B., Dem Meister zur Ehre, der Stadt zur dauernden Zier, Wiesbaden International 1984.

5. Marktbrunnen
Marktstr./Schloßplatz

1566/67 ließ der Landesherr Graf Balthasar (1566–1568) einen Marktbrunnen anlegen, der mit seinem hölzernen Brunnenstock im Dreißigjährigen Krieg zerstört wurde.

Unter Fürst Georg August Samuel (1677–1721) wurde der Brunnen erneuert.

1753 errichtete dann Johannes Bager (6, 60, 111), Sproß aus einer für

Marktbrunnen

Wiesbaden bedeutenden Tiroler Baumeisterfamilie, den heute noch bestehenden Marktbrunnen. Die Bildhauerarbeiten stammen von dem Mainfranken Widtemann und dem Mainzer Jung. Auf alten Stadtansichten erscheint der Marktbrunnen oberhalb des alten Rathauses (1). 1767 wurde er an den heutigen Standort versetzt, um dem Fuhrwerksverkehr Platz zu schaffen.

Zwei Felder des achteckigen Sandstein-Troges sind in flachem Relief mit dem nassauischen und dem Stadtwappen geschmückt.

Der Brunnenstock mit vier Ausläufen trägt ein Kapitell mit dem Nassauer Löwen. Dieser hält den ovalen Schild mit Goldkrone in den Pranken. Er zeigt die drei goldenen Lilien auf blauem Grund, Wappen der Stadt Wiesbaden und als Herzschild das Stammwappen des Hauses Nassau, den goldenen Löwen mit den Schindeln.

6. Uhrturm

(heute nicht mehr vorhanden)

Marktstraße 26

Die der Burg vorgelagerte mittelalterliche Kernstadt war durch zwei befestigte Tore, den Uhrturm und das Niederthor, erschlossen.

Die Anlage des Uhrturms als oberes Stadttor zum Michelsberg geht in das 14. Jh. zurück. 1503 wurde er erstmals urkundlich erwähnt.

Die Bezeichnung „Uhrturm" erhielt er, nachdem man ihn 1524 mit der Stadtuhr ausgerüstet hatte. Kurz darauf folgte eine Feuerglocke, die vom Turmwächter bedient wurde und deren Inschrift lautete: „Ein Averglock heis ich, Wisbaden din

Uhrturm, Lithographie nach E. A. Schmidt (um 1840)

ich; Paulus Fischer cu Bingen gos mich 1548".

1750 stockte Johannes Bager (5) den Uhrturm mit einer Schieferhaube auf. Im Inneren waren das Stadtarchiv und eine Wohnung für den Turmwächter untergebracht.

Im Zusammenhang mit der inneren Neuordnung Wiesbadens und der Ausdehnung seiner Befestigungsanlagen im 17. und 18. Jh. verlor der Uhrturm seine Bestimmung als Zugang vom „Flecken" zur „Stadt" und wurde zum Wahrzeichen von Wiesbaden.

Im 19. Jh. war sein enger gotischer Bogen zum Hindernis für den zunehmenden Fuhrwerksverkehr geworden. 1873 brach man ihn – trotz heftiger Auflehnung der Wiesbadener Bevölkerung – als letztes der historischen Tore ab.

Heute ist die Marktstraße Fußgängerzone. Neben dem einstigen Standort des Uhrturms findet sich ein Gasthaus gleichen Namens.

7. Wilhelm von Oranien
Schloßplatz

Wilhelm von Oranien (1533–1584) erbte 1544 das Fürstentum Oranien und wurde der bedeutendste Führer des niederländischen Freiheitskampfes gegen die spanische Herrschaft unter Philipp II. (1555–1598).

Die Genter Befriedung 1576 (Standesrechte und Religionsfreiheit gegen Verzicht auf Unabhängigkeit) konnte die Ächtung durch Philipp II (1580) und schließliche Ermordung in Delft 1584 nicht verhindern.

Die Übernahme der Erbfolge in den Niederlanden zwang den in seinem Dillenburger Elternhaus freiheitlich-protestantisch erzogenen Wilhelm zur Rücksicht auf den gesetzlichen, durch die spanische Herrschaft repräsentierten Katholizismus, sodaß seine Lebensführung weitgehend von politisch-diplomatischem Verhalten bestimmt war.

Wilhelm v. Oranien

Hieraus erklärt sich sein Beiname „Der Schweiger".

Die Einweihung des neuen Kurhau-

40

ses (23) 1907 durch den damaligen Oberbürgermeister Carl v. Ibell und sein Dank an das Nassauer Haus veranlaßten Wilhelm II., der Stadt ein Denkmal zu schenken.

1906 war vor dem Berliner Stadtschloß eine Bronze des Oraniers aus der ottonischen Linie der Nassauer aufgestellt worden.

Kaiser Wilhelm II. ließ dieses Werk des Bildhauers Walter Schott nachgießen und weihte das Denkmal am 15. Mai 1908 auf dem Schloßplatz in Wiesbaden.

8. Kavalierhaus
Schloßplatz 2

Das Kavalierhaus wurde 1826 anstelle des alten, zum ehemaligen Schloß gehörigen Kontrollhofes von Dachdecker Konrad Kalb als Wohn- und Geschäftshaus errichtet. Der breitgelagerte klassizistische Bau hat eine 19achsige, ursprünglich dreigeschossige Fassade mit Risalit und Säulenhalle in der Durchfahrt und steht in der Tradition der Bauten von Christian Zais (III, 22).

Mit dem Bau des benachbarten Schlosses (3) gelangte das Anwesen 1841 in herzoglichen Besitz und wurde fortan als Kavalierhaus gehalten.
Rückwärtig befindet sich der ehemalige Marstallhof des Schlosses.
1952 wurde das im 2. Weltkrieg zerstörte Gebäude in alter Form

Kavalierhaus

wieder errichtet und um ein Geschoß erhöht. Bei den Bauarbeiten fanden sich Reste einer Turmburg aus karolingisch-ottonischer Zeit (9./10. Jh.), die als Nachfolgebau der fränkischen „Curtis regia" Keimzelle des späteren Schlosses ist. Heute befindet sich hier die Verwaltung des Hessischen Landtages.

9. Wilhelms Heilanstalt
Schloßplatz 3

Die Wilhelms Heilanstalt wurde 1868 bis 1871 im Auftrag Kaiser Wilhelms I. unter der Leitung von Oberbaurat Philipp Hoffmann (1806–1889) nach Plänen des für öffentliche Bauten zuständigen Ministeriums in Berlin errichtet. Eduard Zais (1804–1875), ein Sohn von Christian Zais und gleichfalls Beamter der seit 1866 königlich-preußischen Bauinspektion, schuf die Kureinrichtungen und führte den Bau zu Ende.

Die Heilanstalt, auch „Rheuma-Klinik" genannt, diente zunächst als Militärkrankenhaus für Rekonvaleszenten aus dem preußisch-österreichischen Krieg 1866 und dem deutsch-französischen Krieg von 1870/71.

Das Gebäude wurde von einer Thermalquelle versorgt, verfügte über Kureinrichtungen und war in Anlehnung an die Formensprache der italienischen Frührenaissance (sog. Rundbogenstil) aus rotem Sandstein im Wechsel mit Blendstein und Terrakotta errichtet. Die „preußisch-strenge" Form der Gliederung wurde durch die Stilmittel der Renaissance gemildert und verrät den künstlerischen Einfluß des Architekten Friedrich v. Gärtner (1792–1847) aus München, wie der süddeutschen Romantik überhaupt auf den preußischen Historismus.

Über dem Sockelgeschoß mit flächiger Quaderung stehen zwei weitachsige, durch Lisenen gegliederte Geschosse. Die Rundbogenfenster zeigen im ersten Obergeschoß der toskanischen Frührenaissance entlehnte Motive. Unter dem Kranzgesims befindet sich ein hoher Fries mit Akanthusranken und Medaillons aus Terracotta. Die Sandsteinbüste Kaiser Wilhelms I. im dominierenden Eckturm ist ein Werk von Bildhauer Carl Keil (1838–1889). Das Gebäude wurde nach 1920 um

Wilhelms Heilanstalt

mehrere Anbauten erweitert, 1986 im Äußeren auf seinen ursprünglichen Zustand zurückgeführt, innen umgestaltet und ist heute Sitz des Verwaltungsgerichts.

Lit.: Kleineberg, G., Architekturprojekte von Philipp Hoffmann, (1806–1889), Wiesbadener Leben 6/82.

10. Die Mauritiuskirche
(heute nicht mehr vorhanden)
Mauritiusplatz

Im Bereich des heutigen Mauritiusplatzes lag das Zentrum der ersten römischen Befestigung, die unter Kaiser Claudius 41 n. Chr. gegründet worden war. Ausgrabungen haben dort zahlreiche Spuren römischen Lebens zutage gefördert.
Die Kirche hatte ihren Namen von dem Heiligen Mauritius, der im 3. Jh. das Christentum im hiesigen Gebiet verbreitete.
Bereits im 8./9. Jh. stand auf dem Platz der 1850 abgebrannten Mauritiuskirche ein karolingischer Saalbau. Ihm folgte, auf verändertem Grundriß, im 10. Jh. eine dreischiffige romanische Basilika. Im 13. Jh. wurde die Kirche erstmals in einer Schrift Balduins von Trier erwähnt, der allen Bürgern, die durch Spenden für den Bau einer Kirche beitrugen, 40 Tage Ablaß versprach.
Aus zeitgenössischen Berichten geht hervor, daß die Kirche einen Turm besaß, der sich in voller Breite an das Kirchenschiff anschloß.

Um 1488 – in der Regierungszeit des Grafen Adolph III. von Nassau, wurde diese Kirche abgebrochen

Mauritiuskirche, Zeichnung um 1840/45

und der dreistöckige neue Turm auf den Fundamenten des alten errichtet. Die neue Kirche war einschiffig und mit Querbau von gleicher Breite, gesonderten Dächern und je zwei Fenstern im Langhaus, steinernen Strebepfeilern mit Kaffgesimsen und Kreuzblumen in Sandstein versehen. Der Chor war zugleich erweitert worden.

Zu Beginn des 18. Jh. war – nach den Verwüstungen des Dreißigjährigen Krieges und fortschreitendem Verfall – eine Erneuerung notwendig geworden. Fürst Georg August Samuel ließ deshalb die Kirche 1714 vergrößern: Der Turm wurde

43

erhalten, der Chor gegen das Langhaus hin teilweise abgebrochen, das Querschiff ganz niedergelegt, das Hauptschiff links und rechts an den früher freistehenden Turm angebaut und erweitert. Die Bauarbeiten wurden sehr nachlässig durchgeführt, so daß in den folgenden Jahren wiederholt Erneuerungen vorgenommen werden mußten.

1804 veränderte man den Chor, um eine Orgel aus dem Kloster Eberbach aufstellen zu können. 1817 und 1818 wurden weitere Instandsetzungen vorgenommen.
Am 27. Juli 1850 brach bei Lötarbeiten am Dach ein Brand aus. Ungünstige Windverhältnisse liessen die Kirche innerhalb weniger Stunden abbrennen. Mehrere Bürger konnten den Sarkophag der Herzogin Elisabeth, der ersten Frau Herzog Adolphs von Nassau, retten. Die Eberbacher Orgel und die Grabplatte mit Inschrift der Gemahlin König Adolfs von Nassau (1277–1298), Königin Imagina, gingen verloren. An die Mauritiuskirche, das älteste Gotteshaus Wiesbadens, erinnert heute eine Tafel.

Lit.: Kutsch, F., Die Bauperioden der Mauritius-Kirche, Nass. Annalen 62/1951;
Müller-Werth, H., Geschichte und Kommunalpolitik der Stadt Wiesbaden, Wiesbaden 1963.

11. Haus Neugasse 18
Ecke Kleine Kirchgasse

1691 ließ Fürst Georg August Samuel (1677–1721) im Zusammenhang mit dem Wiederaufbau der brachliegenden Stadt (I) eine neue breitere Gasse anlegen, die auf das zwischen Mauergasse und späterer Friedrichstraße gelegene Neutor zulief, das ebenfalls neu errichtet wurde.

Die älteren Gebäude zwischen Mauergasse und Friedrichstraße waren, bedingt durch die Stadterweiterung nach 1800 (IV), klassizistisch und lagen damit außerhalb der ehemaligen Befestigung. Die ursprünglichen Bauten entstammten dem Barock; ihr Aussehen ist nur teilweise überliefert. U. a. stand hier die alte Lateinschule, ein Bau der Zeit Georg August Samuels.
Ein Denkmal besonderer Art ist das Haus Neugasse 18 an der Ecke zur Kleinen Kirchgasse, die als eine sehr alte Verbindung zur Kirchgasse gilt. Im unteren Bereich wurde das Gebäude mehrfach verändert. Die oberen Geschosse zeigen jedoch bis zum Gesims mit ihren skulpierten Festons in den Brüstungen und Gewänden einen Klassizismus, der in dieser noblen Form in Wiesbaden selten zu finden und stilistisch noch dem späten 18. Jh. zuzurechnen ist. Dieses Haus ist vermutlich um 1800 entstanden.

Wagemannstraße mit Cetto-Haus (2. v. r.)

12. Haus der Familie Cetto
Wagemannstraße 5/7

Die im frühen 18. Jh. aus Italien zugewanderte Familie Cetto hat sich um die katholische Gemeinde der Stadt Wiesbaden verdient gemacht. Franz Jacob Cetto gilt als einer der Begründer der heutigen Kirchengemeinde St. Bonifatius.

Das Haus der Familie, Wagemannstraße 5, entstand 1728 und zeigt als eines der wenigen erhaltenen Barockgebäude Wiesbadens im Erdgeschoß eine vierachsige Archivolten-Reihe mit Adelswappen und Masken in den Bogenscheiteln.

Wagemannstraße und Grabenstraße sind – stadtgeschichtlich gesehen – eine Einheit. Die beiden Straßen laufen im Bogen zusammen und werden deshalb „Schiffchen" genannt.
In diesem Stadtquartier, ehemals zwischen dem „Sauerland" im Norden und dem südlichen „Flecken"

als Kern der mittelalterlichen Siedlung gelegen und im Osten begrenzt durch die fränkische „Curtis regia", hat sich noch ein Stück Alt-Wiesbaden im Herzen der Großstadt erhalten.

Grundriß und Struktur der Parzellen verweisen auf alte bauliche Überlieferung.
Die Grabenstraße im ehemaligen Burggraben war 1720 schon als eigenständige Straße geplant, wurde jedoch erst im 19. Jh. für die Bebauung eröffnet. Mit der parallel verlaufenden Wagemannstraße, der alten Metzgergasse, die mutmaßlich aus der Zeit der römischen Besiedlung stammt, zeigen sich hier zudem älteste Spuren des historischen Stadtgrundrisses.

Weitere Reste barocker Bebauung haben sich mit den Gebäuden Wagemannstraße 19 und 33 erhalten. Die übrige Bebauung entstammt dem 19. Jh. und verdeutlicht im kleinen Maßstab die Vielfalt der stilistischen und baukünstlerischen Entwicklung.

45

Die Stadt Wiesbaden hat in den vergangenen Jahren die von ihr erworbenen Häuser in Erbpacht an private Interessenten vergeben. Diese haben die Gebäude grundlegend saniert und mit sinnvollen Wohn– und Gewerbenutzungen versehen.
Bei Sanierungsarbeiten stieß man im Keller der Häuser 33 und 35 auf Reste der römischen Heidenmauer. (14)
Hier stand der „Tessenturm", eine

ihrer Bastionen, welche bis 1768 als Gefängnis diente.

Die Wagemannnstraße wurde 1986 in eine Fußgängerstraße verwandelt.
Die Verkehrsberuhigung der Grabenstraße ist ebenfalls vorgesehen.
Das „Schiffchen" ist heute ein lebendiges Quartier und zugleich das älteste noch erlebbare Viertel der Stadt.

13. Mitte der römischen Siedlung
Tempel der Sirona
(heute nicht mehr vorhanden)

Ungefähr 350 Jahre lang stand Wiesbaden unter römischem Einfluß.

Der Beginn der Besiedlung um 40 n. Chr. endete mit der Zerstörung des unter Claudius (41–50 n. Chr.) errichteten Kastells. Um 70 n. Chr.

wurde durch Kaiser Vespasian (69–79 n. Chr.) der nächste militärische Posten gegründet. Unter Hadrian (117–138 n. Chr.) wurde das Steinkastell auf dem Heidenberg aufgelassen. Aquae Mattiacae wurde zum Kur- und Badeort der in Mainz stationierten Legion.

Um 250 n. Chr. begannen die Auseinandersetzungen mit den Alemannen. 400 n. Chr. brach der römische Widerstand zusammen.
Die Schützenhofquelle hatte in rö-

Weiheinschrift für die Göttin Sirona

mischer Zeit die ersten Heilwässer gespendet. In diesem Bereich zu Füßen des Schulberges wurden Thermen und das kultische Zentrum mit den wichtigsten Heiligtümern römischer und einheimischer Gottheiten, u. a. der Sirona, der Diana Mattiacae, der persischen Gottheit Mithras, deren Mysterienkult durch römische Soldaten an den Rhein gelangte, und eine Tafel mit Inschrift gefunden. Diese besagt, daß ein Gaius Julius Restitutus der germanischen Quellgöttin Sirona diese Quelle stiftete.

Zahlreiche Funde aus Wiesbadens römischer Vergangenheit, u. a. ein Mithräum, befinden sich im Museum (46). Im Rahmen eines geplanten Freilichtmuseums wurden hier römische Fundstücke als Abgüsse aufgestellt.

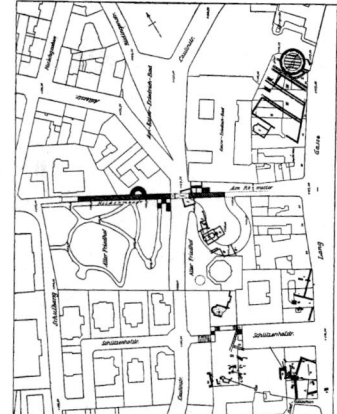

Karte der archäologischen Funde im Stadtzentrum

Lit.: Schoppa, H., Aquae Mattiacae, Wiesbaden, 1974.

14. Heidenmauer/ Römertor
Coulinstraße

Mit dem Bau der Heidenmauer wurde nach heutiger Erkenntnis unter Kaiser Valentinian zwischen 364 und 375 n. Chr. begonnen.
Da immer wieder Grenzfehden und Kriege die Civitas Mattiacorum heimsuchten, wurde die Heidenmauer nie fertiggestellt, und war nie Teil einer regulären Befestigung.
Im Mittelalter durchschnitt sie geradlinig den alten Stadtkern, der sich im Gebiet der heutigen Taunus-, Wilhelm-, Friedrich-, Schwal-

bacher-, Coulinstraße und Saalgasse befand. Innerhalb der Befestigung lagen der engere Burgbezirk und der „Flecken", außerhalb das „Sauerland".

Das fast 500 m lange Mauerstück begann auf der Höhe des Heidenberges bei dem dort gelegenen Steinkastell aus der Zeit Domitians (81–96 n. Chr.) und endete nördlich des Chors der Marktkirche. Dabei querte es die heutige Coulinstraße, Langgasse, Wagemannstraße und Grabenstraße. Die Mauer war im Fundament ca. 3 m dick.
Die heutige Grabenstraße (12) erinnert an den befestigten Graben als

Heidenmauer und Römertor

zung von Mauer und Straße, im Bereich der Grünanlage und unter dem heutigen Niveau fanden sich die Reste des Mithraeums und des Jupiterheiligtums, die im Wiesbadener Museum ausgestellt sind.

Im Jahr 1899 erwarb die Stadt das geschichtsträchtige Adlerquellengelände. Nun konnte zur Entlastung der Langgasse die Coulinstraße zur Saalgasse ausgebaut werden. Hierbei wurde die Heidenmauer oberhalb des Kaiser-Friedrich-Bades (17) durchbrochen. Dieser Eingriff in die bedeutenden baulichen Reste römischer Militärarchitektur wurde von dem damaligen Stadtbaumeister Felix Genzmer (1856–1926) vorgenommen und dadurch gemildert, daß er die beiden Endstücke der Heidenmauer mit einem quasi „römischen" Torbau verband, in welchem sich u. a. die zeittypische, auch politisch motivierte Begeisterung für alles Römische auf deutschem Boden geistvoll dokumentiert. Diesem stimmungshaften archäologischen „Historismus" der wilhelminischen Epoche ist u. a. der Ausbau der Saalburg zu verdanken. (vgl. Ausschnitt der Karte S. 47 unten).

Lit.: Schoppa, H., Aquae Mattiacae, Wiesbaden 1974.

westliche Flanke der mittelalterlichen Burg, der bis zum Ende des 17. Jh. hier verlief.

Zwischen gemauerten Steinschalen fanden sich an einzelnen Stellen die für römisches Mauerwerk typischen Backsteinstreifen und im Inneren ein sehr festes Gußmauerwerk, welches an allen Abbruchstellen sogenannte „Spolien" – Reststücke bildhauerischer Art – enthält. Westlich des Durchbruches an der Coulinstraße ist noch einer der vier Türme zu erkennen, der nach Nordosten weist. Etwas unterhalb der Kreu-

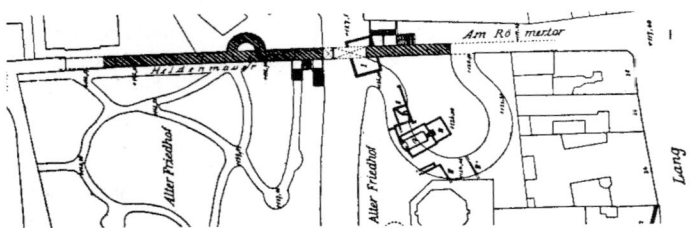

15. Stumpes Tor
(heute nicht mehr vorhanden)
Michelsberg 22

Das Stumpe (stumpfe) Tor oder „stumpes pörtichin" lag an der höchsten Stelle der Stadt auf dem Michelsberg und war ein Torturm mit stumpfem Dach, welcher erst 1705 als Fahrtor eingerichtet worden war.

Er gehörte zur äußeren Stadtmauer, an der über mehrere Jahrhunderte hinweg gebaut worden war. Adolph III. (1480-1511) hatte im Jahr 1508 mit dem Vorhaben begonnen, welches Georg August Samuel 1691 fortsetzte. Bedingt durch die wechselvolle Geschichte der Stadt wurde der gesamte Stadtbering erst im Jahre 1755 vollendet.

Vom Stumpen Tor führten die Wege zu den Höhen des Taunus, der Platte, der Eisernen Hand, nach Georgenborn und über Schlangenbad in den Rheingau, nach Kloster Eberbach und Eltville.

1817 wurde der Turm abgerissen, da die alten Befestigungswerke durch die Stadterweiterung entbehrlich geworden waren.

Ein Wappenstein von 1592 befindet sich im Museum.

Lit.: Müller-Werth, H., Geschichte und Kommunalpolitik der Stdt Wiesbaden, Wiesbaden 1963.

16. Synagoge
(heute nicht mehr vorhanden)
Michelsberg (Coulinstraße)

Nachdem die alte Synagoge im Mahr'schen Gartensaal der wachsenden Gemeinde nicht mehr genügte, erhielt Oberbaurat Philipp Hoffmann (1806–1889) 1863 den Auftrag, eine neue Synagoge zu errichten.

Er schuf in sechsjähriger Arbeit einen formenreichen Bau, der, auf erhöhtem Podest, im Grundriß die Idee des oströmischen Zentralbaues wiederholte, welche er ihm bereits beim Entwurf der Russisch-orthodoxen Kapelle (52) angewandt worden war.

Synagoge (zerstört 1938)

49

Die differenzierte bauliche Anlage und das formenreiche Dekor waren nach maurisch-islamischen Vorbildern gestaltet und von malerisch-exotischer Wirkung.

Durch die Stilwahl wurde die Synagoge zu einem bedeutsamen Beispiel des „romantischen" Historismus, der seit dem späten 18. Jh. die „picturesque variety" zum Mittel des künstlerischen Ausdrucks erhoben hatte. Über dem Hauptbau mit seinen durch polygonale Eckvorlagen gegliederten Risaliten erhob sich eine Gruppe von fünf eingezogenen Kuppeln, deren größte, auf hohem Tambour, den mittleren Raumabschnitt abschloß.

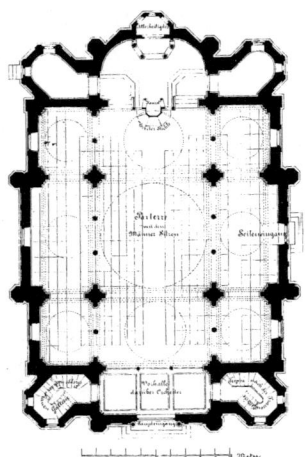

Die Wandflächen zwischen den Lisenen und Riegeln waren mit Fayencen mehrfarbig belegt und durch schlanke Fenster und Rosetten gegliedert.

Synagoge, Grundriss nach Ph. Hoffmann (oben) sowie links: Innenraum mit Heiliger Lade (Altar).

In der Nacht vom 9./10. November 1938 (Reichskristallnacht) wurde das Gotteshaus der jüdischen Gemeinde von den Nationalsozialisten und ihren Gesinnungsgenossen vernichtet.

Lit.: Philipp Hoffmann 1806-1889, Ein Nassauischer Baumeister, Katalog der Ausstellung, Hrsg. Landeshauptstadt Wiesbaden/Jesberg, P. Wiesbaden 1982. Kleineberg, G., Architekturprojekte von Philipp Hoffmann (1806–1889) Wiesbadener Leben 8/82.

II Das Quellenviertel (17–20)

Seit der römischen Besiedelung war der nördliche Bereich der Stadt, das „Sauerland", mit seinen zahlreichen warmen Quellen der Mittelpunkt des Badelebens und damit das wirtschaftliche Rückgrat des sonst noch vielfach bäuerlich bestimmten Wiesbaden gewesen.
Eine Reihe von Autoren zumeist des 17. Jahrhunderts, so u. a. Caspar Lundorf, Ludwig v. Hörnigk oder Matthäus Merian („Topographia Hassiae") geben in ihren Reisebeschreibungen und Berichten anschauliche Kunde über die Lebensverhältnisse des Mittelalters und der folgenden Zeit.

Bereits um 1370 wurden sechzehn warme Brunnen erwähnt, die eine ebensolche Anzahl von Badhäusern mit Wasser bedienten. Bis 1800 war die Zahl der historisch belegten Brunnen unverändert geblieben, seitdem allerdings mit der größeren Bedeutung der Kur auf siebenundzwanzig gestiegen. Hinter den heute noch geläufigen Quellennamen wie „Adlerquelle", „Bäckerbrunnen", „Faulbrunnen", „Kochbrunnen" oder „Schützenhofquelle" fin-

Denkmal der Hygieia mit Randbildern (um 1850)

Badeszene nach L. v. Hörnigk (17. Jh.)

den sich damit Spuren alter und ältester Geschichte.
Wie Merian in seiner „Topographia Hassiae" berichtet, waren die damaligen Bäder nach oben geöffnet; Aufbauten besorgten das Entweichen der Dünste. Auch war das Gemeinschaftsbad in größeren Bassins noch durchweg die Regel und eine allgemeine Zwanglosigkeit der Sitten gab immer wieder Anlaß zu moralischer Entrüstung. Bereits im Mittelalter waren die Wiesbadener Badeverhältnisse deshalb in der Literatur als abschreckendes Beispiel erschienen.

Diese frühen Schriften begründeten zugleich die ausufernde, teils medizinische, teils touristische Bäderliteratur des 18. und insbesondere des 19. Jh., als mit dem gesellschaftli-

Kochbrunnen mit Wandelbahn, Stich um 1856 von Voltz

chen Wandel und dem Aufblühen der Stadt in dessen Gefolge, im Quellenviertel das mondäne Zentrum der Wiesbadener Kur entstand – glanzvolle und zugleich betuliche Kulisse einer Welt, die zur Darstellung ihrer elitären Existenz adäquater künstlerischer Ausdrucksformen bedurfte.

Zahllose Illustrationen werbenden Charakters und wenige überlieferte Bauten wissen davon zu berichten.

In dem Bezirk zwischen Adlerbad (17), Kochbrunnen (19) und Schützenhof liegt zugleich die Fundstätte der antiken Heiligtümer und Bäder (13, 14, 18), die sich von der Taunusstraße bis hin zur Langgasse erstreckten.

Mit den heilkräftigen Quellen verbinden sich also nahezu zweitausendjährige Traditionen und die große Zahl längst untergegangener

Gasthöfe, Badhäuser und Hotels mit ihren teils bodenständigen, teils illustren Namen (19) lebt in Anekdoten, Berichten und mancher persönlicher Erinnerung fort.

Erste Bemühungen zur Unterhaltung und Zerstreuung der Kurgäste im Sinne heutiger Animation waren bereits in der Zeit Fürst Georg August Samuels (1677–1721) unternommen worden.

Auch das 18. Jh. hatte mehrfach versucht, Promenaden und Alleen gärtnerisch auszugestalten, und für Kurzwecke herzurichten.

Die Zeit um 1800 fügte diesen in der Stadt verstreuten Anlagen den mit Akazien bestandenen „Kranz" hinzu, welcher inmitten der Vielzahl historischer Badhäuser gelegen, der sich entwickelnden Kur den gesellschaftlichen Rahmen mit abend-

Kranzplatz um 1910 mit Palasthotel (links), Kochbrunnenkolonnade, Denkmal der Hygieia (C. Hoffmann 1850) und Alter Rose (rechts), abgebrochen 1913

lichem Rendezvous und Kurkonzert gab.

Seit Jahrhunderten hatte im Bereich des heutigen Kurhauses (23) der Wiesenbrunnen als Süßwasserquelle bestanden. Die Verlagerung des gesellschaftlichen Mittelpunktes der Stadt an die östliche Peripherie zu Beginn des 19. Jh., welche sich im Bau des Kurhauses 1810 und weiterer Einrichtungen (III, 21–26) manifestierte, hatte für den historischen Kurbezirk zwar einen Gegenpol geschaffen, seine Existenz als historischer Quellort jedoch nie ernsthaft gefährdet, zumal dieses Ereignis auch dort die Bereitschaft zu architektonischen und gärtneri-

schen Verschönerungen jeglicher Art nachhaltig stimulierte.

Die mehrfache Umgestaltung des Kochbrunnens und seiner unmittelbaren baulichen Umgebung seit der Neufassung des Quellentroges durch Carl Florian Goetz (1763–1829) 1823, die Anlage der gußeisernen Wandelbahn 1854 (19) durch dessen Sohn Theodor (1806–1885) und schließlich die Einrichtung der spektakulären Trinkkuranlage 1887/89 (19) waren zugleich kommunalpolitisch bedeutsame Projekte, die von einer durchgreifenden Modernisierung und Verschönerung der umliegenden Badhäuser und Hotels – erwähnt seien hier „Engel", „Engli-

53

Panorama der Kochbrunnenanlage um 1900

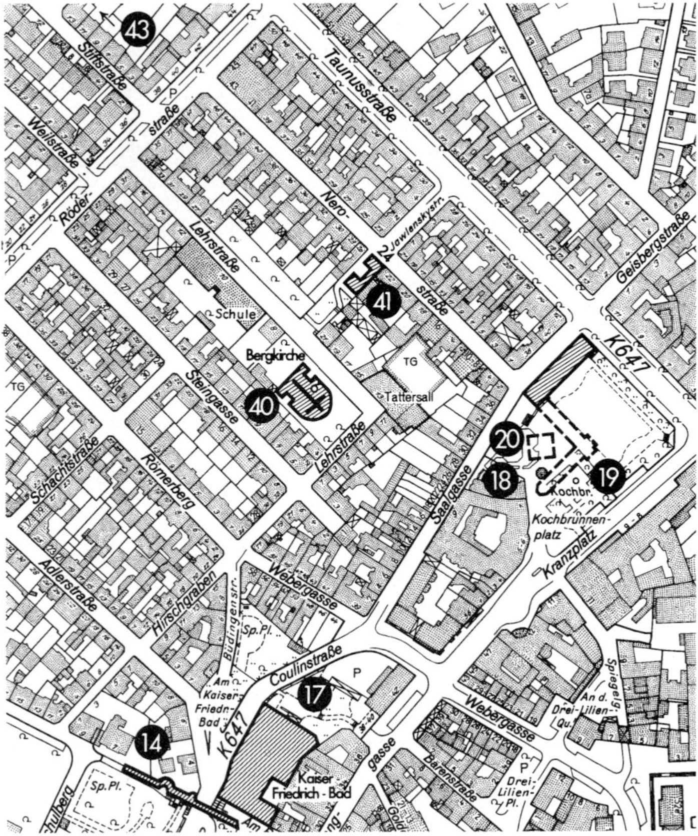

scher-" und „Europäischer Hof",
„Römerbad", „Rose", „Schwan",
„Schwarzer Bock" oder „Spiegel" –
seit Mitte des 19. Jh. begleitet waren.

Der Neubau des Palasthotels
1903–1905 anstelle älterer Bauten,
der Abriß der „neuen" Rose von
1872 in den Jahren 1912/13 und
schließlich die Niederlegung der
Trinkkur nach 1950 nahmen der
ehemals räumlich lebendigen Abfolge von Kranz- und Kochbrunnenplatz ihre historische und städtebaulich gleichermaßen reizvollen
Konturen, so daß diese Plätze heute
nahtlos ineinander übergehen.
Der erste Weltkrieg endete mit dem
weitgehenden Niedergang Wiesbadens als Kurstadt und zahlreiche,

mittlerweile funktionslos gewordene Kureinrichtungen fielen den
gewandelten Vorstellungen und
Zielen der jüngeren Vergangenheit
zum Opfer.

1976–1978 wurde im Zusammenhang mit der Erweiterung des Palasthotels der Kochbrunnenplatz
neu gestaltet und im gegenwärtigen
Umbau des Hotel „Rose" gewinnt
der historisch älteste Kurbezirk
Wiesbadens wieder ein gesellschaftliches Gewicht.

Lit.: Struck, W.-H., Wiesbaden in der
Goethezeit, Wiesbaden 1979;
Struck, W.-H., Wiesbaden im Biedermeier, Wiesbaden, 1981;
Schüler, W., Das wilhelminische Wiesbaden, Nass. Annalen, 99/1988.

17. Adlerquelle
Kaiser-Friedrich-Bad
Langgasse 38/40

Seit dem 2. Jh. n. Chr. wurde die
Adlerquelle von den Römern genutzt, die sich auch im Mittelalter
großer Beliebtheit erfreute und bis
heute ergiebig ist.
Der Bereich des Kaiser-Friedrich-Bades ist zugleich Fundort weiterer
bemerkenswerter römischer Bauten, u. a. eines mit 12 Pfeilern und
Nischen versehenen Rundbaues
von 16 m Durchmesser, der als
Rundtempel oder Sudatorium
(Schwitzbad) gedeutet wird.
Im 16. Jh. entstand hier der „Adler", der zugleich Posthalterei und

bis zum Bau des Kurhauses 1810
bedeutendstes Gesellschaftszentrum war. Um 1900 gelang es der
Stadt, Gelände und Quelle zu erwerben, um dort ein eigenes Badhaus anzulegen, das sowohl gehobenen als auch bescheidenen Ansprüchen gerecht werden konnte.

1910–1913 entstand der heutige
Bau, der nach Friedrich III. benannt wurde und in Raumgestalt
und ästhetischer Erscheinung die
Tradition der römischen Thermen
(18) fortsetzen sollte. Gemeinsam
mit dem Architekten A. O. Pauly
(geb. 1874) und den städtischen
Baubeamten Friedrich Grün und
Carl Petry war Hans Völcker als

Kaiser-Friedrichbad, Wandbekleidung (Majolika)

Maler an der künstlerischen Ausgestaltung des Gebäudes beteiligt.
Die Architektur des Äußeren wiederholt in vereinfachten Formen den klassischen, mit Sockelgeschoß, übergreifenden Pilastern und Halbsäulen gegliederten Aufbau. Der Haupteingang ist von einem dorischen Portikus überdacht und öffnet sich zu einem ehemals reizvollen Gartenparterre mit Trinkhalle und Pavillon.

Die Gestaltung des Inneren bezeugt den in Farbe und Dekor hochstehenden späten Jugendstil: Die Eingangshalle mit dem keramischen Schmuck der Darmstädter Manufaktur, die Marmor-Inkrustationen der großen Halle, die Arbeiten der Karlsruher Majolika-Manufaktur in der römisch-irischen Abteilung und schließlich die bedeutende Keramik aus Cadinen (Ostpreußen) im Kassenraum geben dem Bauwerk eine bemerkenswerte Geschlossenheit der künstlerischen Gestaltung, die den Reformwillen der Zeit nach 1900 anschaulich dokumentiert.

Lit.: Neues Bauen in Wiesbaden 1900–1914, Hrsg. Landeshauptstadt Wiesbaden/Jesberg, P., Wiesbaden 1984.

18. Römische Bäder
(heute nicht mehr vorhanden)
Kranzplatz

Die Wasser der Schützenhofquelle und des Kochbrunnens (19) wurden in römischer Zeit als erste zu Badezwecken verwendet. Die umfangreichsten römischen Thermen entstanden deshalb im 1. Jh. nach Chr. unter Domitian (81–96 n. Chr.) in der Gegend des heutigen Kochbrunnens.

Sie wurden – wie die Legionsstempel der Ziegel beweisen – von Bautrupps der Wiesbadener Garnison und des Mainzer Legionskommandos errichtet und besaßen alle zu dieser Zeit bekannten technischen und hygienischen Einrichtungen der römischen Provinz.

Hinsichtlich des Erscheinungsbildes sind allerdings nur vage Rückschlüsse auf andere Provinzanlagen möglich.

Mit ihren Räumen für die verschiedenen Zwecke wie dem „apodyterium" als Ankleideraum, dem „caldarium" und „sudatorium" für kalte und heiße Bäder, dem „tepidarium" für mäßige Wärme und dem „frigidarium" für starke Abkühlung sind diese Thermen mit den monumentalen Anlagen in Trier zwar nicht vergleichbar, haben jedoch als Bautyp eine eigenständige Bedeutung.

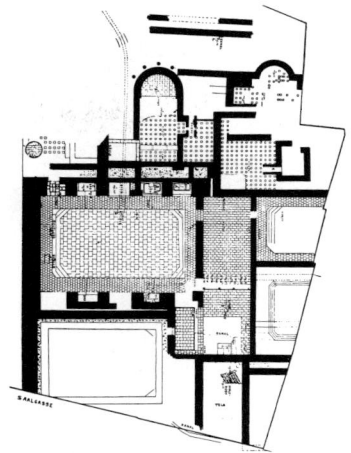

Thermenanlage, Grundriss

1815, beim Umbau des „Weißen Löwen", dem späteren, inzwischen verschwundenen „Römerbad" am Kochbrunnenplatz und im Zusammenhang mit dem Bau des Palasthotels 1905–1907, fanden sich Reste dieser für die Stadtgeschichte Wiesbadens bedeutenden Gebäude.

Lit.: Schoppa, H., Aquae Mattiacae, Wiesbaden 1974

19. Kochbrunnen
Kranzplatz/Kochbrunnenplatz

Die Bemühungen Wiesbadens, sich als Weltkurstadt zu etablieren, waren gegen Ende des 19. Jh. gekrönt von der Einrichtung einer neuen, größeren Trinkkur am Kochbrunnenplatz, die, nach Initiativen des Kurvereins seit 1867 und erfolglosem Wettbewerb, von 1887–1888 durch Wilhelm Bogler (1825–1906) vollendet wurde. Bogler war als Architekt ein routinierter, gleichwohl künstlerisch hochbegabter Interpret der Neorenaissance und orientierte sich in diesem letzten größeren Werk am üppigen Historismus der französischen École des Beaux-Arts, die in Fragen der architektonischen Gestaltung seit ihrer Gründung als Akademie im 17. Jh. tonangebend gewesen war.

Die teils offenen, teils geschlossenen Hallen und Pavillons des Gebäudes aus Sandstein und Gußeisen mit

Kochbrunnenanlage um 1900, vom Kranzplatz aus gesehen, mit Brunnentempel, Trinkhalle und Hauptpavillon

Glasdächern und, diese bekrönenden, französischen Kuppeln waren in mehrfachem Winkel angeordnet und von raumbeherrschender und monumentaler Wirkung.

Der mit schmiedeeisernen Gittern geschmückte und ebenfalls kuppelgekrönte Quelltempel ragte als Abschluß einer gestreckten Halle in den kleineren Kochbrunnenplatz hinein. Wesentliche Teile der bis dahin unversehrten Anlage wurden nach dem Krieg aus Unverständnis für ihren architektonischen Wert und ihre städtebauliche Bedeutung vernichtet. Die Wandelhalle an der Saalgasse und der Kochbrunnentempel sind lediglich Überreste einstiger Pracht.

Die Verwendung des Kochbrunnens als Heiltherme in römischer Zeit ist durch zahlreiche archäologisch aufschlußreiche Funde erwiesen (18). Auch im Mittelalter muß die Quelle gut besucht worden sein und eine Reihe längst verschwundener Badehotels mit weit zurückreichender Tradition ist überliefert: Der „Rindsfuß", später „Englischer Hof", der auf einen ehemaligen Viehmarkt verweist, das „Römerbad", Fundstätte der antiken Bäder, ferner die „Blume", wo später der „Europäische Hof" entstand, „Glocke", „Weisses Roß", „Engel" und „Schwan", die nach 1900 zum „Palasthotel" wurden, dann der „Spiegel" an der Gasse gleichen Namens und endlich „Schwarzer Bock" von 1442 sowie das mehrfach und an unterschiedlichen Standorten vergrößerte Hotel „Rose" (1500, 1722, 1872, 1896–1902), die noch unter dem alten Namen bestehen.

Kochbrunnenanlage mit Quelltempel, Trinkhalle und Zentralpavillon, W. Bogler 1887 (v.l.n.r.)

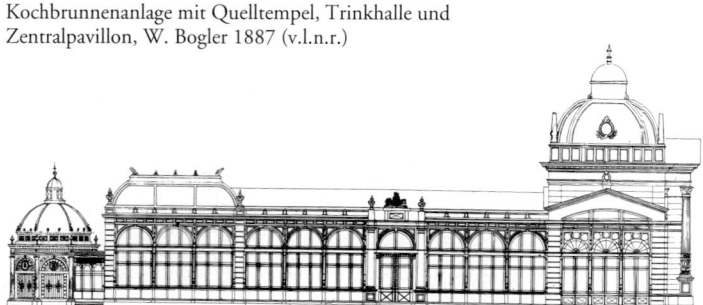

Das vom Jugendstil beeinflußte Palasthotel wurde zwischen 1903 und 1905 durch den renommierten Wiesbadener Architekten Paul A. Jacobi (1858–1920) anstelle älterer Bauten errichtet und 1976/78 durch einen Anbau erweitert. Hier fanden sich wie beim ehemals angrenzenden „Römerbad" ein Jahrhundert zuvor, bei den Ausschachtungsarbeiten 1903 die bedeutenden Reste der antiken Bäder (18).

Das Aufblühen der europäischen Bäder nach 1800 war u.a. eine Folge des gewandelten gesellschaftlichen Rahmens, der sich mit der Trinkkur verband. Aufklärung und französiche Revolution hatten im Niedergang der hierarischen Ordnung des Absolutismus bürgerlich-liberalen Tendenzen zum Durchbruch verholfen; Zeitgeschmack und monarchischer Wille schufen damit auch in Wiesbaden neue Verhaltensmuster, in denen sich Geist und Ästhetik der klassizistischen Epoche mit kommerziellen Interessen mischte. „Man brauchte die Kur"und huldigte damit einer Übung, die sich

Kochbrunnentempel

zur gesellschaftlichen Norm der maßgebenden Kreise für das ganze 19. Jh. entwickelte.
Der erhoffte materielle Nutzen erzwang deshalb umfangreiche hygienische Verbesserungen und machte eine geschützte, den modischen Bedürfnissen adäquate Brunnenanlage am Kranzplatz sowie deren Verbindung über die Taunusstraße zum Kurbetrieb notwendig. (vgl. Abb. S. 52)

Eine hölzerne Trinkhalle hatte bis 1842 bestanden und wurde 1854

Kochbrunnenanlage mit Zentralpavillon, Wandelhalle (Ansicht v. Norden), W. Bogler 1887

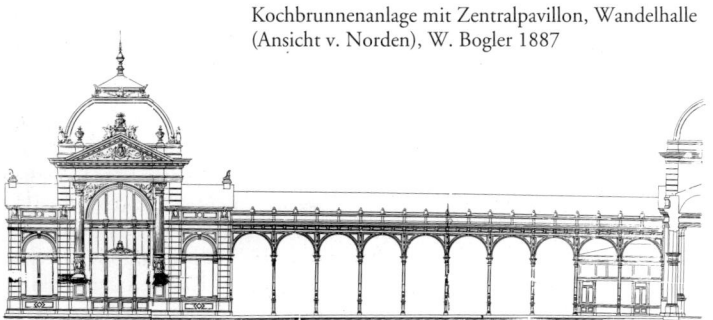

durch die gußeiserne Wandelbahn ersetzt, die sich auf zahlreichen zeitgenössischen Darstellungen findet. 1887 wurde schließlich der Wettbewerb für die neue Trinkkur zugunsten des Entwurfes von Wilhelm Bogler entschieden.

Die Stadt Wiesbaden bemühte sich seit 1973 erfolgreich, durch die Restaurierung und Erweiterung der verbliebenen Gebäude und die Anlage eines Rosengartens zwischen Wandelhalle und „Rose" dem stadtgeschichtlich bedeutenden Kranz- und Kochbrunnenplatz ein großzügiges Gepräge zu geben.

Lit.: Meisner, A. H., Alte Wiesbadener Gast- und Badehäuser, Nass. Heimat, 5, 1925;
Funk, B., Die Arbeiten des Wiesbadener Architekten Wilhelm Bogler, Nass. Annalen, 99/1988.

20. Altes Hospital

(heute nicht mehr vorhanden)

Kochbrunnenplatz/Saalgasse

Altes Hospital (Photo um 1870)

Bereits im Mittelalter (1353) hatten die Grafen von Nassau am späteren Standort des Hospitals ein Armenspital gegründet, das seit 1732/34 mit Bädern ausgestattet war.

1785–1789 wurde dann das alte Hospital errichtet, das mit seinem kleinen Dachreiter auf steilem Dach auf alten Kochbrunnenansichten zu sehen ist.

1822 ließ die herzogliche Regierung das mit dem Hospital verbundene Badhaus wegen Baufälligkeit niederlegen und 1823 durch einen Neubau ersetzen.

1879 wurde das alte Hospital abgebrochen, um die räumlich beengten Verhältnisse am Kochbrunnen zu verbessern und einer neuen Trinkkur (19) Platz zu schaffen, die bereits 1867 vom Kurverein gefordert worden war.

1877/1879 baute die Stadt an der Platter Straße nach den Plänen der renommierten Berliner Architekten Gropius und Schmieden über den Resten des Steinkastells (83 n. Chr.) die Städtischen Kliniken als Nachfolger des Hospitals, die sich seit 1983 als Dr.-Horst-Schmidt-Kliniken in Wiesbaden-Dotzheim befinden.

Von dem Neubau des Hospitals 1785 kündet noch die an der Kolonnade beim Kochbrunnen eingelassene Inschrift: PAUPER INFIRMO CURANDO ET ALENDO SACRUM MDCCLXXXV (Dem armen Kranken zur Heilung und Pflege gewidmet 1785).

III Kurviertel und Wilhelmstraße (21–33)

Die Umgestaltung Wiesbadens durch den Klassizismus zu Beginn des 19. Jh. war zunächst eine Folge der größeren politischen und wirtschaftlichen Bedeutung, die das Land – seit 1806 als Herzogtum und Mitglied des von Napoleon geschaffenen Rheinbundes – erhalten hatte, nicht weniger jedoch Sache persönlicher Initiative der Herzöge Friedrich August (1803– 1816) und Wilhelm (1816–1839).

Die Verschönerung der Stadt begann mit dem Bau mehrerer „herrschaftlicher Häuser", den sog. „Dikasterialbauten" an der südöstlichen Peripherie und zielte auf eine grundlegende Veränderung ihrer Erscheinung und ihrer sozialen und ökonomischen Gestalt. Schenkungen, finanzielle Beihilfen und Steuernachlässe, die sog. herzoglichen „Baugnaden", begleiteten das Baugeschehen erfolgreich bis 1818.

1804 hatte Carl Florian Goetz (1763–1829), Mitglied der herzoglichen Baudeputation und Direktor des hiesigen Bauwesens, seitens der Regierung den Auftrag zu einem Generalplan erhalten, der mit den baulichen Veränderungen vor dem ehemaligen Mainzer Tor – der alten Niederpforte am heutigen Schillerplatz – und der Anlage der Friedrichstraße bald erste Konturen gewann.
Zugleich überschritt die Stadt mit diesem Vorhaben erstmals die en-

Bauinspektor Christian Zais
(1770–1820)

gen räumlichen Grenzen des 17. und 18. Jh..

1805 wurde Christian Zais (1770–1820), gerade fünfunddreißigjährig und gelernter Steinhauer und Architekt aus Cannstatt im Württembergischen, als weiteres sachverständiges Mitglied in die Baukommission berufen.
Durch seine Bauten und vorausschauenden Ideen, welche der Weinbrennerschüler und Bauinspektor bis zu seinem tragischen Ende 1820 realisierte, wurde dem Städtebau Wiesbadens die bis in unser Jahrhundert gültige Richtung gewiesen.

In der Planung des Kurviertels und seiner an großen Vorbildern orientierten räumlichen Gestalt, im alten Kurhaus (23) mit Kurpark und Bowling Green, dem Erbprinzenpalais (31), dem Hotel Vierjahres-

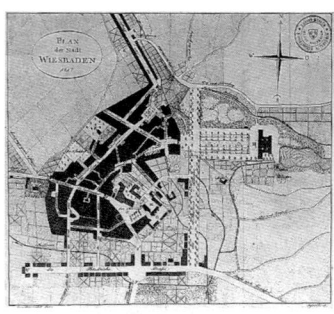

Plan der Stadt Wiesbaden 1817 (Susemihl)

zeiten (22), in zahlreichen Wohnbauten und, die baulichen Einzelleistungen übergreifend, mit seinem Generalbauplan verwirklichte Christian Zais ungeachtet seiner subordinierten Stellung eine städtebauliche Konzeption von großer Tragweite und bauästhetischer wie baugeschichtlicher Bedeutung.

Nach Vollendung des Kurhauses 1810 und seiner gärtnerisch angelegten Umgebung verlangte der gesamte südliche und östliche Stadtraum nach einer weiterführenden architektonischen Gestalt, welche noch gleichen Jahres mit dem Bau der „Allee über den Warmen Damm" – der heutigen Wilhelmstraße – begonnen wurde.

Diese Promenade, bereits 1805 konzipiert und zunächst bis zur Friedrichstraße geplant, wurde nun in rascher Folge bis 1826 mit repäsentativen, mehrgeschossigen Bauten versehen, unter denen einzig das Erbprinzpalais (31) als herausragendes Beispiel eines klassizisti-

schen Stadthauses erhalten ist.

Im Mai 1817 erhielt Christian Zais durch Regierungsdekret den Auftrag zur städtebaulichen Neuordnung Wiesbadens, um damit zugleich den Anschluß des neuen Viertels an den historischen Stadtkern vorzubereiten. In mehreren Stufen entwickelte er daraufhin ein Konzept über Wiesbadens bauliche Zukunft und legte im März 1818 einen umfassenden Generalbauplan für das gesamte Stadtgebiet vor. der neben grundsätzlichen und weitreichenden Aussagen zum künftigen Aussehen der Stadt auch Andeutungen über ein Quartier mit ländlichen, villenartigen Gebäuden machte (VIII).

Die bewußte Trennung von geschlossener Bebauung und durchgrüntem Landschaftsraum, von Stadt und Villeggiatur, im weitesten Sinne also von Kunst und Natur war nicht allein eine ästhetische, sondern viel eher eine in der hierarchischen Gesellschaftsverfassung begründete Idee.

Die hauptsächlichen Leitlinien dieses Planes konkretisierten sich im sog. „historischen Fünfeck", welches, an der bereits vorhandenen Wilhelmstraße („Allee") beginnend, sich über die projektierten Fluchten der Luisen-, Rhein- und Schwalbacher Straße erstreckte und von dort im stumpfen Winkel und steil abfallend zur verlängerten Nerostraße stieß. Der erste Bau an der Westseite der Schwalbacherstraße war die Infanterie-Kaserne, die nach Plänen von Carl Florian

Goetz 1819 fertiggestellt wurde und bis zum Bau der Bose-Schule 1913 eindrucksvoller Abschluß der Friedrichstraße war.

Der Übergang von Schwalbacher- und Röderstraße auf der Höhe des römischen Kastells war durch ein Rondell erweitert und das gesamte Baugebiet durch die Flucht der Taunusstraße, dem linken Ufer des Neresbaches, folgend, bis zur Wilhelmstraße geschlossen. Dort war, in räumlicher Entsprechung zum Kurhaus (23), ein wirkungsvoller Architekturplatz mit repräsentativen Bauten, u. a. einem Theater (21) und einem Badhaus, dem späteren Hotel Vierjahreszeiten (22) vorgesehen. Die Umgestaltung des Warmen Dammes (29) in eine Gartenanlage und als möglicher Standort einer künftigen Residenz wurde im gleichen Zusammenhang erörtert.

Die Realisierung dieser großen baukünstlerischen Ideen ging wegen der immensen Kosten für Grundstückskäufe, Entschädigungsleistungen, Anlage und Begrünung der Straßen und Plätze allerdings nur langsam vonstatten.

In dieser Zeit fiel auch die Entscheidung für die einseitige Bebauung der „Allee", die als klassizistischer Prospekt gedacht war und in der Einheit von Architektur und Landschaft bis heute den Ruhm dieser Straße begründet.

In einem Plan des Jahres 1812 zur weiteren Umgebung des Kurhauses waren bereits die Konturen einer stadtseitigen Fortsetzung dieses Architekturraumes differenzierter hervorgetreten, der über die zwei Eckbauten, das Badhaus Vier Jahreszeiten (22) und das Theater (21) sowie das Wohnhaus von Christian Zais und den Nassauer Hof, sich fortschreitend verjüngend, zur Webergasse entwickeln sollte.

In ähnlicher Weise war der Schnittpunkt von Wilhelmstraße und Friedrichstraße durch ein herrschaftliches Gebäude, das spätere Erbprinzenpalais (31), gestaltet, welches unter schwierigen Verhältnissen 1813–1821 errichtet wurde und als das edelste Gebäude aus der Hand des Bauinspektors Christian Zais angesehen wird.

Die nach seinem Ableben 1820 im Kurviertel errichteten Bauten, u. a. das alte Hoftheater (21), die Kolonnaden (24/25), und wesentlich später die Neubauten von Theater (27/28) und Kurhaus (23) seit 1894 fügten sich zwanglos in den großzügigen Stadtraum ein, der zuvor durch den mehrfachen Umbau des alten Kurhauses sowie die gärtnerische Umgestaltung des Warmen Dammes (29) und des Bowling Green (26) im verschwenderischen Geschmack der Jahrhundertmitte erweitert und zugleich entschieden bereichert worden war.

Ungeachtet der baulichen Veränderungen im weiteren Verlauf des 19. Jh., der unwiederbringlichen Verluste des letzten Krieges und gewandelter Vorstellungen des Wieder-

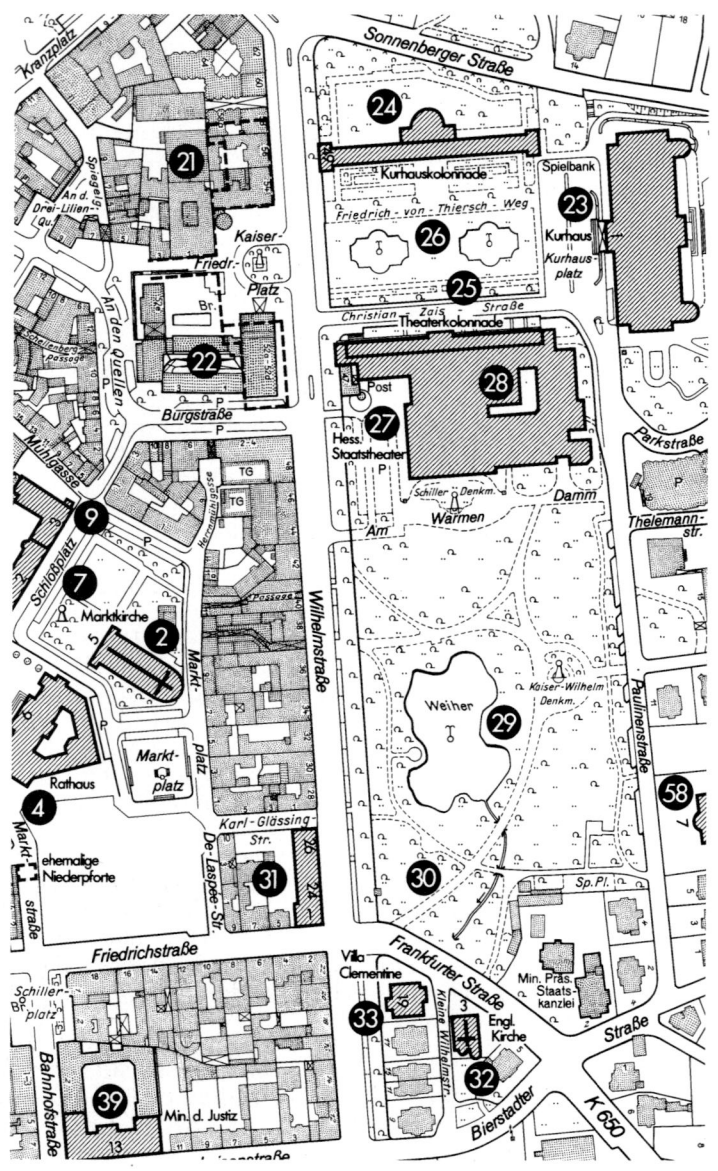

aufbaues sind die wesentlichen stadträumlichen Elemente des Kurviertels erkennbar geblieben.

Lit.: Weiler, Cl., Johann Christian Zais, Nass. Lebensbilder 5/1955;

Struck, W.-H., Wiesbaden in der Goethezeit, Wiesbaden 1979;
Bothe, R., Hrsg., Kurstädte in Deutschland – Zur Geschichte einer Baugattung, Berlin 1984.
Bubner, B., Christian Zais (1770–1820) in seiner Zeit, Hrsg. Erich Haub-Zais-Stiftung Wiesbaden 1993

21. Hoftheater
(heute nicht mehr vorhanden)
Wilhelmstraße/Kaiser-Friedrich-Platz

Die bauliche und künstlerische Form des Theaters im heutigen Sinne entstand im Verlauf des 18. Jh., als diese bis dahin durch feudale Privilegien beherrschte Kunstgattung sich auch bürgerlich-liberalen Schichten erschloß. Zu den Voraussetzungen jedes Kurbades zählte deshalb nach 1800 außer den Kureinrichtungen auch ein Theater. Als

Standort für das neue Gebäude hatte Christian Zais in seinen Entwürfen 1812 zunächst die Südflanke des von ihm angelegten Platzes – heute Kaiser-Friedrich-Platz – gewählt, wo dann 1818–1821 sein Badhaus Zu den Vierjahreszeiten (22) entstand.

Der Fortgang der Planung in seinem Sinne wurde durch den unerwarteten Tod 1820 verhindert. Dies veranlaßte den zuständigen Domänenbaurat Heinrich Jacob Zengerle (1779–1835), den Bau an der

Hoftheater (Stich v. Zingel 1830)

Nordecke des Platzes vorzusehen. Die Ausführung übertrug er Landbaumeister Wolff (1773–1843), dem das neue Theater in Aachen als Anregung und Vorlage diente. 1826/27 wurde der Bau vollendet. Pläne und Darstellungen der Inneräume fehlen vollständig. Mit zwei Geschossen faßte das Gebäude, ähnlich dem zuvor errichteten Badhaus gegenüber (22), die nördliche Kante des Platzes, und war, wie dieses mit dem Wohnhaus Zais, durch ein Torgebäude zum Nassauer Hof verbunden.

Zur Wilhelmstraße hin zeigte der schlichte klassizistische Bau dreizehn Fensterachsen und die Front zur Straße war durch einen Risalit mit vierfacher Pilasterordnung im Obergeschoß gegliedert. Die Schmalseite nach Süden hatte fünf Achsen, deren drei mittlere, innerhalb eines Säulenvorbaues mit gleichbreiter Treppe gelegen, den Eingang bildeten. Der steile Dachwalm war mit einem flachen Giebelfeld verbunden und zeigt den Einfluß des Frühklassizismus und der Weinbrennerschule. Das Sockelgeschoß besaß einen Fugenschnitt in der für die klassizistischen Epoche typischen Schichtung.

Gegen Ende des 19. Jh. genügte dieser Bau den gestiegenen räumlichen und kulturellen Bedürfnissen nicht mehr. An seiner Stelle erweiterte sich der „Nassauer Hof" nach Plänen des Architekten Alfred Schellenberg 1897 im französischen Neobarock. Neben dem alten Kurhaus und im Anschluß an die südliche Kolonnade entstand dann 1892–1894 das neue Hoftheater (27).

Lit.: Theater in Wiesbaden 1765–1978, Festschrift zur Wiedereröffnung des Hessischen Staatstheaters in Wiesbaden, Wiesbaden 1978.

22. Kur- und Badehaus „Zu den Vier Jahreszeiten"

(heute nicht mehr vorhanden)
Wilhelmstraße / Kaiser Friedrich-Platz

Das Kur- und Badehaus „Zu den Vier Jahreszeiten" ist ein Werk von Christian Zais und wurde zwischen 1818 und 1821 in eigener Regie errichtet. Der großzügige Entwurf war Beweis der unternehmerischen Talente und des künstlerischen Ingeniums seines Erbauers und zudem Ergebnis der herzoglichen Baugnaden, die bis 1818 tragender Bestandteil der städtebaulichen Entwicklung gewesen waren. Der hohen gesellschaftlichen Anspruch des zukunftsträchtigen Projektes zeigte schon die Kalkulation, die 1816 bei einem Volumen von ca. 200 Zimmern (!) Baukosten von über 250.000 Gulden erwarten ließ. Dieser Bau war darüber hinaus mit dem Lebensschicksal von Christian Zais

Kur- und Badehaus „Zu den Vier Jahreszeiten" (Stich von E. Rauch) um 1820

besonders eng verbunden, der wegen der mißgünstigen Umständen bei der Suche nach geeignetem Thermalwasser für sein „Kurhaus" 1820 infolge eines Herzinfarktes aus dem Leben schied. Wilhelm Zais, der ältere Sohn, führte nach dem Tod des Vaters das Werk erfolgreich zu Ende.

Das Badehotel, ursprünglich am Standort des späteren Hoftheaters (21) geplant, wurde dann 1818 an der Südflanke des heutigen Kaiser-Friedrich-Platzes begonnen und war mit Zais' Wohnhaus durch eine Galerie verbunden.

Das Hauptgebäude entwickelte sich über drei Etagen längs der Wilhelmstraße mit dreiundzwanzig sowie am heutigen Kaiser-Friedrich-Platz mit neun Fensterachsen. Im Erdgeschoß lagen die marmorgefaßten Bäder, darüber zahlreiche Appartements, die in der Regel aus zwei Räumen bestanden. Kleinere Räume jenseits des Flures waren dem Personal vorbehalten. Zwei Trakte an der Burgstraße nahmen im Obergeschoß weitere Appartements auf. Im Erdgeschoß waren Kaffee-, Spiel- und Hotelräume angeordnet.

Der große, schloßähnlich ausgestattete Speisesaal lag als Querbau in engem Abstand neben dem Hauptgebäude und war wegen der kostbaren Wand- und Deckenmalerei in Anlehnung an römisch-antike Vorbilder über die Grenzen des Landes berühmt. Ein weiterer Querbau enthielt u.a. Wirtschaftsräume.

Die Architektur mit ihrer flächigen klassizistischen Spundung im Sockelgeschoß und den edlen Proportionen der Profile und Gewände war nobel im Material und imposant in ihrer städtebaulichen Wirkung. Zwischen 1830 und 1840 wurde der Bau mit Portikus-Vor-

Kur- und Badehaus „Zu den Vier Jahreszeiten", Speisesaal

bauten versehen und der Verbindungstrakt zum Wohnhaus Zais ebenso wie dieses um ein Geschoß erhöht.

Mit dem neuen Badhaus errang Wiesbaden einen Spitzenplatz unter den zeitgenössischen Badehotels in Europa und das „Vier Jahreszeiten"

galt für viele Jahre hinsichtlich der Qualität seiner Ausstattung als vorbildlich.

Das Gebäude wurde im Zweiten Weltkrieg zerstört. Heute steht ein modernes Apartmenthaus gleichen Namens an seiner Stelle.

23. Alleesaal und Kurhaus
Kurhausplatz 1

Infolge der tiefgreifenden sozialen Veränderungen an der Wende zum 19. Jahrhundert waren zu den traditionellen Bauaufgaben zahlreiche neuartige getreten, die einer zunehmend verbürgerlichten Gesellschaft in der Aneignung höfischer Privilegren dienten. Kurhäuser und Gesellschaftsbauten jeglicher Art waren für die aufstrebenden Bäder deshalb gestaltprägende Repräsentanten der neuen Geisteshaltung.

Das Gesellschaftshaus, auch Alleesaal genannt, war der Vorläufer des jetzigen Kurhauses und wurde zwischen 1808 und 1810 nach Plänen von Christian Zais errichtet.

Die Anregung zu diesem gesellschaftlichen Mittelpunkt des künftigen Bades entsprang der wirtschaftlichen und kulturellen Weitsicht der herzoglichen Familie, war hierin jedoch auch eine Reaktion auf die Erfordernisse der Zeit.

Herzog Friedrich August (1803–1816) und Fürst Friedrich Wilhelm förderten die Pläne durch ein Publicandum, um das Projekt durch den Verkauf von Aktien zu finanzieren. Die ursprünglichen Entwürfe von Zais waren mit ihren geschwungenen Kolonnaden und Portikus formen noch an der Villenarchitektur der italienischen Renaissance, u. a. Andrea Palladios (1508–1580) und den davon beeinflußten Vorbildern des Frühklassizismus, sowie den Arbeiten von H. Gentz (1766–1811) für Herzog Karl August in Weimar (Festsaal i. Schloß, Schießhaus) ausgerichtet.

Der ausgeführte Bau bediente sich ähnlicher architektonischer Mittel, stand jedoch frei und mit gestreckter Front in dem weiträumigen Park, der noch heute wichtiger Teil der Kuranlagen ist. Der sechssäulige

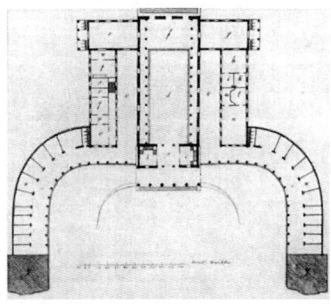

Kurhausprojekt 1807, Grundriss

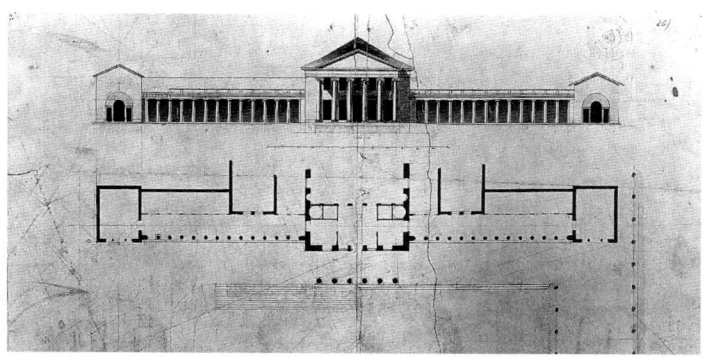

Altes Kurhaus, Zeichnung von Chr. Zais 1808

ionische Portikus führte in einen mäßig großen, gewölbten Saal, der in seiner Länge beidseitig korinthische Säulen und darüber begehbare Galerien besaß. Dieser Saalbau war durch niedrige Kolonnaden mit dorischen Säulen gefaßt, die mit überhöhten Pavillons beiderseits abschlossen.

Dahinter verdeckt lagen Räume für Spiel, Ausschank und Unterhaltung. (vgl. Abb. S. 16)

Mit dem neuen Gesellschaftshaus zeigte sich erstmals in Wiesbaden der Geist der Klassik, welcher, durch den literarisch-philosophischen Idealismus getragen, in der römischen Vergangenheit der Stadt eine gesicherte Grundlage fand.

Die architektonische Wirkung des Gebäudes war in der Steigerung von der Dorik der Kolonnaden über den ionischen Portikus bis hin zum Prunk der korinthischen Säulen des Festsaales – der antiken Säulenordnung gehorchend – im zeitgenössischen Urteil übermächtig, sodaß der Bibliothekar Zimmermann seinen Eindruck 1826 mit folgenden Worten beschrieb: „Beim Anblicke dieses Prachtgebäudes glaubt man sich in irgend ein Land der klassischen Vorwelt versetzt, wo die Baukunst im Streben nach dem Einfachen, dem Schönen und Edlen, den höchsten Sieg errang. Wer könnte es leugnen, daß der Meister bei der Aufführung dieses Werkes nicht vom Geiste der Alten innig durchdrungen war."

Die künstlerische Haltung des Gebäudes war damit an den Werten der klassischen Antike ausgerichtet,

Altes Kurhaus, Kursaal, Stich von E. Grünewald um 1840

Altes Kurhaus, Spielsaal (K. Ekwall 1880)

die seit dem 18. Jh. durch die vermehrte Kenntnis der mediterranen Länder, durch die Ergebnisse archäologischer Forschung usf. einen ganzen Kulturkreis erneut in ihren Bann gezogen hatte. In mehrfachen Umbauten, so u. a. 1835 und 1854/56 durch Theodor Goetz, war versucht worden, das Bauwerk den gewandelten Ansprüchen und Erfordernissen anzupassen. Angesichts unentwegt steigender Besucherzahlen war der Abbruch des traditionsreichen und künstlerisch wertvollen Hauses nach hundertjähriger Nutzung nicht zu verhindern: Der Bau war zu klein geworden und wurde 1907 durch das neue Kurhaus ersetzt.

Lit.: Sebald, E., Das alte Kurhaus von Christian Zais in: Neues Bauen in Wiesbaden 1900–1919, Hrsg. Landeshauptstadt Wiesbaden/Jesberg, P., Wiesbaden 1984 sowie ders. Das Kurhaus, Ein Bautyp des 19. Jh., Nass. Annalen 97/1986.

Kurhaus

1904 erhielt Professor Friedrich von Thiersch (1852– 1921) aus München den Auftrag, anstelle des baulich und organisatorisch veralteten Gebäudes von Christian Zais ein neues Kurhaus zu bauen, das 1907, in Anwesenheit von Kaiser Wilhelm II., eingeweiht wurde. Dem Neubau war 1898 ein Wettbewerb vorausgegangen, der ohne Ergebnis geblieben war und schließlich 1902 zur Vergabe des Auftrages an das seinerzeitige Mitglied des Preisgerichtes, Friedrich v. Thiersch führte. Der Neubau, Höhepunkt und Abschluß der zu glanzvoller Pose gesteigerten gesellschaftlichen Entwicklung, zeigte im Äußeren bereits den monumentalen Neoklassizismus, der in seltener Harmonie seiner Raumfolgen Römisches, Barockes und Altdeutsches miteinander verband und in seinem ionischen Portikus die ideelle Nähe zum Vorgängerbau suchte.

Friedrich von Thiersch gilt als Wegbereiter des Neobarock und war eine der überragenden Architektenpersönlichkeiten des späteren Historismus. Ihm war es u.a. gelungen, die Innengestalt des alten Alleesaales in den kleinen Konzertsaal des neuen Hauses zu übernehmen und überhaupt, wie er beschreibt, „die antike Form mit der Moderne in glücklichen Einklang zu bringen und so ein Bindeglied zwischen dem Klassizismus und der Neuzeit zu schaffen . . .“

Kurhaus

Die Grundfläche des Neubaues war lediglich um ein Viertel größer als die des alten Gebäudes, die Bausumme von zunächst ca. 3 Mio. Goldmark jedoch um das Doppelte überschritten. In der akzentuierenden Stellung des Portikus, in den Fensterachsen und Proportionen zeigen die Fassaden noch das klassizistische Schema. Ihre plastische, skulpturelle und keramische Behandlung greift jedoch weit über die akademische Renaissance-Konvention der Zeit Gottfried Sempers (1803–1879) in den Jugendstil über und demonstriert den vom Historismus sich lösenden Gestaltungswillen der Entstehungszeit. Flächigkeit und Farbe des graugelben Pfälzer Sandsteins mildern jedes Detail, so daß die klassizistische Gliederung den Eindruck bestimmt.

Die Inschrift „Aquis Mattiacis" über dem Portikus aus schlesischem Quarzsandstein – dieser auch in seiner Gestaltung eine getreue Reminiszenz an den Vorgängerbau – erinnert an Wiesbadens römische Vergangenheit.

Den Reichtum künstlerischer Ausstattung entfaltete Friedrich v. Thiersch im Inneren des Gebäudes: Der große Kuppelsaal – die Wandelhalle – vermittelt zwischen den beiderseits angrenzenden Raumbereichen und greift das Thema römischer Thermenarchitektur mit ihren monumentalen Raumdurchdringungen und luxuriösen Ausstattungen auf. Er wird von Säulen-

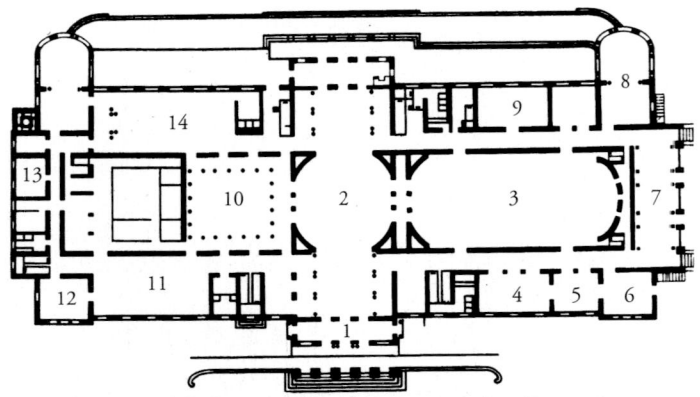

1 Vorhalle, 2 Wandelhalle, 3 Großer Saal, 4 Vortragssaal, 5 Sitzungszimmer, 6 Ecksalon, 7 Muschelsaal, 8 Roter Pavillon, 9 Gelber Salon, 10 Kleiner Saal. 11 Restaurant, 12 Bacchuszimmer, 13 Rheingauer Zimmer, 14 Weinsaal/Großes Spiel

Kurhaus, Grundriss

Kurhaus, Mittelrotunde/Wandelhalle, Aquarell von Fr. v. Thiersch

und Pilasterschäften aus schwedischem Granit auf Basen aus Bronze gegliedert.

Die Bronze-Kapitelle leiten über den Architrav aus grauem Granit mit Einlagen von belgischem Marmor in die Kuppel mit der vier Mosaik-Medaillons von Julius Dietz in den Pendantifs, überhöht durch einen umlaufenden Reigen von Tänzerinnen (E. Pfeiffer), „die eine zierliche Säulenhalle ... durchwandeln", und Gottheiten der Antike darstellen.

Die Kuppelpfeiler und Türeinrahmungen mit ihrer Verkleidung in lebhaft gelbem sienesischem Marmor, die Supraporten über den Türen zum Großen Saal, ebenso wie die Standbilder römischer Götter aus Marmor ergänzen den Raumeindruck, der auch hier die Nähe zur Antike sucht.

Kurhaus, Großer Saal (Zeichnung Gehrmann Consult)

Von diesem Zentrum erstrecken sich nach Süden der Große, und nach Norden der Kleine Konzertsaal.

Beide waren von Unterhaltungs- und Speiseräumen umgeben. sodaß sich facettenartig eine enzyklopädische Zusammenschau unterschiedlichster Stile vermittelte.

Im großen Konzertsaal kulminierte die Prachtentfaltung, die sich dort wiederum am Dekorationsreichtum römisch-kaiserzeitlicher Paläste orientierte: Über den mächtigen Säulen aus nassauischem Marmor spannte sich die in rotbraunem Mahagoniholz kassettierte Flachtonne, die reich mit Blau und Gold ausgelegt war. Der Raum war ebenfalls in Mahagoni getäfelt und die Wandfelder der Galerie rötlich marmoriert und in Gold gefaßt.

Der Kleine Konzertsaal zeigt die Architektur des alten Alleesaales – korinthischer Säulenkranz, Greifenfries und Konsolgesims. Eine kassettierte Voutendecke verbindet zum Oberlicht.

Nach den Zerstörungen des 2. Weltkrieges wurde das Innere des Kurhauses teilweise zeitgemäß verändert; das Äußere blieb original erhalten. 1982–1987 wurden Kleiner (Christian Zais-)Saal, Großer (Thiersch-)Saal, Wandelhalle sowie die übrigen erhaltenen Wein-, Konversations-, Lese- und Grottensäle nach den glücklicherweise noch vorhandenen Plänen restauriert. Hierbei wurde die ehemals gewölbte und nach der Zerstörung vereinfacht wiederhergestellte Kassettendecke des Großen Saales rekonstruiert, sodaß diese eindrucks-

73

Kurhaus, Rückfront

hann Wolfgang von Goethe, der hier 1814 und 1815 an den Gedichten des „Westöstlichen Diwan" gearbeitet und am 28. August 1814 seinen 65. Geburtstag gefeiert hatte oder Fjodor M. Dostojewskij, der unter dem Eindruck der Wiesbadener Erlebnisse später den Roman „Der Spieler" schrieb. Wie früher, so ist das Kurhaus auch heute Sitz der Wiesbadener Spielbank. Ferner finden Tagungen, Konzerte und gesellschaftliche Veranstaltungen grösseren Stiles in den Sälen des Kurhauses statt.

Lit.: Thiersch, F. v., Das Kurhaus zu Wiesbaden, Architektur des XX. Jh., Berlin 1908
Nerdinger, W.; Das Kurhaus Wiesbaden – Ein Wilhelminisches Gesamtkunstwerk in: Neues Bauen in Wiesbaden 1900–1914, Hrsg. Landeshauptstadt Wiesbaden/Jesberg, P., Wiesbaden 1984.

volle Nachschöpfung spätantiker Staatsarchitektur heute wieder erlebbar ist.
Das alte Kurhaus hatte im Verlauf seines einhundertjährigen Bestehens viele berühmte Gäste, u.a. Jo-

24. Alte Kolonnade
Wilhelmstraße

Die Alte Kolonnade war bereits Bestandteil der Kurhaus-Planung von 1807 gewesen und wurde wegen der Verzögerungen beim Bau des Hoftheaters (21) erst 1826/27 von Baurat Heinrich Jacob Zengerle für 67 500 Gulden errichtet. Vor dem Kurhaus existierten damals offene

Buden und Stände, die den Kurgästen Waren anboten. Um den Verkaufsbetrieb wetterunabhängig zu gestalten und ein Mindestmaß an ästhetischer Wirkung zu garantieren, wurden die Waren in der Wandelhalle feilgeboten, die mit ihren 46 dorischen Säulen und den beiden Eckpavillons das Vorbild für die südliche Kolonnade (25) gab. Die „neuen Säulen" wurden archi-

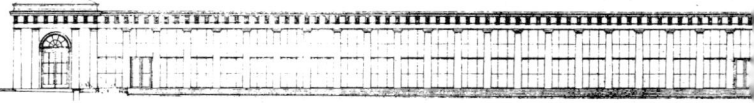

Bowling Green mit Kurhaus, Alter und Neuer Kolonnade, (Gouasche nach 1856)

tektonisch bestimmender Rahmen des Platzes und waren, wie der Klassizismus überhaupt, ein Dokument zeitgenössischer Antikenverehrung, die u.a. in der Nachahmung griechischer Bauten wie der Stoa ihren Ausdruck fand.(vgl. Abb. unten). Sie wurden damit Architekturzeugnisse des literarisch-philosophisch orientierten Idealismus.

Die ehemalige Brunnen-Kolonnade, benannt nach einer um 1930 erfolgten Erweiterung mit großer rückwärtiger Exedra, Brunnen und im Inneren mehrfach verändert, dient auch heute noch für Ausstellungen, Bazare und Vortragsveranstaltungen und beherbergt das „Kleine Spiel".

25. Neue Kolonnade
Wilhelmstraße

Die südliche Wandelhalle, die heutige Theaterkolonnade, stammt von Baurat Karl Friedrich Faber und wurde 1839 vollendet. Die wesentlich höheren Baukosten von ca. 173 000 Gulden resultierten aus den Schwierigkeiten des abschüssigen Terrains und der acht Zimmer umfassenden Wohnung des Pächters der Spielbank, Anton Chabert. 1840 wurden die Kaufläden erstmals verpachtet. Mit Ausnahme der sechssäulig hervortretenden Mittelpartie, die seit 1894 den Theatereingang markiert, spiegelt sie ihr Gegenüber in Form und Detail und ist architektonisch notwendiges Pendant zur Akzentuierung des Platzes.

26. Bowling-Green und Kaskaden-Brunnen
Wilhelmstraße

Die ursprüngliche Form des Bowling-Green mit einer – allerdings nie verwirklichten – Fontäne und ehemals beidseitiger Akazien –, seit 1817 Platanenallee, geht auf Christian Zais zurück. Herzog Adolph ließ während seiner Regierungszeit wesentliche Teile des Kurbezirkes durch Gartendirektor Carl Friedrich Thelemann (1811–1883) neu, und im Sinne des Historimus, opulenter gestalten. Dazu gehörten neben dem Warmen Damm (29) das Gelände nördlich der Brunnenkolonnade (24), die Parkanlagen hinter dem Kurhaus, die seit 1852 abwechslungsreich mit der großen Fontäne und dem chinesischen Pavillon ausgestattet wurden sowie schließlich der Bowling-Green mit seinen üppigen Rabatten, Parterres und dreistufigen, durch 614 Gaslampen „wahrhaft feenhaft" be-

Nördliche Kolonnade mit Kaskadenbrunnen

leuchteten Kaskaden-Brunnen, die Baurat Theodor Goetz (1806–1885) 1856 entworfen hatte und von J. J. Gerth ausführen ließ.
In ihren Formen waren diese Anlagen völlig dem pittoresken Geschmack der Jahrhundertmitte verpflichtet, welcher in seinen Arrangements vielfach wieder zu den gartenkünstlerischen Mitteln des 18. Jh. griff.

27. Hessisches Staatstheater
Wilhelmstraße

Der Disput um den Bau eines neuen Theaters in Wiesbaden hatte seit 1872 die öffentliche Meinung beschäftigt, nachdem bereits in nassauischer Zeit, 1860, die Notwendigkeit eines solchen Vorhabens erkannt worden war. Die politischen Ereignisse von 1866 und 1871 ebenso wie die Überführung der

Kurbetriebe in städtische Verwaltung, der Bau des neuen Rathauses (4) und andere kommunale Aufgaben hatten das Projekt allerdings in den Hintergrund gedrängt. Für den Neubau des Hoftheaters schrieb die Stadt Wiesbaden deshalb 1891 einen Wettbewerb aus, dessen Ergebnis 1892 zu einem Auftrag an die renommierten Wiener Architekten Fellner und Helmer führte. 1894 fand in Gegenwart Wilhelm II. die feierliche Eröffnung des neuen Gebäudes statt. (vgl. Abb. S. 21).

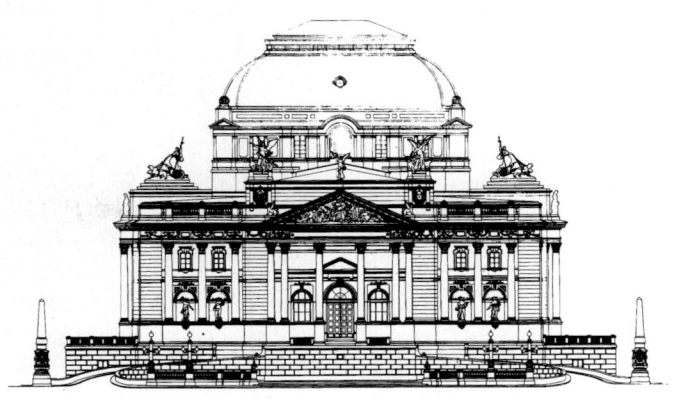

Kgl. Hoftheater, Zeichnung der Südfassade nach Fellner und Helmer.

Seine architektonische Gestalt stand noch unter dem Einfluß des herausragenden und für die Architekturtheorie des 19. Jh. bedeutenden Baumeisters Gottfried Semper (1803–1879), der für derartige monumentale Bauaufgaben die italienische Hochrenaissance als Vorbild gewählt und propagiert hatte.

Der Bau des Theaters veränderte das Erscheinungsbild der Stadt an entscheidender Stelle. Die Wahl des Standortes an der südlichen Kurhauskolonnade wurde nach den eingangs erwähnten Diskussionen durch Wilhelm II. persönlich und im Sinne des Vorschlages von Baurat Philipp Hoffmann aus dem Jahre 1862 entschieden.

Mit der Eröffnung des neuen Hauses nach nur zweijähriger (!) Bauzeit war die Hinwendung zum Neobarock in Wiesbaden vollzogen. Anders als noch die Neorenaissance mit ihrem ideellen Bezug zu einem universalen Humanismus, war die Wende zum Neobarock zunächst sichtbares Resultat eines die pomphaften Neigungen Wilhelms II. reflektierenden Historismus, ebenso jedoch in der zeitgenössischen Kunstauffassung begründet, die in der Einheit von Kunst und Handwerk, im Gesamtkunstwerk also, das Endziel künstlerischer Tätigkeit überhaupt sah.

In der bewußten Monumentalität der äußeren Erscheinung wurde symbolhaft und an beherrschendem Ort die Inszenierung des alltäglichen Lebens als festliches Bühnenereignis zelebriert, dessen illusionärer Charakter sich in seiner theatralischen Regie ebenso wie in der aufkommenden Flut sentimentaler Boulevard- und Rührstücke enthüllte.

Der Bau ist entsprechend der funktionalen Reformen im Verlauf der Entwicklung – u. a. ausgelöst durch Richard Wagners Theater in Bayreuth – in Vorderhaus, Saalbau und Bühne – diese mit französischer Haube – gegliedert. Die Fassadenflächen werden im Sinne des gesellschaftlichen Anspruchs und seiner ikonologischen Interpretation von Halbsäulen und Pilastern bestimmt, wobei sich in den plastischen Elementen des Dekors und in den Eckverkröpfungen bereits das Neobarock ankündigt.

Vier Panther-Gespanne mit Lenkerinnen in zweirädrigen Wagen bekrönen die Eckpostamente der abschließenden Balustrade. Sie wurden 1895 von G. Eberlein aus Zinkblech geschaffen.

Der Bauauftrag legte fest, den Haupteingang durch die südliche Kolonnade zu führen, ohne diese wesentlich zu verändern.

Die Bühnenseite wurde deshalb zwangsläufig durch einen römischkorinthischen Portikus zum Warmen Damm hin aufgewertet, welcher die sinnbildliche Funktion der Schaufront übernimmt. Sein Architrav ist mit einem Fries und einem Sinnspruch Friedrich Schillers („Der Menschheit Würde ist in Eure Hand gegeben, bewahret sie!") geschmückt, dessen Denkmal, 1905 von C. Uphues geschaffen, vor der Auffahrt zum Bühneneingang steht. Den dominierenden Giebel der Schaufront ziert nach klassischer Tradition eine Figurengruppe.

Die Architekten Fellner und Helmer waren die maßgebenden Thea-

Hess. Staatstheater, Südfront mit Schillerdenkmal

terexperten ihrer Zeit; weit über vierzig Theaterbauten wurden von ihnen entworfen und errichtet, die für diese Baugattung stilbildend waren.

Als Folge immer wieder sich ereignender verheerender Theaterbrände insbesondere nach 1870 waren unter ihrer Mitwirkung Sicherheitsvorkehrungen geschaffen worden, welche u. a. die mechanische Trennung von Zuschauerraum und Bühne verlangten.

Auch die Lage der Treppenhäuser sowie die Zahl und Anordnung der Ränge waren bei den seitdem errichteten Bauten Ergebnis langer Erfahrung.

Für die Innendekorationen dieser Epoche wurde das festliche Rokoko allgemein gebräuchlich, welches durch den französisch beeinflußten Dekorationsstil des Historismus seit 1850 ebenfalls wieder architektonische Konvention geworden war.

Von 1976 bis 1978 wurde das Theater von Grund auf renoviert. Der Zuschauerraum erhielt dabei seine im Krieg verlorene glanzvolle Ausstattung wieder. Außerdem wurde das Gebäude um einen neuzeitlichen Anbau für Berufs- und Werkstatträume erweitert.

Lit.: Hoffmann, H.-Chr., Die Theaterbauten von Fellner und Helmer, München 1966;
Hildebrand, A., Vollmer, E. Chr., Roland, K. H., Theater in Wiesbaden 1765–1978, Wiesbaden 1978.
Schabe, P., Das Foyer des Hessischen Staatstheaters in Wiesbaden von Felix Genzmer, Nass. Annalen 98/1987

28. Foyergebäude
Wilhelmstraße

Die Opulenz des Wiesbadener Theaters konnte das Fehlen eines ausreichend großen Foyers allerdings nicht kaschieren. 1901/02 schuf deshalb Stadtbaumeister Felix Genzmer (1856–1926) im Winkel zwischen Kolonnade und östlichen Nebenräumen einen barocken Foyerbau mit zweiläufiger Rampentreppe und reichem Interieur., der in seiner festlichen Eleganz eine außergewöhnliche Architekturleistung des Späthistorismus ist.
Die wertvollen Deckenbilder stammen von dem Wiesbadener Maler Kaspar Kögler (1838–1923).
1896 fanden auf Anregung Kaiser

Hess. Staatstheater, Foyer

Wilhelms II. die ersten „Maifestspiele" statt, die seitdem ein unentbehrlicher Bestandteil des Wiesbadener Kulturlebens sind.

29. Gärten am Warmen Damm
Wilhelmstraße

Der „Warme Damm" hatte bis zum Ausgang des 18. Jh. die Lage der Wälle und wasserführenden Gräben am östlichen Rand des damaligen Wiesbaden bezeichnet.

1805 legte Carl Florian Goetz den gestauten Weiher trocken, der in der Flucht der seit 1811 sich entwickelnden „Allee", der späteren Wilhelmstraße, lag und in welchem die Heilwässer zusammenflossen. Die liebliche Gegend war seit alter Zeit lediglich durch die Pletzmühle und zwei Ziegeleien besiedelt und

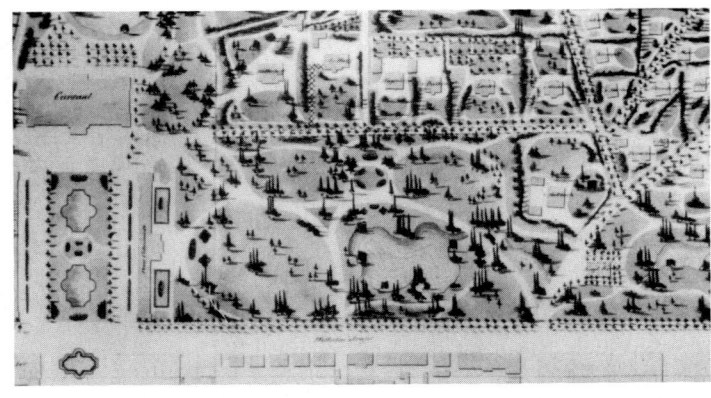

Gärten am Warmen Damm (Ausschnitt des Planes von C. F. Thelemann 1861)

sollte nach dem Wunsch der Regierung auch künftig unbebaut bleiben. Zais hatte bereits 1812 den Gedanken des einseitigen klassizistischen Prospektes aufgegriffen, um dort Gärten und die neue Residenz im Stil eines römischen Landsitzes vorzusehen. (III.)

1859 erwarb die Kurhausaktienkasse das Gelände von den Kolonnaden bis zur heutigen Frankfurter Straße, der alten Erbenheimer Chaussee. Gartendirektor Carl Friedrich Thelemann (1811–1889), einer der großen Gartengestalter dieser Zeit, hatte schon 1856 von Herzog Adolph den Auftrag erhalten, hier einen Landschaftspark anzulegen, der 1861 in die allgemeine Benutzung überging.
Der fruchtbare Talgrund besaß fließendes Wasser und erlaubte die Bepflanzung mit seltenen Baumarten, die auch heute noch hier gedeihen.

Nach dem Vorbild des Gartens der Aufklärung und der Romantik ist die Anlage in einzelne, scheinbar natürlich gewachsene Räume gegliedert.

Ähnlich wie der Kurpark, welcher, im Zusammenhang mit dem Kurhaus und dessen räumliche Erweiterung, seit 1810 durch Hofgärtner Schweizer angelegt worden war, wurde auch der Warme Damm mit den idyllischen Elementen naturnaher Gestaltung wie Busch- und Baumgruppen, Weiher und Fontäne versehen.

Der Mittelweg gibt den Blick in die Hauptbereiche frei, die schmalere und gewundene Randführung dagegen erschließt die räumliche Weite der inneren Flächen, in deren Zentrum der Weiher mit Fontäne liegt.

1894 wurde an seinem Ostrand das

Standbild Wilhelm I., eine Arbeit des Bildhauers J. Schilling, errichtet.
Die Anlagen des Warmen Dammes sind wegen ihrer unmittelbaren Nähe zur Stadt bis heute ein Hauptstück des Wiesbadener Kurparks geblieben.

30. Steinerne Zeugen
Warmer Damm,

Am Ende des Parkweges zur Frankfurter Straße stehen zwei steinerne Zeugen aus alter und ältester Vergangenheit:
Eine Säule der karolingischen Kaiserpfalz zu Ingelheim aus dem frühen 9. Jh. Sie ist eine von zwanzig Säulen, die einstmals die Galerie des Rittersaales trugen und war ein Geschenk der Stadt Rom an Karl den Großen (742–814) sowie das Gebälkstück eines römischen Tempels, der im Gebiet des Schützenhofes (13) stand, einem der ältesten Kultusbezirke der Stadt.

31. Erbprinzenpalais
Wilhelmstraße 24

1813 erhielt Christian Zais durch das Ministerium den Auftrag, an der Kreuzung von Friedrich- und Wilhelmstraße ein Palais zu errichten, in dem der herzogliche Hof oder angesehene Gäste residieren konnten. Bald fand auch Fürst Friedrich Wilhelm aus der Linie Nassau-Weilburg als designierter Nachfolger des Herzogs Friedrich August (1803–1816) Gefallen an dem Projekt und finanzierte seine Realisierung.
Die Baufluchten beider Straßen waren zu dieser Zeit durch Carl Florian Goetz (III) bereits festgelegt worden und der Ausbau ging zügig vonstatten.
Seit Sommer 1813 arbeitete Zais an den Kostenanschlägen und Plänen und noch im selben Jahr wurde mit

Erbprinzenpalais

der Ausführung begonnen.
Der dreigeschossige klassizistische Eckbau ist mit siebzehn Achsen symmetrisch zur Wilhelmstraße ausgerichtet, besaß in der Mitte die Durchfahrt und darüber einen

81

Erbprinzenpalais, Zeichnung von Christian Zais 1813.

großen Saal, welcher nach außen durch einen viersäuligen ionischen Portikus in Erscheinung tritt. Im horizontal gegliederten Erdgeschoß, links der Durchfahrt, lagen Speiseräume, Gesellschaftszimmer und Küche. Rechts davon waren die Räume des Herzogs, darüber die des Fürsten Friedrich Wilhelm, links der Thronsaal mit den Nebenräumen vorgesehen.

Erbprinzenpalais, Vestibul

Die stilistische Haltung des Erbprinzenpalais trägt in der Form des Mittelrisalits mit der großen Ordnung ionischer Säulen über dem Sockelgeschoß noch Züge des englischen Palladianismus (18. Jh.). In den Details der Fassade und der dorischen Architektur der Durchfahrt erweist sich der Bau jedoch als Werk des Frühklassizismus. Hier zeigt sich die geistige Nähe zu Friedrich Weinbrenner (1766–1826) und dem südwestdeutschen Klassizismus, von dem Christian Zais beeinflußt war.

1816, nach Erstellung des Rohbaues, starben kurz nacheinander Herzog Friedrich August und Fürst Friedrich Wilhelm. Der junge Wilhelm (1816–1839), Sohn des Fürsten, wurde Regent und damit verlor das „Schlößchen" seine Bestimmung.

Im Vertrag mit Christian Zais war vereinbart worden, das Erbprinzenpalais in eigener Regie zu betreuen. Als er 1820 starb, ging diese Aufgabe an seine Witwe über, die Mühe hatte, den funktionslos gewordenen

Bau fertigzustellen. Die Kosten waren inzwischen auf ca. 179 000 Gulden gestiegen.

Im Laufe der Zeit zogen zahlreiche Behörden ein und aus. Auch die Landesbibliothek (seit 1821) und das naturhistorische Museum mit der Sammlung v. Gerning sowie die dem Museum angeschlossenen wissenschaftlichen Vereine, u. a. der „Verein für Nassauische Altertumskunde und Geschichtsforschung" – ältester historischer Verein Deutschlands, – hatten bis zu Beginn unseres Jahrhunderts hier ihren Sitz (46).

1844 übernahm die Regierung den Bau, den Philipp Hoffmann 1857 umgestaltete: Die Durchfahrt wurde mit erheblichen Verlusten an räumlicher Qualität in ein Treppenhaus verwandelt.

Seit 1971 hat die Industrie- und Handelskammer im ehemaligen Erbprinzenpalais ihren Sitz.

Lit.: Götting, F., Leppla, R., Geschichte der Nass. Landesbibliothek, Wiesbaden 1963

32. Englische Kirche
Frankfurter Straße 3

Seit 1836 hielten die englischen Kurgäste in den Hotels „Vier Jahreszeiten" und „Rose" Gottesdienste nach der lithurgischen Ordnung der anglikanischen Kirche (High Church) ab und durften seit 1837 während der Sommermonate die evang. Stadtkirche am Mauritiusplatz (10) benutzen.

In den folgenden Jahren ließen sich mehrere englische Familien in Wiesbaden nieder. Sie planten wiederholt, erstmals 1844 und dann 1860, den Bau einer eigenen Kirche. Durch zahlreiche finanzielle und interne Schwierigkeiten der Gemeinde konnte der Plan jedoch erst 1863 verwirklicht werden. Herzog Adolph und die Stadt Wiesbaden überließen der englischen Gemeinde das Grundstück und eine Geldspende von 3 000 Gulden zu

Englische Kirche

ihrem bereits angesammelten Vermögen.

Oberbaurat Theodor Goetz (1806–1885), ein Nachkomme von Carl Florian Goetz, errichtete dann 1863–1865 für die Summe von 33 000 Gulden die Englische Kirche in den Formen sparsamer Backsteingotik nach Art der englischen „chapels", die in ihrer künstlerischen Haltung vom „gothic revival", der malerischen Neogotik Englands und ihres hauptsächlichen Protagonisten Aug. N. Welby Pugin (1813–1852), beeinflußt waren. 1887/88 erweiterte man den dreijochigen Raum um einen Chor und den seitlichen Turm.

Die Kirche wurde im Zweiten Weltkrieg zerstört, bis 1950 wieder aufgebaut und 1966 erneut durch einen Brand heimgesucht.

Von der Inneneinrichtung sind das Triumphkreuz, der Taufstein und ein Oelgemälde erhalten geblieben.

Die Kirche dient heute hier ansässigen Angehörigen des englischen Sprachraumes als Gotteshaus.

33. Villa Clementine
Frankfurter Straße 1/ Wilhelmstraße 19

Die Villa Clementine ist eines der herausragenden Beispiele für den monumentalen Historismus und wurde in den Jahren 1878–82 durch den hochbegabten Architekt Georg Friedrich Fürstchen (1848–1884) (48) im Auftrag des Mainzer Fabrikanten Ernst Mayer errichtet. Der metaphorischen Vorstellungswelt der Zeit entsprechend, wurde das Gebäude mit dem Namen der Gattin des Erbauers bezeichnet.

Nach wechselvoller Geschichte – Höhepunkt darin die Zuflucht der serbischen Königin Nathalie mit ihrem Sohn, Kronprinz Alexander 1888 und dessen gewaltsamer Rückführung in die ungeliebte Heimat – gelangte das Haus 1960 in den Besitz der Stadt.

Wie kaum ein zweiter Bau in Wies-

Villa Clementine

baden vermittelt die Villa Clementine den Stilwandel vom Spätklassizismus zur Neorenaissance, der sich seit der Mitte des 19. Jh. vollzog.

Das in exponierter Ecksituation gelegene Gebäude hat zwei Schauseiten, die sich durch Risalite gliedern. Der parkseitige Risalit ist im Obergeschoß als Loggia ausgebildet. Diese greift mit dem Architrav über das schwere Konsolgesims und steigert sich portikusartig ins Monumentale. Die Bauteile sind durch Terrassen differenziert, in stehende Flächen aufgelöst und gliedern sich durch das volumenreiche Dekor der Rahmen und Gesimse.

Insbesondere die historische Schule um die Architekten Gottfried Semper (1803–1879) und Theophil Hansen (1813–1891) hatte seit der Jahrhundertmitte begonnen, den künstlerischen Einfluß Karl Friedrich Schinkels (1781–1841) und des romantischen Klassizismus zugunsten einer Wiederbelebung der italienischen Hochrenaissance zu verdrängen. In den monumentalen Formen z. B. des Portikusrisalit lebt noch die „hellenistische" Renaissance Theophil Hansens, doch folgt die Architektur als ganzes in der plastischen Gliederung und Begrenzung von Dekor und Fläche ebenso wie in deren „organischer" Durchdringung in hohem Maß Sempers tektonischen Prinzipien, die er in monumentalen Bauten (u. a. in Dresden und Wien) sowie in einer Fülle theoretischer Schriften entwickelt hatte.

Die wertvolle, weitgehend erhaltene Innenausstattung mit Stuckdecken und Wanddekorationen reicht vom kühlen palladianischen Klassizismus bis zur gründerzeitlichen Renaissance und zeigt Stilwollen und künstlerische Qualität dieses enzyklopädischen Historismus. Die Villa Clementine ist damit sichtba-

Villa Clementine, Vestibül

rer Ausdruck eines durch Vermögen und Kultur zelebrierten Lebensstiles, der sich sowohl in der Vielschichtigkeit der äußeren Form, der Repräsentation der Haupttreppe, der vestibülartigen Halle und den unterschiedlich gestalteten Salons, Loggien und Terrassen eindrucksvoll vermittelt. Die Stadt Wiesbaden hat die vollständige Restaurierung des Gebäudes mit dem Ziel der Erhaltung und kulturellen Nutzung 1978 erfolgreich abgeschlossen.

Lit.: Jaeger, R., Die Wiederherstellung der Villa Clementine, in: Deutsche Kunst und Denkmalpflege 1975, 1/2.
Bubner, B., Wiesbaden, Baukunst und Historische Entwicklung, Wiesbaden 1983
Russ, S., Denkmaltopographie BRD/ Kulturdenkmäler in Hessen, Wiesbaden II – Die Villengebiete, Wiesbaden 1988; Vollmer, E.-Chr., Villa Clementine Wiesbaden, München 1992.

IV Erste südliche Stadterweiterung (34–39)

Bereits 1804 hatte Baudirektor Carl Florian Goetz auf Geheiß der Regierung Ideen zur Vergrößerung der Stadt entwickelt, die zunächst in der Umgestaltung der südlichen Flanke am Mainzer Tor, – dem heutigen Schillerplatz – und in der Anlage und Bebauung der unteren Friedrichstraße sichtbar wurden (III).

Maßgebend für die Gestaltung der Straßenfluchten war dabei der lebendige Wechsel sog. „Modellhäuser" mit verbindenden Torfahrten, wie dies für den strikt reglementierten Städtebau des Klassizismus üblich war.
Das Wohnhaus des Regierungsbeamten Carl Friedrich Schenk in der Friedrichstraße 32 (35) ist der letzte anspruchsvollere Zeuge dieser ursprünglichen Bebauung.

Auch für die parallel zur Friedrichstraße projektierte Luisenstraße waren schon 1817 Fassadenrisse mit 2–3geschossigen Bauten zu je fünf bzw. sieben Fensterachsen und mindestens 50 Fuß Länge entwickelt worden, die nun mit gesteigertem architektonischem Anspruch verwirklicht wurden. Reste dieser Bebauung sind in der Häuserzeile östlich des Staatsministeriums (39) noch erhalten.

In ähnlicher Form hatte der Generalplan von Christian Zais (III) bereits den prospektartigen Ausbau der künftigen Rheinstraße als repräsentativer Begrenzung der Stadt nach Süden behandelt und dort, an der Mündung der Kirchgasse, einen großen, zur Rheinstraße geöffneten Architekturplatz vorgesehen, dessen ursprüngliche, – gegenüber den Plänen von Zais veränderte Erscheinung noch in der östlichen Flanke des Luisenplatzes (37) ablesbar ist.

Der Luisenplatz blieb zunächst noch unbebaut, bis er mit der klassizistischen Portikusfassade der ersten, 1831 eingestürzten Bonifatiuskirche (36) einen monumentalen und seiner Größe entsprechenden Maßstab erhielt, dem die geplante Flankenbebauung des Platzes allerdings kaum entsprach.

Der großzügig konzipierte Architekturraum war vielmehr aus einer sich steigernden Raumfolge entwickelt, deren städtebauliche Wirkung erst mit dem Ausbau der Adolfsallee (47) und, damit einhergehend, dem veränderten Kunstwollen der Jahrhundertmitte zur Geltung kam.
Der Neubau der Bonifatiuskirche (36) seit 1845 am Standort des klassizistischen Vorgängers zeigte mit seiner durch filigrane Baustrukturen differenzierten Fassade bereits den künstlerischen Wandel zu den Stimmungswerten der Romantik, welcher in der reicheren und eleganteren Gestaltung der Profanbauten nun auch zum Ausdruck kam.

Die restaurativen Tendenzen des aufblühenden Historismus mit seiner Neigung zu nationaler Obses-

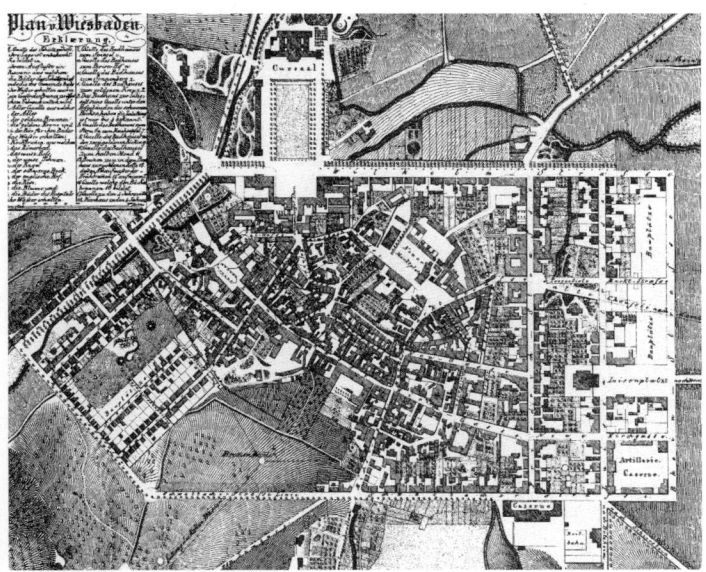

Plan der Stadt Wiesbaden 1830 (W. Zingel)

sion und romantischer Verklärung kennzeichneten die Epoche damit nicht minder als der Pragmatismus bürgerlicher Geschäftigkeit und zweckorientierter Rationalität. Beides waren Bedingungen für die weitere künstlerische und städtebauliche Entwicklung.

Zum Verständnis der geistigen Spannweite dieser Epoche ist neben der romanisierenden Bonifatiuskirche das Gebäude des ehemaligen Staatsministeriums (39) mit seinen wirkungsmächtigen Formen der italienischen Frührenaissance (15. Jh.) ein schönes Beispiel dieses „romantischen" Historismus.

Der klassizistische Prospekt der

1829 von Landbaumeister Wolff begonnenen Rheinstraße wurde, ähnlich wie die Wilhelmstraße ein Jahrzehnt zuvor, im Ebenmaß seiner großzügigen Fassaden südliche Stadtfront und Vermittlung zum Landschaftsraum zugleich.

Bauten wie das ehemalige Taunushotel und, in unmittelbarer Nähe, das Palais Walderdorff als Vorgängerbau der Alten Post (heute Ministerium für Wissenschaft und Kunst), das Gebäude der Anstalt Dr. Crevé (heute Nr. 36) oder der Eckbau zum Luisenplatz, welcher bereits die Formen der italienischen Frührenaissance anklingen ließ, kennzeichnen Intention und künstlerische Absicht dieser Allee.

Luisenplatz, Photographie um 1870 (oben) und Stadtkarte 1830 unten rechts (Ausschnitt der Karte S. 87)

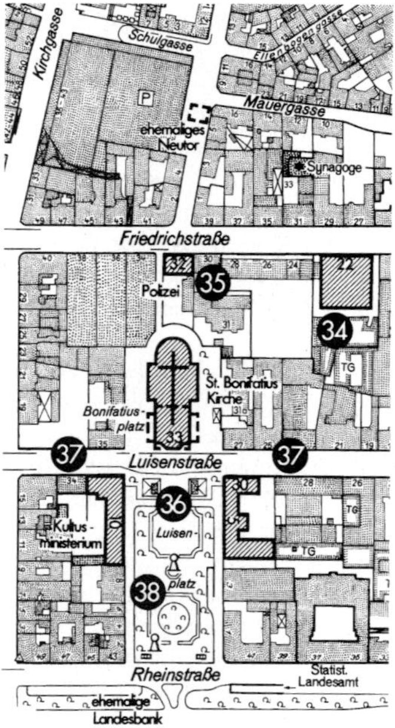

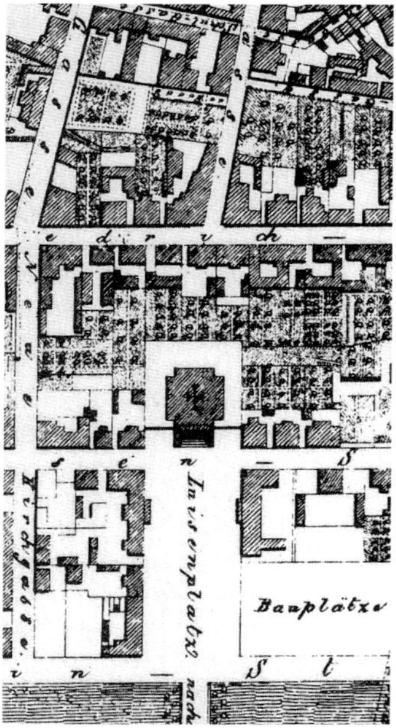

88

Umsäumt von einem Kranz schattiger Promenaden, zeigte sich das berühmte „historische Fünfeck" auf den Stadtkarten um 1830 nahezu vollendet: Mit Ausnahme der südlichen Kolonnade besaß der Kurplatz bereits seine endgültige Gestalt und die Bebauung war über den Luisenplatz zur Rheinstraße fortgeschritten. In der oberen Schwalbacher Straße, am Heidenberg, dem Standort des römischen Kastells, waren bereits die Fluchtlinien geschlagen, die Taunusstraße hatte sich gleichfalls entwickelt, während am Ende der Wilhelmstraße und jenseits der klassizistischen Begrenzung erste Landhäuser die Hänge zierten (VIII). (vgl. Abb. S. 87).

Lit.: Hildner, H., Wiesbadener Wohnbauten der klassizistischen Zeit, Wiesbaden, 1931;
Struck, W.-H. Wiesbaden in der Goethe-Zeit, Wiesbaden 1979;
Struck, W.-H., Wiesbaden im Biedermeier, Wiesbaden 1981.

34. Gebäude der Casino-Gesellschaft
Friedrichstraße 22

Der italienische Adel des 16. Jh. hatte die Gattung des Casinos als Ort kultivierter Geselligkeit geschaffen und dafür sog. „Casinos" errichtet, die der Bauform des Gesellschaftshauses als Bestandteil künstlerisch gestalteter Parks oder Gärten ihren Namen liehen.

Die „maisons de plaisance" („Lusthäuser") des französisch inspirierten 18. Jh. ebenso wie die Bauten der aufstrebenden Kurorte (23) waren weitere Voraussetzungen für die Entwicklung dieses Bautyps im 19. Jh., welcher nun dem gesellschaftlichen und politischen Darstellungsbedürfnis des emanzipierten Bürgertums als repräsentativer Rahmen diente.

Die Wiesbadener Casino-Gesellschaft wurde 1816 zum Zwecke der „geselligen und literarischen Unterhaltung" gegründet. Zu den 85 Gründungsmitgliedern gehörten führende Köpfe der frühen Zeit des Klassizismus.

Casino-Gebäude

1872 erhielt der Wiesbadener Architekt Wilhelm Bogler (1825–1906) (19) den Auftrag, der Casino-Gesellschaft ein eigenes Gebäude zu errichten, nachdem die Räumlichkeiten am gleichen Platz den Erfordernissen nicht mehr genügten.

89

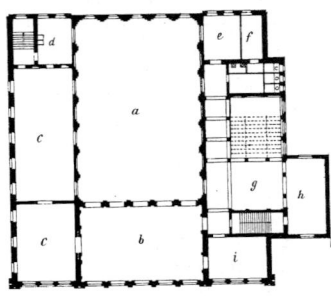

Casino-Gebäude, Grundriss, W. Bogler
1872

Casino-Gebäude, Treppenhaus/Foyer

Boglers Werk steht unter dem Einfluß Gottfried Sempers und seiner Schule, die in der Wiederbelebung der Renaissance (33) und ihrer klassisch-römischen Traditionen, mit ästhetischen Mitteln also, den gesellschaftspolitischen Anspruch der eigenen Epoche künstlerisch legitimierte.

Das zweigeschossige, in Sockelzone und piano nobile geteilte Gebäude hat jeweils dreiachsige Seitenstücke und einen pilastergegliederten Risalit von fünf Achsen als die beide Flügel überragende Mitte.
Die durchgehende Verwendung der Archivolte im Obergeschoß sowie das tektonisch klare und plastische Fassadensystem sind Beispiel bester Renaissance-Tradition, die sich auf oberitalienische Vorbilder des 16. Jh. beruft und diese im Sinne der Neorenaissance zeitlos gültig interpretiert.
In jüngerer Zeit wurde das Erdgeschoß zu einer Bank umgebaut und

ebenfalls mit einer korinthischen Pilasterstellung versehen. Dadurch wurde die lagerhafte Gliederung des Sockelgeschosses entstellt und die hierarchische Ordnung der Fassade entwertet.

Die prunkvolle Innenausstattung – das großzügige dreiläufige Treppenhaus mit säulenbesetztem oberem Umgang und der Festsaal im Stil der Neorenaissance – sind erhalten geblieben und wurden seit 1984 nach historischem Farbbefund restauriert.

Casino-Gebäude, Festsaal

90

Heute dient das Casino zahlreichen Veranstaltungen, da der festliche Rahmen des großen Saales und des Treppenhauses geschätzt wird.

Lit.: Funk, B. , Die Arbeiten des Wiesbadener Architekten Wilhelm Bogler, Nass. Annalen, 99/1988; Casino-Gesellschaft Wiesbaden 1816– 1991, Hrsg.: Schmidt-Rhein, G., Wiesbaden 1991.

35. Schenk's sches Haus
Friedrichstraße 32

Der Ausbau der oberen Friedrichstraße ging zügig vonstatten, nachdem sie 1812 genehmigt und ihre Gestaltung in den Erweiterungsgebieten durch Carl Florian Goetz und Christian Zais festgelegt worden war.

Als Landbaumeister und Bauinspektor hat Christian Zais zahlreiche Bauten entworfen oder beeinflußt. In Wiesbaden sind nur zwei Gebäude von ihm erhalten geblieben: Das Erbprinzenpalais (31) und das Schenk'sche Haus.

Dieses wurde 1813 im Auftrag des Apothekers Otto begonnen und zeigt als eines der wenigen erhaltenen „Modellhäuser" das harmonische Bild des klassizistischen Wiesbaden unter dem Einfluß strenger gestalterischer und baupolizeilicher Reglementierung. 1816 gelangte der noch unvollendete Bau in den Besitz des Regierungsbeamten Carl Friedrich Schenk.

Das Gebäude ist zweigeschossig und zeigt, im Gegensatz zu den späteren klassizistischen Bauten, noch

Schenk'sches Haus, Grundriss und Ansichten

ein steiles Walmdach, welches an die Gestaltungstradition des 17./18. Jh. erinnert. Das Erdgeschoß ist durch eine klassizistische Fugenteilung als Sockelgeschoß behandelt. Die sieben Fensterachsen des höheren Obergeschosses besitzen Rahmen mit ausladender Verdachung, geteilte Brüstungsgitter und Fensterläden. Hauptschmuck ist das im Klassizismus vielfach gebräuchliche Motiv des Eingangs – ein Balkon, dessen Platte von zwei dorisch-toskanischen Säulen getragen wird und der ein Merkmal Zais'scher Entwürfe ist. Sieben Stufen führen in das Innere des Gebäudes, dessen Tür handwerklich durch Füllungen gegliedert ist. Den Balkon ziert ein Brüstungsgeländer aus Flacheisenstäben, die über einem Gurt in Spitzbögen enden.

Nach 1835 kam das Haus in staatlichen Besitz. 1864 zog die Polizeidirektion ein, die 1904 ein größeres Gebäude in der Friedrichstraße erhielt. Heute hat hier das 1. Polizeirevier seinen Sitz.

Lit.: Hildner, H.; Wiesbadener Wohnbauten der klassizistischen Zeit, Wiesbaden 1931.

Der Luisenplatz

1817 hatte Christian Zais den Auftrag für den Generalbauplan erhalten, den er als Grundlage künftiger städtebaulicher Ordnung begriff.
Er schlug darin vor, an der Kirchgasse, zwischen Rhein- und Luisenstraße, einen zentralen Architekturplatz zu schaffen, der monumentale Bauten für Kirche und Regierung aufnehmen sollte und zugleich Mündung der Zufahrt zur Residenz in Biebrich war. (III)

Der klassizistische Platz in der Tradition des Barock war ebenfalls geometrisch konzipiert, im Vergleich zum historischen Vorbild jedoch weitläufiger gestaltet. Seine Größe zwang deshalb zur Bepflanzung mit Bäumen, da die oft nur zweigeschossige Bebauung kaum als Platzwand in Erscheinung trat.

1830, zehn Jahre nach dem Tod von Christian Zais, verwirklichte die Kollegiat-Kommission seine städtebaulich revolutionären Ideen in veränderter Lage und Gestalt.
Der Platzraum war nunmehr quer zu der geplanten Promenade (Rheinstraße) entwickelt und seine Ausdehnung nach Süden durch die Artillerie-Kaserne bestimmt, welche 1828/29 an der Kirchgasse errichtet wurde. Seine Breite war durch den Bau der erstem Bonifatiuskirche (36) sowie die flankierenden Bauten von Münze und Pädagogium (37) gegeben.

Die Ausführung dieser städtebaulichen Konzeption oblag dem zuständigen Landbaumeister Wolff (1773–1843). Seiner Hand entstammte auch die Gestaltung der einzelnen Bauten. (108)
Der Luisenplatz wurde 1983/84 im

Sinne der ursprünglichen Erscheinung restauriert und mit einer zweigeschossigen Tiefgarage versehen.

Lit.: Steinbach, H., Der Wiesbadener Stadtgrundriß im Klassizismus, in: Luisenplatz Wiesbaden, Wiesbaden 1985.

36. Bonifatiuskirche
Luisenstr. 33

Um 1830 war die Bebauung an Luisenstraße und Rheinstraße schon weit fortgeschritten. Der Luisenplatz dagegen blieb zunächst unbebaut, bis Hofbaumeister Friedrich Ludwig Schrumpf (1765–1844) 1829 im Auftrag von Herzog Wilhelm an seiner Nordseite und als Ergebnis eines vorangegangenen Wettbewerbs die katholische Kirche errichtete. Das klassizistische Bauwerk auf kreuzförmigem Grundriß mit quadratischem Zentralraum und säulengetragener Kuppel beherrschte mit seinem römisch-korinthischem Portikus auf hohem Podest, breiter Freitreppe und doppeltürmiger Front eindrucksvoll die Umgebung. 1831 – kurz vor ihrer Vollendung – stürzte die Kirche ein.

1844 konnte die katholische Kirchengemeinde durch eine Schenkung und zahlreiche Spenden einen neuen Bau finanzieren, da Herzog Wilhelms Nachfolger Adolph der Gemeinde das Grundstück der eingestürzten ersten Bonifatiuskirche überließ. Pläne, an deren Stelle eine Residenz zu errichten, waren durch den Schloßbau (3) am Markt überholt.

Den Auftrag zum Bau der „neuen

Alte Bonifatiuskirche, Lithographie von Chr. Priester 1829.

katholischen Kirche" erhielt jetzt Landbaumeister Philipp Hoffmann (1806–1889), dessen Entwurf vom zuständigen Ministerium zur Ausführung bestimmt worden war. Er wählte kein klassizistisches Vorbild, sondern erstellte aus dem Geist der Romantik eine dreischiffig gewölbte Hallenkirche mit schlank aufstre-

Bonifatiuskirche, Zeichnung von L. Rohbock, 1857

93

Bonifatiuskirche, Innenraum

benden Bündelpfeilern und fein-
gliedriger Fassade in rotem Sandstein, die in Wiesbaden als erstes
Beispiel der Neugotik galt.

1863/66 wurde die der Südseite
vorgestellte Front durch den bis dahin verhinderten Aufbau der zwei
filigran durchbrochenen Turm-
helme aus rotem Sandstein vollendet, welche in ihrer pittoresken
Wirkung von großer städtebaulicher Bedeutung für den Luisenplatz
und die sich daraus entwickelnde
Adolfsallee (47) ist.

Die Bonifatiuskirche steht damit
unter dem Einfluß Friedrich v.
Gärtners (1792–1847) und in der
Tradition der süddeutschen Romantik. Die geistvolle Verquickung
der „romanischen" Bauzier mit go-
tisierenden Strukturen ist gleichwohl Ergebnis einer eigenständigen
künstlerischen Entwicklung.
Die Kosten von ca. 217 000 Gulden
für das 67 m hohe und ebenso lange
Gebäude und seine Ausstattung
wurden aus Kollekten und Spenden
bestritten.

Über dem Hauptaltar in der Vierung befindet sich u. a. die Kreuzi-
gungsgruppe von Bildhauer Carl
Hoffmann (1816–1872). Über den
Nebenaltären hängen das Bonifati-
usbild des Historienmalers Alfred
Rethel (1816–1859) und das Mari-
enbild von Eduard von Steinle
(1810–1886), die als Vertreter der
Romantik bzw. der historischen
Schule bedeutend sind.

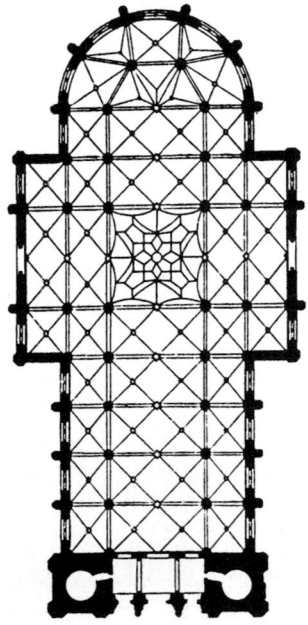

Bonifatiuskirche, Grundriß

94

Lit.: Hoffmann, Ph., Die kath. Kirche zu Wiesbaden, in: Mitteilungen über Wiesbaden und vom Mittelrhein. Festschrift der Wanderversammlung des Verbandes Deutscher Architekten und Ingenieure in Wiesbaden 1880; Weiler, Ch., Romantische Baukunst in Nassau, Nass. Annalen 63/1952; Philipp Hoffmann 1806–1889, Ein nassauischer Baumeister, Katalog der Ausstellung, Hrsg. Landeshauptstadt Wiesbaden/Jesberg, P., Wiesbaden 1982 Kleineberg, G., Architektur im Herzogtum Nassau, Wiesbadener Leben, 1/82.

37. Alte Münze und Pädagogium
Luisenplatz

Alte Münze

Frontal zur ersten, 1831 eingestürzten Bonifatiuskirche (36) legte Landbaumeister Wolff den Luisenplatz an und markierte seine Breite durch zwei zur Kirche spiegelsymmetrisch angeordnete Bauten.

Das östliche der beiden Gebäude wurde 1829/1830 als Münzprägeanstalt errichtet, die von Limburg hierher verlegt wurde und bis 1866 in Betrieb war.

1329 hatte Wiesbaden zum ersten Mal das Münzprivilegium erhalten. Einige alte Nassauer Geldstücke sind noch im Museum (46) zu sehen.

Nach 1866 baute man die Alte Münze zum Realgymnasium um. Die Einrichtungen der Prägeanstalt wurden 1879 entfernt.

Das Gebäude, ein langgestreckter, wohlproportionierter klassizistischer Eckbau von sieben bzw. siebzehn Achsen, besitzt ein durch Fugenteilung gegliedertes Sockelgeschoß sowie flache Mittelrisalite mit Pilasterordnungen auf den Schauseiten.

Die Alte Münze ist im Gegensatz zum Pädagogium in ihrer ursprünglichen Form erhalten und der architektonische Maßstab des Platzes, wie er durch Wolff geplant worden ist.

Bis 1987 beherbergte das Haus das Hessische Verwaltungsgericht. Die auf der Ostseite anschließenden Gebäude (Luisenplatz 1, 3) entstammen gleichfalls dem ersten Jahrhundertdrittel und zeigen in ihren Proportionen die alte Platzgestalt.

1831 – fast gleichzeitig mit der Alten Münze und in gleicher klassizistischer Haltung – wurde nach Plänen von Bauinspektor Faber (1792–1856) das gegenüberliegende Gebäude für die Unterbringung eines altsprachlichen Pädagogiums errichtet.

Ein Schüler des Gymnasiums war der Philosoph Wilhelm Dilthey (1833–1911), der diese Schule bis 1852 besuchte.

Zwischen 1864 und 1879 wurde das Gebäude aufgestockt und vergrößert, um weiteren Schulraum zu erhalten. In diesem Zusammenhang wurde die klassizistische Fassadengestalt der Obergeschosse verändert, so daß – auch durch die an-schließenden Bauten – der Maßstab der westlichen Front des Luisenplatzes beeinträchtigt ist.

Nach 1933 erfolgte die Verlegung des Gymnasiums in das Gebäude der Gutenbergschule an der Mosbacher Straße.

Heute hat das Hessische Kultusministerium hier seinen Sitz.

38. Waterloo-Denkmal und Pferdeplastik
Luisenplatz

1865 – 50 Jahre nach der Schlacht der Allianz gegen Napoleon I bei Waterloo ließ Herzog Adolph zu Ehren des 2. Nass. Infant. Regiments und weiterer Einheiten das Waterloo-Denkmal errichten. Baumeister war Philipp Hoffmann (16, 36, 52), der 1864 Oberbaurat geworden war. Die plastischen Arbei-ten stammen von Bildhauer Hermann Schiess (1836–1899). Der hohe Obelisk auf mächtigem Sockel steht in der langen Tradition kultisch-symbolischer Zeichen seit der Antike und trägt an den Stirnseiten militärische Embleme und Insignien sowie die Anfangsbuchstaben der nass. Fürsten und Herzöge, die beide Regimenter befehligt haben:

FA: Friedrich August (Nassau-Usingen) 1803–1816

FW: Friedrich Wilhelm (Nassau-Weilburg) 1803–1816

W: Wilhelm 1816–1839

A: Adolph 1839–1866

Darunter sind die Namen der Gefallenen eingemeißelt.

Die Pferdeplastik, ein weiteres Traditionsdenkmal auf dem Luisen-

Luisenplatz mit Bonifatiuskirche und Waterloodenkmal

platz, wurde 1934 von Professor Scheurich geschaffen und erinnert an die Gefallenen des 1. Nassauischen-Feld-Artillerie-Regimentes Nr. 27 im Ersten Weltkrieg 1914/18.

Die südliche Begrenzung des Luisenplatzes wird durch die Front der Rheinstraße gebildet und zeigt u.a. Bauten des romantischen Klassizismus nach 1860. Hier sind das Gebäude der Nassauischen Sparkasse, der ehemaligen nass. Landes-Credit-Anstalt, sowie der Eckbau Rheinstraße 40 als flankierende Gebäude zur Adolfstraße von besonderer städtebaulicher Bedeutung (VI).

Das Gebäude der ehemaligen Landes-Credit-Anstalt in der Haltung der italienischen Frührenaissance („Rundbogenstil") stammt von Baurat Richard Goerz (1811–1880) und wurde 1863 bezogen. Als Mittelteil entstand durch den Kölner Architekten Carl Moritz 1914–1916 das neue Hauptgebäude, welches mit dem alten und dem harmonisch eingefügten Erweiterungsbau von 1980/82 eine stilistische Einheit bildet.

Lit.: Bubner, B., Die Denkmäler auf dem Luisenplatz, in: Luisenplatz Wiesbaden, Wiesbaden 1985.

39. Staatsministerium
Luisenstr. 13 Ecke Bahnhofstr.

Das noch unbebaute Gartengelände des Ministers von Marschall in der Luisenstraße wurde nach dessen Tod 1834 von der Regierung erworben, um auf dem Terrain des ehemaligen Herrengartens ein neues Ministerialgebäude zu errichten. Im gleichen Jahr wurde eine Konkurrenz unter den Bausachverständigen des Landes ausgeschrieben, aus welcher der junge Bauassessor Carl Boos (1806–1883) (2, VI) als Sieger hervorging.

Von 1838–1842, und verzögert durch den gleichzeitigen Bau des Schlosses (3), errichtete er dann im Auftrag von Herzog Wilhelm dieses Gebäude, das nach Abbruch des alten Schlosses das Staatsministerium, die Rechnungskammer und den Ständesaal aufnahm.

Boos wählte in Anlehnung an die zeitgenössische Stilentwicklung Süddeutschlands eine palastartige Fassade im Stil der italienischen Frührenaissance. Ungefähr gleichzeitig hatten Friedrich von Gärtner (1792–1847) in München und Heinrich Hübsch (1795–1863) in Karlsruhe diesen Stil wieder aufgegriffen und zum Rundbogenstil fortentwickelt.Deren Arbeiten und die historischen Vorbilder u. a. in Rom und Florenz waren Carl Boos geläufig. Dennoch ist dieser bedeutendste Profanbau im Herzogtum Nassau mit seinen 17/9 Achsen, mit der gestuften Rustika der Wand

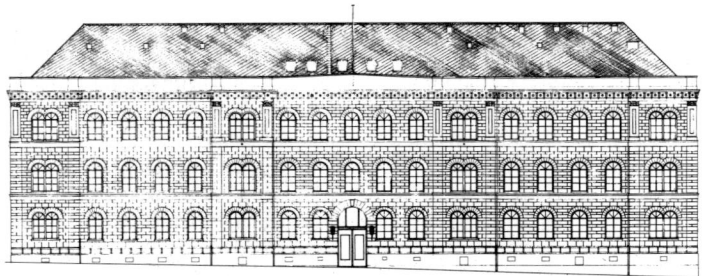

Staatsministerium, Ansicht von Süden

und der Gliederung durch Risalit-vorlagen, den gekuppelten Fenstern und Pilastern unter dem mächtigen Gesims eine künstlerisch eigenständige Bauleistung des romantischen Historismus.

Das Innere ist ebenfalls großzügig gestaltet: Die Durchfahrt, von der sich beidseitig Archivolten und Treppen entwickeln, führt zu einem baumbestandenen Hof, der ein letzter Rest des alten Herrengartens ist. Dort finden sich noch seltene Exemplare von dem alten Baubestand.

Nach einem Brand 1854 wurde das Innere des Gebäudes nach Dekorationsentwürfen Philipp Hoffmanns umgestaltet. Diese haben sich in Resten noch erhalten. 1914 wurde das Gebäude durch einen harmonischen Anbau erweitert. Heute hat hier das Justizministerium seinen Sitz.

Lit.: Weiler, Cl., Romantische Baukunst in Nassau, Nass. Annalen, 63/1952; Faber, R., Schmidt-von-Rhein, G., Hrsg., Das Regierungsgebäude zu Wiesbaden (1843–1993), Wiesbaden 1993.

Staatsministerium

V Bergkirche und Taunusstraße (40–43)

Taunusstraße

Noch im Jahre 1808, als sich die untere Friedrichstraße bereits mit ansehnlichen zweigeschossigen Bauten zu jeweils fünf bis sieben Fensterachsen füllte, waren den weniger vermögenden Bürgern hinter dem Hospital (20) und außerhalb der Stadt in der heutigen Nerostraße entsprechende Bauplätze zugewiesen worden, „ohne den äußeren Anstand zu beleidigen", wie Baudirektor Carl Florian Goetz in seinem Gutachten bemerkte. „Diese kleinen Gebäude (41)", so erläuterte er, „müssen nur einige Regelmäßigkeiten und ländliche Ansicht erhalten, so erscheinen sie wie Gartenhäuser und gewähren den um die Stadt Wandelnden einen angenehmen Anblick". Hierin dokumentierte sich der Beginn der Bebauung im Bergkirchengebiet.

Mit der Anlage der Nerostraße wurde die bauliche Entwicklung der Stadt im Norden über die Begrenzung der Altstadt hinaus vorangetrieben und die spätere Besiedlung der Taunusstraße, des Nerotals und seiner Hänge eingeleitet.

Die gleichzeitigen Vorarbeiten zum Ausbau der Taunusstraße hatte Christian Zais noch 1818 persönlich geleitet. Nachdem die Hangseite bis zur Röderstraße weitgehend besiedelt war, entstanden seit 1826 die ersten Gebäude in der südlichen Flucht, deren Bebauung nach Unterbrechungen 1840 fort-

gesetzt wurde, während sich zur selben Zeit die Häuserzeilen an Geisberg und Kapellenstraße fortentwickelten.

Die landschaftlich reizvolle Lage und die Nähe zu den Quellen machten die Taunusstraße – um 1820 noch ein städtebaulich weniger anspruchsvolles Wohnquartier kleiner Leute – bald zu einem Straßenraum mit Flair und stadtgeschichtlicher Bedeutung – zeigen sich doch dort in einzigartiger Weise Facettenreichtum und Vielgestalt baukünstlerischer Entwicklung im weiteren Verlauf des Historismus.

Vereinzelt finden sich noch Bauten des romantischen und Spätklassizismus, durch welche um 1860 die ursprüngliche Erscheinung der Straße bereits verändert war, ferner die Monumentalität des Historismus unter deutschem und französischem Einfluß neben den Formen des strengen Jugendstils.

Mit dem Angebot bedeutender Häuser für Auktionen und Antiquitäten sowie der Gastronomie

Bergkirche mit Handwerkerhaus Nerostraße 24 (Bildmitte), Zeichnung von
L. Deiglmayr

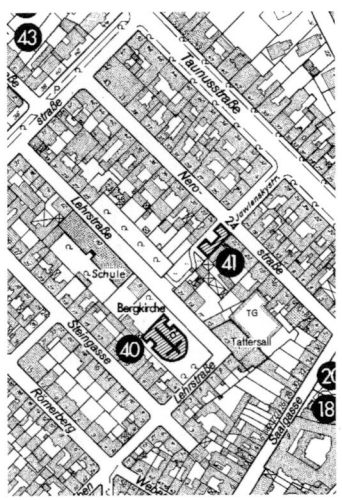

bietet die Taunusstraße ein faszinie-
rendes Mixtum aus Rarität, Weltläufigkeit und alltäglichem Leben.

Das unmittelbar angrenzende Bergkirchenviertel hatte schon bei seiner
Entstehung den Charakter kurbezo-
gener Dienstleistungen besessen,
der bis weit in unser Jahrhundert
hinein erhalten blieb. Waren mit
der Einrichtung von Nerostraße,
Steingasse und Römerberg vorwiegend noch Handwerker dort ansäs-
sig gewesen, die den Ausbau der
Kurstadt besorgten und dafür die
schlichten, einheitlich-klassizisti-
schen Modellhäuser (41) bezogen,
so entwickelte sich der Bezirk dank
seiner günstigen Lage nordwestlich
der Altstadt (I, 1–16) und nahe den
Quellen (II, 17–20), den Badhäusern und renommierten Hotels, zu
einem Stadtviertel, welches Händ-
ler, Handwerker und das zahlreiche
Dienstpersonal gleichermaßen be-
wohnten.

Um die Jahrhundertmitte war die
Röderstraße stadtseitig geschlossen
und das Bergkirchenviertel innerhalb seiner Grenzen durch Altstadt,
Taunusstraße, Röder- und Schwalbacher Straße weitgehend bebaut,
so daß eine Erweiterung jenseits der
nordwestlichen Flanke des Historischen Fünfecks erforderlich war.

Der Bebauungsplan von Philipp
Hoffmann lenkte dort seit 1860 die
weitere städtebauliche Entwicklung.
1862–1863 wurde auf dem steil ab-
fallenden Hang über der Stadt die

Elementarschule (42) in den Formen des eleganten Rundbogenstils errichtet. Mit dem Bau der Bergkirche (1876–1879) (40) erhielt das Bergkirchenviertel seine architektonische Krönung.

Das Erscheinungsbild der Gebäude wandelte sich rasch von den bescheidenen Typen der Entstehungszeit über den Spätklassizismus (43) und den preußischen Rohziegelbau zum Jugendstil und zeigt insgesamt eine disziplinierte Gestaltung mit reizvoller Ausbildung der Details, jedoch vielfach überalterter Substanz, welche im Rahmen der Stadtsanierung schrittweise und behutsam erneuert wird. Der ältere Teil umfaßt die Nerostraße, Lehrstraße, Röder- und Steingasse, Römerberg, Adlerstraße, Hirschgraben und Büdingenstraße, unter denen insbesondere Nerostraße, Röderstraße und Lehrstraße trotz vielfacher Ver-

Bergkirche, Photo um 1880

änderungen erhaltenswerte Bereiche bilden.

40. Bergkirche
Lehrstraße 6

Nach dem Brand der Mauritiuskirche (10) 1850 entschloß sich die protestantische Gemeinde zum Bau zweier neuer Gebäude, einmal der Marktkirche (2) sowie einer Pfarrkirche auf dem Grundstück „Am Berg". Seit Beginn des 19. Jh. war dort das Bergkirchenviertel als Baugebiet vorwiegend für Handwerker entstanden, welche für die Erweiterung der Stadt eingesetzt wurden.

1875 wurde von der Kirchengemeinde ein Wettbewerb ausgeschrieben, den der Berliner Professor der Architektur, Johannes Otzen (1838–1911) gewann. Otzen hatte zu dieser Zeit bereits einen Ruf als stilsicherer und „eleganter" Kirchenbauer besessen und war mit den aktuellen Ideen zur baulichen und lithurgischen Reform der evangelischen Kirche vertraut.

Von 1876–79 wurde der Bau unter der Leitung von Hans Grisebach

101

Bergkirche

(1848–1904), einem Schüler des einflußreichen Architekten der Neogotik Konrad Wilh. Hase (1818–1902) aus Hannover, errichtet.

Nirgends zeigte sich die Suche nach einer inhaltsgerechten Bauform deutlicher als im protestantischen Kirchenbau dieser Zeit. Der Katholizismus besaß durch seine Tradition und die Fülle historischer Bauten einen Schatz großartiger Formen. Der Protestantismus hingegen hatte für die Gemeindekirche angemessene Lösungen erst noch zu finden.

Die „Gotiker" der hannoverschen Schule kehrten deshalb ebenfalls zur mittelalterlichen Kreuzform mit geradem, oder, wie bei den rheinischen Konchenanlagen, rundem Chorabschluß zurück. Die glückliche Verbindung von preußischer Ziegeltechnik und rheinischer Kirchenbaukunst nach Vorbildern der Hochromanik führte im Kirchenbau der zweiten Hälfte des 19. Jh. zu eigenständigen künstlerischen Lösungen. Auch bei der Bergkirche bemühte sich Otzen, den rheinisch-katholischen Kirchenbau für den Protestantismus zu nutzen. Der erweiterte Vierungsraum wurde mit einem Turmhelm bekrönt und als unregelmäßiges Achteck gebildet. So wurde eine enge Verbindung zwischen Kanzel, Altar und Gemeinde geschaffen.

Die Architekturformen entstammen, wie Otzen in seinen Erläuterungen anläßlich der Kirchenweihe am 27. Mai 1879 selbst beschreibt, der Frühgotik des 13. Jh. und sind in die Technik des Ziegels übertragen.

Lit.: Bahns, J., Johannes Otzen 1839–1911, Materialien zur Kunst des 19. Jh., München 1978
Hildebrand, A., Bergkirche 1899–1979, Wiesbaden 1979

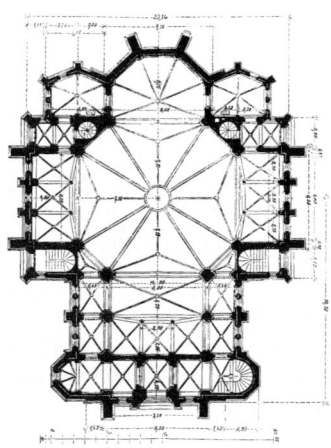

Bergkirche, Grundriss

41. Handwerkerhaus
Nerostraße 24

In Anlehnung an die edlen klassizistischen Gebäude der Stadterweiterungen (III, IV), jedoch wesentlich bescheidener als diese, waren für die ursprüngliche Bebauung des Bergkirchenviertels seit 1807 ebenfalls Bautypen entwickelt worden, die das Gebiet bis zum Ende der nassauischen Zeit prägten. Das Baudenkmal Nerostraße 24 stammt aus der Zeit um 1810 und seine am traditionellen Siedlungsbau des 18. Jh. orientierte Gestaltung wurde offenkundig noch von Carl Florian Goetz beeinflußt.

Das Haus hat ein steil geneigtes Satteldach mit Biberschwanz-Ziegeln und drei schiefer-gedeckten Dachgauben. Die zweigeschossige Fassade wird durch ein schlichtes Kastensims begrenzt. Die fünf großen, symmetrisch geordneten Fenster besitzen die klassische Proportion, die mit ihren arithmetischen Zahlenverhältnissen auch dem anspruchslosen Bau Adel und Würde verleiht. Im Erdgeschoß werden die Fenster wiederholt. Ein hölzernes Gurtband, welches die Balkenlage der Geschoßdecke markiert, trennt die beiden Fensterreihen, deren obere durch ein gegossenes Brüstungsgitter geschmückt ist (vgl. Abb. S. 100).

Lit.: Hildner, H., Wiesbadener Wohnbauten der klassizistischen Zeit, Wiesbaden 1931.

42. Schule auf dem Schulberg
Schulberg 10

Mit dem Schulgesetz von 1817 hatte das Herzogtum ein vergleichsweise modernes Schulwesen erhalten. Neben der Marktschule war im Zuge der Stadterweiterung 1858 eine weitere Elementar-Schule geplant und notwendig geworden, die zunächst am alten Totenhof (Coulinstraße) vorgesehen war. 1861 wurde Baurat Philipp Hoffmann (1806–1889) (36, 52) mit dem Entwurf beauftragt, nachdem ein vorangegangener Wettbewerb zu keiner letztlich befriedigenden Lösung geführt hatte.

Schützenhofstraße und Schulberg, Photo um 1885

Auf der Grundlage des Generalplanes von 1856 (VI), in dem Oberbaurat Carl Boos (2, 39) vorgeschlagen hatte, das Terrain des alten Schützenhofes als Marktplatz zu gestalten, entwickelte Philipp Hoffmann eine achsiale, den Schulbau reizvoll integrierende Konzeption, aus der Architekt Wilhelm Bogler (19, 31) 1865–69 die eindrucksvolle Anlage von Schützenhofbad, doppelarmiger Terrassentreppe und oberer Villenbebauung schuf.

Das zweigeschossige, palaisartige Gebäude der Elementarschule, 1863 vollendet, lag nun auf einer Anhöhe innerhalb der Stadt und war achsial auf die Marktkirche ausgerichtet.

Die Front ist durch elf Achsen rundbogiger Fenster und einen flachgiebeligen Risalit gegliedert, der sich mit einer Archivolte von drei Achsen zu dem abschüssigen Terrain öffnet.

Die seitlichen Ecken sind durch Lisenen mit Spiegeln gefaßt und die schmückende Gliederung der Rahmen, Friese und Gesimse in rotem Sandstein und gebrannter Ziegelware (Terracotta) liegt flächig auf der geputzten Wand.

Die variationsreiche Formenwelt dieses romantischen Historismus war von der Nachfolgegeneration der strengen Klassizisten, u.a. Heinrich Hübsch (1795–1863) und Friedrich von Gärtner (1792–1847), dem Lehrer Philipp Hoffmanns in München, u. a. aus der frühchristlichen Baukunst Italiens (4.–7. Jh.) und der italienischen Frührenaissance (14./15. Jh.) entwickelt worden. Sie lebt vom zier-

Ehem. Elementarschule auf dem Schulberg, Photogrammetrische Aufnahme

Ehem. Elementarschule auf dem Schulberg

lich gestalteten Detail ebenso wie von der Freude am natürlichen Material und verleiht dem Bau ein hohes Maß an Grazie innerhalb der durchgängigen klassizistischen Ordnung.

Zur Bauzeit reichte das Terrain des ehemaligen Schützenhofgartens bis an das Gebäude. 1865 wurden die Baulichkeiten des Schützenhofes (Langgasse) niedergelegt. An seiner Stelle entstand, achsial auf den Schulberg bezogen, die eindrucksvolle Terrassenanlage mit dem opulent ausgestatteten Schützenhofbad, und der Freitreppe zum Schulberg hinauf, die, als historisches Aperçu, nunmehr Motive der Gartenkunst des 17./18. Jh. im städtebaulichen Kontext völlig neu interpretierte. 1919 wurde das Gebäude zu einer Handwerker- und Kunstgewerbeschule, aus der die dort später ansässige Werkkunstschule hervorging. Die baulichen Veränderungen in jüngerer Zeit haben die Terrassentreppe zerstört und dem Gebäude damit die architektonische Wirkung eines Belvedere genommen. Heute wird das Gebäude als Kunsthaus genutzt.

Lit.: Philipp Hoffmann 1806–1889) Ein nassauischer Baumeister, Katalog der Ausstellung, Hrsg. Landeshauptstadt Wiesbaden/Jesberg, P., Wiesbaden 1982;
Funk, B., Die Arbeiten des Architekten Wilhelm Bogler, Nass. Annalen 99/1988.

43. Müllerstraße

Müllerstraße

Seit 1860 war die Ausdehnung des Bergkirchenviertels über die Röderstraße hinaus durch den Bebauungsplan von Philipp Hoffmann (V) geregelt und im darauf folgenden Jahrzehnt bis zur Kellerstraße fortgeschritten.

1863 stellte Zimmermeister Christian Müller Antrag auf Bebauung seines Geländes zwischen Stift- und Taunusstraße mit villenartigen Gebäuden, die nach langen Verhand-

Müllerstraße

lungen und unter Einflußnahme von Stadtbaumeister Fach auf der Südseite der Taunusstraße genehmigt wurde und in Resten (Taunusstraße 62, 64) erhalten sind.

Von 1871–1875 entstand endlich die Müllerstraße als später Abschluß zwischen Stift- und Taunusstraße und in geschlossener Zeile. Sie ist ein wertvolles Beispiel für die ästhetischen Qualitäten des einfachen Klassizismus.

Die Häuser sind in den Größenverhältnissen einheitlich, doch formenreich in Gliederung und Gestaltung und besaßen zur Zeit der Entstehung einen glatten Putz sowie das durch die Rustika gekennzeichnete Erdgeschoß. Schlicht geschnittene schlanke Fenster, zumeist über fünf Achsen, wiederholen sich über der Gurtbank des Sockels. Die Fenster im ersten Obergeschoß besitzen dagegen Rahmung und profilierte Verdachung, diese häufig auf Voluten-Konsolen. Der Schmuck ist im zweiten Obergeschoß flächig gehalten, auch dort fehlen jedoch selten Brüstungsgesims, Umrahmung und

Verdachung als Merkmale des eleganten Spätklassizismus.

Das Dachgesims, soweit es noch original vorhanden ist, besitzt einen Fries in Verbindung mit der obligatorischen Kranzplatte und einer Reihe zierlicher Konsolen. Anspruchsvollere Formen wie Säulen- und Bogenstellungen sind hier nicht zu finden – als Bereicherung sind zumeist ein konsolengetragener Balkon und verzierte eiserne Brüstungsgitter vorhanden.

44. Jüdischer Friedhof

Schöne Aussicht

Über die frühe Geschichte der jüdischen Gemeinde in Wiesbaden sind nur spärliche Quellen vorhanden. Nach vorübergehendem Vorkommen im 14.–16. Jh. wurden jüdische Familien im 17. Jh. sesshaft und erst diese Zeit brachte eine Befriedung des Verhältnisses zwischen Einheimischen und Juden.

Vor 1750 wurden die Verstorbenen in Wehen begraben. Mit dem Wachsen der jüdischen Gemeinde entstand 1750 auf dem Kuhberg am alten Idsteiner Weg (Schöne Aussicht) ein eigener Friedhof, der sich bis heute den eigentümlichen Reiz jüdischer Begräbnisstätten bewahren konnte.

Noch zur Zeit der Friedhofsgründung war das Leben der jüdischen Mitbürger erneuten Beschränkungen ausgesetzt, die erst das Zeitalter der Aufklärung milderte. Die Zeit nach 1848 brachte endlich die Gleichstellung mit der übrigen Bevölkerung.

1890 wurde der Friedhof nach nochmaliger Erweiterung geschlossen. Am Nordfriedhof, welcher seit 1877 den Alten Friedhof an der Platter Straße abgelöst hatte, wurde ein neuer Begräbnisplatz geschaffen. Hier sind zahlreiche Gräber aus der Zeit der Verfolgung nach 1933 zu finden.

Lit.: Buschmann, H.-G., Der Nordfriedhof von Wiesbaden und seine Vorgänger, Frankfurt 1991.

Jüdischer Friedhof

Hof Geisberg (Zeichnung von L. Rosenkranz nach 1800)

45. Hof Geisberg
Idsteiner Straße

Die Geschichte des Hofes Geisberg geht zurück in das 18. Jh.
1788 von Regierungspräsident Karl Friedrich Freiherr von Kruse (1737–1806) als landwirtschaftliches Anwesen errichtet, war der Geisberg lange ein beliebter Ausflugsort für die Bürger der Stadt. In den folgenden Jahren wechselte der Hof mehrfach den Besitzer, bis er 1835 das Herzoglich-Nassauische Landwirtschaftsinstitut aufnahm.
Bekannte Namen der chemischen Forschung in Wiesbaden sind mit dem Hof Geisberg verbunden: Unter Wilhelm Albrecht (1785–1868),

Schüler des „Vaters der Landwirtschaft" Albrecht Thaer und damaliger Leiter des Institutes, lehrte hier ab 1845 Remigius Fresenius als Professor der Chemie.

Johann Wolfgang von Goethe hat in seinen Briefen (1814/15) an Frau Christiane den Geisberg oft erwähnt und darin die Schönheit des Ausblicks auf die Stadt und ihre idyllische Umgebung gerühmt.

Die Anlagen des Hofes sind oft umgestaltet worden. Aus der Gründungszeit stammt noch der zweigeschossige Hauptbau, der mit seinen Flügeln den parkartigen Garten umschließt.

Panorama von Wiesbaden um 1845, Lithographie von G. Jugel

VI Zweite südliche Stadterweiterung (46–48)

1828 wurde die Rheinstraße für die Bebauung eröffnet und 1832 mit der Wilhelmstraße verbunden. Kaum zehn Jahre später, 1840, war die stadtseitige Front auf ganzer Länge bis zur Schwalbacher Straße mit großzügigen Bauten geschlossen.

Die Zahl der Einwohner, damals ca. 8000, war bis 1866, dem Jahr der Annektion des Herzogtums durch das Königreich Preußen, auf mehr als das Dreifache angestiegen, um sich eine Dekade später, 1876, fast noch einmal zu verdoppeln.

Das Hineinwachsen der Stadt in neue städtebauliche und gesellschaftliche Dimensionen äußerte sich deshalb in einer raschen, fast hektischen Erschließung neuer Quartiere ebenso wie in der gesteigerten Monumentalität und Ausstattung der Gebäude.

1842 entstand auf der Südseite der Rheinstraße (im Bereich der heutigen Rhein-Main-Halle) der Taunusbahnhof als erster der drei Wiesbadener Bahnhöfe in nassauischer Zeit, wodurch die weitere Entwicklung der Stadt und damit einhergehend, die steigende Reputation des Kurortes über die Landesgrenzen hinaus vorgezeichnet war.

Um die Jahrhundertmitte waren deshalb erneut Überlegungen zu einer planmäßigen Stadterweiterung nach Süden notwendig geworden. Die „Beeinträchtigung der Ansicht mit ihren schönen und imposanten Gebäuden" war für die Gemeinde jedoch stets Anlaß gewesen, die Bebauung der südlichen Flanke der Rheinstraße zu verhindern. Der bittere Mangel an hochwertigem Wohnraum zwang indessen zu ra-

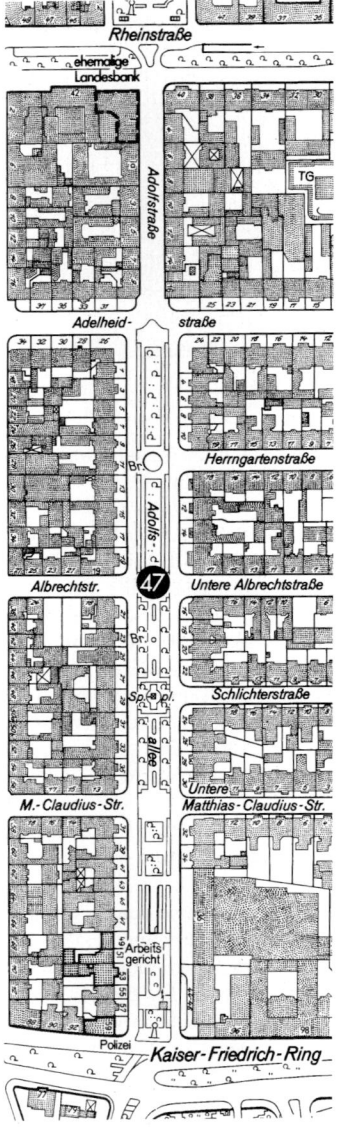

scher Hilfe, die sich 1856 mit dem weitsichtigen städtebaulichen Gutachten aus der Feder von Oberbaurat Carl Boos (2, 39) ergab, nachdem sich Philipp Hoffmann zum gleichen Thema – jedoch mit anderem Ergebnis – geäußert hatte.

Dieser Generalplan von 1856 sah neben einer Umstrukturierung der Altstadt (42) die Fortsetzung der dichten Bebauung jenseits der Rheinstraße ebenso vor wie die weitere Ausdehnung der östlichen und nördlichen Villenareale und berücksichtigte damit in natürlicher Weise die von Christian Zais vorgezeichnete Entwicklung. (III)
Insbesondere der ungehemmte Zuzug zahlloser Fremder unterschiedlichster sozialer Herkunft machte die baldige Realisierung der neuen Konzeption dringend notwendig.
Seit 1860 wurde deshalb die weitere Bebauung der südlichen Flanke der Rheinstraße zunächst mit der Adolfstraße und der Errichtung der Nassauischen Landesbank (Rheinstraße 42, heute Nass. Sparkasse) in Angriff genommen, um alsbald die Adelhaidstraße mit den südwärts gerichteten Querstraßen Moritz- und Oranienstraße und schließlich das Terrain der Adolfsallee (47) zu gewinnen (vgl. Luisenplatz).
Die Fortführung der alten Biebricher Chaussee in der auf vier Baumreihen verbreiterten Adolfsallee löste zugleich ein weiteres städtebauliches Problem, welches die indifferente Randlage des Luisenplatzes (IV) an der südlichen Stadtfront verursacht hatte, nämlich die Mög-

lichkeit einer übergreifenden räumlichen und städtebaulichen Gestaltung.

Mit dem Generalplan von Carl Boos waren zugleich die Weichen gestellt für den weiteren Ausbau der Villengebiete (VIII), welche sich im Nerotal und in der Sonnenberger Chaussee, jenseits des Kurparks in Park- und Paulinenstraße (57, 58) ebenso wie an der Frankfurter Chaussee (33) und zur Bierstadter Höhe fortentwickelten.

In den neuen Stadtquartieren ebenso wie in den Villenbezirken zeigte sich erstmals nun jener elegante Spätklassizismus, welcher die zeitgenössische Antikenverehrung mit der mehr und mehr gesicherten archäologischen Kenntnis griechischer und römischer Baukunst verband und Bauten schuf, die in der klassischen Behandlung der Formen und der Gediegenheit des Interieurs von zeitloser Anmut und Schönheit sind.

Die weitere Ausdehnung der Südstadt bis zur Peripherie des Ringes ebenso wie die Bautätigkeit in den übrigen Stadtbezirken erfolgte seit 1871 auf der Grundlage des neuen, durch „Allerhöchste Kabinettsordre" genehmigten Bebauungsplanes von Alexander Fach, der 1863 erster Stadtbaumeister Wiesbadens geworden war (VII).

Adolfsallee (47) und Rheinstraße wurden darin zu städtebaulich bedeutsamen Achsen. Die Entwicklung des gesamten Terrains vollzog sich zwar noch auf der Grundlage des klassizistischen Rasters mit seinen regelmäßigen, nunmehr geschlossenen Blöcken, großzügigen Blickbeziehungen und Magistralen. In der Gestaltung der einzelnen Bauten zeigte sich jedoch zunehmend der ubiquitäre Formenreichtum des Historismus, der sich neben dem reichen, ja prunkvollen Spätklassizismus der Zeit um 1870 jetzt sämtlicher gängigen Motive der italienischen, französischen und deutschen Renaissance, bis hin zum üppigen Manierismus bediente. Die Eleganz in Gliederung und Ornament ebenso wie der wirkungsvolle Rhythmus der Massen wurden damit selbstverständliche Regel bei der Lösung der architekturästhetischen Probleme, welche sich im monumentalen Städtebau des Historismus stellten.

Für die Qualität und Ausdrucksfülle dieser Architektur findet sich in der Adelhaidstraße, der Rheinstraße und Adolfsallee sowie den angrenzenden Bereichen manches überzeugende Beispiel.

Lit.: Bubner, B., Wiesbaden – Baukunst und historische Entwicklung, Hrsg. Erich Haub-Zais-Stiftung für Denkmalpflege, Wiesbaden 1983.

46. Das Museum
Friedrich-Ebert-Allee 2

Die Geschichte des Wiesbadener Museums begann mit der Gründung der ältesten deutschen „Altertumsgesellschaft für das Herzogtum Nassau" 1812 und dem Verein für Nass. Altertumskunde und Geschichtsforschung 1820.
1821 wurde das diesen Vereinen angegliederte Museum im gerade vollendeten Erbprinzenpalais (31) eingerichtet.

Bereits 1816 hatte Johann Wolfgang von Goethe die Gründung eines Museums angeregt, indem er die bedeutende, wissenschaftlich wertvolle und ganz im Stil des 18. Jh. angelegte enzyklopädische Sammlung Johann von Gernings aus Frankfurt als Grundstock für eine solche Einrichtung in Wiesbaden vorschlug.
Darunter befanden sich 163 Gemälde, die v. Gerning 1824 der Nassauischen Regierung gegen eine Leibrente abtrat. Hieraus entstand die Gemäldegalerie, welche zunächst Teil der seit 1810 vorhandenen und öffentlich zugänglichen herzoglichen Bibliothek war.

Das naturhistorische Museum, 1826 auf Betreiben des Vereins für Naturkunde begründet, und der seit 1847 bestehende Kunstverein ergänzten die künstlerischen und wissenschaftlichen Institutionen im Herzogtum.
Der Neubau eines Museums, der wegen der räumlichen Mängel im

Hess. Landesmuseum

Erbprinzenpalais seit 1904 geplant worden war, wurde nach erfolglosem Wettbewerb 1907/08 an Theodor Fischer (1862–1938) vergeben, welcher den Bau 1913–1915 errichtete und in der Gebäudegestalt die dreigliedrige Museumsstruktur architektonisch kühn zum Ausdruck brachte.
Theodor Fischer war Professor der Architektur in München und führender Baumeister seiner Zeit, Mitbegründer des Werkbundes 1907 und Schöpfer zahlreicher Kirchen- und sonstiger Monumentalbauten wie die mit dem Wiesbadener Projekt verwandten Gebäude des Landesmuseums in Kassel und der Kunsthalle Stuttgart.
In der Epoche des Umbruches um 1900 strebte er nach einer Überwindung des Historismus, die ihn zu großer künstlerischer Unabhängigkeit im Gebrauch historischer

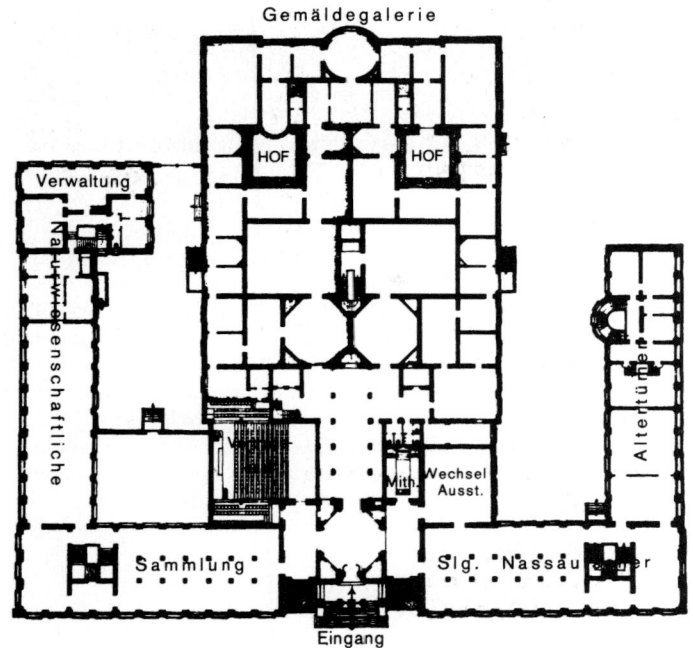

Hess. Landesmuseum, Grundriss nach Kart. Inst. G. Schiffner, Lahr/Baden

Formen führte und im Geiste von Camillo Sitte (1843–1903), dem einflußreichen österreichischen Reformer des Städtebaues, auf eine Humanisierung der gebauten Lebenswelt ausgerichtet war.

Entsprechend den drei Abteilungen Gemäldegalerie, Sammlung Nassauischer Altertümer und Naturwissenschaftliche Sammlung ist der Bau dreifach gegliedert und wird in idealer Weise über einen römischen Portikus und ein zentrales Oktogon

erschlossen, in deren Gestaltung sowohl antike als auch frühchristliche Raum- und Körperformen zum Ausdruck kommen. Besonders im Oktogon wird die eigenständige Beziehung zu historischen Vorbildern der Antike und des Frühmittelalters offenkundig. Im Eingang steht das von Herrmann Hahn (1868–1942) geschaffene Goethe-Denkmal, das dem Bau 1920 hinzugefügt wurde.

In der Gestaltung der Fassaden finden sich Anklänge an den Palastbau

Hess. Landesmuseum, Ansicht, von Theodor Fischer 1912

der spätrömischen Kaiserzeit und das Frühmittelalter: Die tektonische Schwere der Gliederungen wechselt ab mit reliefartigem Ornament; beides gibt dem Bau seine monumentale Wirkung und zeigt die Charakteristik der Übergangsstile nach 1900.

Neben Theodor Fischer und Herrmann Hahn waren weitere Künstler, u. a. Arnold Hensler (1891–1955), als Bildhauer in der Tradition von Bernhard Hoetger (1874–1949), Max Unhold (1885–1950) (Mosaikarbeiten im Oktogon) und Hans Völcker (1865–1944) als Maler mit der äußeren und inneren Ausstattung beschäftigt.

Das Museum ist gegenwärtig in einer grundlegenden Neuorientierung hinsichtlich seines didaktischen Auftrages und seiner Außenwirkung begriffen.

Lit.: Neues Bauen in Wiesbaden 1900–1914, Hrsg. Landeshauptstadt Wiesbaden/Jesberg, P., 1984.

114

47. Adolfsallee
Adolfsallee

Die Adolfsallee entstand in den Jahren 1860 bis 1890 als Fortsetzung der Adolfstraße und wurde nach Herzog Adolph benannt. Als künstlerische und städtebauliche Leistung hat sie einen bedeutenden, für das Architekturverständnis dieser Epoche beispielhaften Rang (VI).

Um 1860 wurde mit der Bebauung der südlichen Rheinstraße begonnen. Die Achse des Luisenplatzes (IV) wurde dadurch Ausgang einer Allee nach Biebrich. Da jedoch durch die Errichtung des Stadtschlosses (3) unter Herzog Wilhelm Wiesbaden selbst Residenz geworden war, konnten für diesen Entschluß einer nach Süden ausgreifenden Magistale nur baukünstlerische Gründe gelten.

Um 1866 war die Adolfstraße bereits vollständig bebaut und die Strecke bis zum projektierten Ring (VII) auf vier Baumreihen verbreitert, während sich die Adelhaidstraße bis zur Bahnhof- und Oranienstraße – auf der Nordseite in nachbiedermeierlichen und an der Südflanke anspruchsvolleren, spätklassizistischen Formen – entwickelte.

Auch das Rondell in der Biebricher Chaussee war vorbereitet, in das die Adolfsallee und später die Moritzstraße mit leichter Schwenkung einmünden sollten.

Die Gebäude zwischen Adelheidstraße und Albrechtstraße entstanden nach 1870 und sind der früheste Abschnitt der Allee.

Adolfsallee, Ostseite

Auf den größeren Parzellen der Westseite wurden meist dreigeschossige Bauten errichtet, die als Häuser „in Patrizier Art" eine abwechslungsreiche und elegante Gestaltung erlaubten und in ihrer ursprünglichen Erscheinung ungeachtet der Kriegszerstörungen vielfach erhalten sind.

Die Häuser der Ostseite der Allee wurden als Mietshäuser geplant, was die Parzellierung bestätigt. Auch hier finden sich Abwechslung und Formenreichtum in der Gestaltung vom Spätklassizismus bis zur Neorenaissance.

Insbesondere der Spätklassizismus der Berliner Schule mit seiner anmutigen Verschmelzung klassischer und klassizistischer Elemente hatte die kosmopolitischen Vorstellungen der Epoche maßgeblich gestaltet. Seine vornehme, bisweilen prunkvolle Eleganz wurde damit für

Adolfsallee, Teilansicht der Westseite

weite Kreise der Gesellschaft verbindlich, verlieh sie doch nicht nur den typischen Bäderbauten, sondern jedweder Architektur die gesuchte Weltläufigkeit und Universalität.

Innerhalb der spätklassizistischen Skala zeigt die Adolfsallee Motive von besonderer Schönheit: Mittelrisalite mit vorgesetzter Bogenloggia, ferner Loggien zwischen leichten Wandvorlagen und toskanisch-ionischen Säulenstellungen, Seitenrisalite mit Flachgiebeln und Veranden in ionischer oder korinthischer Ordnung.

Von 1973–1978 wurde die Adolfsallee neu gestaltet. Man verbannte den Durchgangsverkehr und legte eine die Raumwirkung steigernde Grünanlage an. Damit war es gelungen, der Adolfsallee eine hohe Wohnqualität zu sichern und gleichzeitig ein bedeutendes Denkmal der Stadt zu erhalten.

48. Keramische Werkstätten Höppli
Wörthstraße 4–6

Seit dem späten 16. Jh. hatte die akademische, am antiken Stein- und Putzbau orientierte Architekturtheorie die traditionelle Ziegelformtechnik (Terracotta) des Mittelalters und der Frührenaissance (14./15. Jh.) aus dem handwerklichen Bewußtsein verdrängt, um erst wieder im frühen 19. Jh., u. a. angeregt durch Karl Friedrich Schinkel (1781–1841) und die roman-

116

tisch gefärbte Hinwendung zum Mittelalter, erneut gewürdigt zu werden.

Der Bau der Marktkirche (2) u. a. sowie der wachsende Einfluß Preußens schon vor 1866 hatten dem „Ziegelrohbau" einen festen Platz im ehemaligen Herzogtum zugewiesen. Beflügelt durch den „archäologischen" Spätklassizismus, kam die serielle Herstellung schmückender Architekturglieder, -formen und figürlicher Dekorationen in Terracotta erneut zur Anwendung, für deren künstlerische Gestaltung nun herausragende Bildhauer und Modelleure erforderlich wurden. Johann Jacob Höppli (1822–1876) erlangte durch seine anspruchsvollen Arbeiten auf diesem Gebiet überregionale Bedeutung.

1872–1876 ließ er die Vorderhäuser Wörthstraße 4–6 im Stil der ita-lienischen Renaissance nach Entwürfen von Georg-Friedrich Fürstchen (1848–1884) (33) errichten.

Sie waren als „Werbebauten" seiner „Thonwaaren- und Fayence-Fabrik" gedacht und zeigen mit ihrer

Wörthstr. 4-6, ehemalige „Thonwaaren- und Fayencenfabrik" von J. Höppli

117

Fülle architektonischer und figürlicher Motive die preußische, insbesondere Berliner Bautradition nach Karl Friedrich Schinkel. Mit Ausnahme der Sandsteingurte bestehen die Fassaden des Gebäudes vollständig aus Terracotta.

Höppli war Schweizer und wurde als wandernder Keramiker und Modelleur 1846 auf seinem Weg durch Wiesbaden von Philipp Hoffmann für den Bau der „Griechischen" Kapelle (52) geworben. Von ihm stammen die Modelle für den architektonischen Schmuck der Kirche.

1850 gründete er auf dem Anwesen der Fayencenfabrik von Andreas Leicher seine eigene Fabrik, aus der bis 1910 ein Großteil jener Baukeramik hervorgegangen ist, die den Reichtum der Wiesbadener Architektur dieser Zeit bestimmt und ihren Erzeugnissen vielfach das Individuelle und Typische der großen Architekturleistung gibt. Neben zahlreichen privaten Bauten, Stadthäusern wie Villen, hat die Werkstatt Jacob Höpplis an der Russ. orthodoxen Kirche (52), der Markt-kirche (2), der Alten Synagoge (16), dem Theaterneubau und Foyer (27/28), dem Kurhaus (23), der Landesbibliothek, dem Museum (46), dem Biebricher Schloß (Rotunde) (60) und an zahlreichen weiteren Projekten mitgewirkt und durch die Fülle ihrer handwerklich hochwertigen Produkte einer unnennbaren Zahl von Gebäuden Adel und künstlerische Bedeutung verliehen.

1876 starb Johann Jacob Höppli während der Bauarbeiten an seinem Haus in der Wörthstraße. Das Unternehmen wurde zunächst von der Witwe, und seit 1892 von dem einzigen Sohn Christian Philipp übernommen.

Seine Enkel haben das Haus, heute ein baukünstlerisch wertvolles Denkmal, im Geist des Erbauers bis in jüngste Zeit weitergeführt.

Lit.: Bubner, B., Die Terracotta von Johann Jacob Höppli – ein Beitrag zur Wiesbadener Baukultur, Wiesbaden International, 11/1987.

Wörthstraße 4–6, Zeichnung von Georg-Friedrich Fürstchen 1872

118

VII Die Ringstraßen (49–51)

Die Wiesbadener Ringstraßen – Bismarck- und Kaiser-Friedrich-Ring – sind baukünstlerisch bedeutende Leistungen des ausklingenden Historismus und damit Teil der großen städtebaulichen Entwicklung, die, zur Bewältigung wachsender Einwohnerzahlen, zunehmend von technisch-organisatorischen Problemen bestimmt worden war. Der Drang zur Erschließung neuer Stadtquartiere suchte deshalb in der Anlage von Ringstraßensystemen eine adäquate Lösung der bis dahin unbekannten Herausforderungen der Epoche.

In den historisch gewachsenen Städten hatten sich hierfür die Verteidigungsanlagen, die Glacis und Festungswerke angeboten, welche im frühen 19. Jh. ihren Sinn zu verlieren begannen. Seitdem zeigten sich vielerorts Bestrebungen, die aufgelassenen Flächen um die Stadtkerne in Alleen und Promenaden zu verwandeln und so dem Städtebau neue ästhetische Dimensionen zu erschließen.
Ringstraßensysteme wurden damit ein bestimmendes Element städtebaulicher Entwicklung, wurden Bühne und Kulisse zugleich für die theatralische Inszenierung der modernen Großstadt.
Ihre Anlage wurde auch dort zu einer Frage kommunaler Reputation, wo – wie in Wiesbaden – die historischen Voraussetzungen ausgedehnter Festungsgürtel fehlten.

Kaiser-Friedrich-Ring, Photo um 1900

Die Stadt hatte sich bis dahin in unterschiedlichen Etappen über die Grenzen des „Historischen Fünfecks" begeben und war in den Jahren 1870–1880 von ca. 35000 auf ca. 50000 Einwohner gewachsen. Wirtschaftlicher und sozialer Aufschwung und Niedergang lagen dicht beieinander.

Der Beginn dieser Dekade war auch für das Preußen wohlgesonnene Wiesbaden gekennzeichnet von der Gründung des Deutschen Reiches und den davon ausgehenden Impulsen. Ein ungeahntes bauliches Wachstum inspirierte die Entwicklung zur Großstadt, welcher der weitsichtige Generalplan von 1856 (VI) kaum noch entsprach.

1871 erstellte deshalb der seit 1863 amtierende Stadtbaumeister Alexander Fach (1815–1883) im Auftrag der preußischen Regierung einen neuen Bebauungsplan, welcher den Plan von Carl Boos ersetzte. Kernstück war die Anlage einer Ringstraße, die, am späteren Sedanplatz beginnend, die süd- und west-

Kaiser-Friedrich-Ring

allerorts zu riskanter Spekulation, welche kapitalkräftige „Gründer", biedere Geschäftsleute und Handwerker gleichermaßen motivierte, bis die Depression nach 1873 eine Dekade ökonomischer Vorsicht auf allen Gebieten bewirkte.

Die Bebauung der Ringstraße begann deshalb verspätet um 1890 mit dem nachgründerzeitlichen Viertel am Sedanplatz, nachdem das Bleichwiesengebiet, seit 1860 Wohnquartier eines soliden mittelständischen Bürgertums, bis zur projektierten Ringstraße vorgedrungen war.

Seit 1892 war der Bismarckring mit seiner variationsreichen Folge historisierender Bauten im Werden, die, im Rausch barocker und eklektischer Formen sich gegenseitig überbietend, zur Rheinstraße hin und bald jenseits von ihr die östliche Flanke des Ringes beherrschten.

Mit gleicher Schnelligkeit folgte die bauliche Entwicklung der Seerobenstraße, auch hier einen spektakulären Wechsel von Moden und Stilen inszenierend.
Die Bauten des Bismarckringes setzten sich um 1900, zunehmend aufwendiger gestaltet, im Kaiser-Friedrich-Ring fort, während die Ringkirche, 1892–1894 errichtet, der gleichfalls vollendeten Rheinstraße den städtebaulich markanten Abschluß gab, und die südlich der Rheinstraße gelegenen Quartiere die Peripherie der Ringstraße bereits berührten.

wärts sich entwickelnden Quartiere ebenso wie die östlichen Villenviertel in großem Bogen umfaßte, um an der Dietenmühle in die Sonnenberger Chaussee zu münden.

Die Wiesbadener Ringstraße fußte damit nicht in den Zwängen der historischen Topographie, sondern war die ebenso schöpferische wie demonstrative Aneignung großer zeitgenössischer Vorbilder – u. a. der Wiener Ringstraße von 1859 – und deren Übertragung auf die örtliche Situation. Sie war zugleich eindrucksvolles Dokument für das Ausmaß kommunalpolitischer und privater Wunschvorstellungen und Ziele nach den glorreichen Ereignissen des Jahres 1871.

Imperialer Anspruch sowie echtes wirtschaftliches Bedürfnis reizten

Seit 1894 war die weitere städtebauliche Entwicklung Wiesbadens an dem Gutachten des renommierten Stadtplaners und Professors Reinhard Baumeister (1833–1917) aus Karlsruhe ausgerichtet worden, der insbesondere mit seinem 1876 erschienenen Standardwerk über den Städtebau Ansehen erworben hatte. Baumeister war Verfechter des monumentalen Städtebaues gewesen, welcher das ganze 19. Jh. bestimmte und mit seinen Achsen, den wirkungsvollen Sichtbeziehungen, und der Fülle großartiger Raumgedanken uns ebenso in Erstaunen versetzt wie mit der sozialen Problematik im Hinterhof.

Ebenfalls am Ausgang des Jahrhunderts meldeten sich allerdings auch kritische Stimmen, welche die „starren und leblosen Manifestationen zeitgenössischen Städtebaues" durch Bewegung, Dynamik und Sensibilität wie überhaupt durch eine erneute Würdigung der Gemütswelt zu überwinden suchten. Richtungsweisend hierfür wurde das Werk des österreichischen Architekten Camillo Sitte (1843–1903), der mit seiner Ästhetik des Städtebaues für das beginnende 20. Jh . wegweisend war.

Die künstlerische Umsetzung dieser Ideen wurde Aufgabe des feinsinnigen Felix Genzmer (1856–1926), der, seit 1894 Stadtbaumeister in Wiesbaden, den unter seinem Einfluß entstandenen Bauten und Anlagen Lebendigkeit, Individualität und Luxus verlieh.

In seinem Geiste wurde schließlich

Kaiser-Friedrich-Ring

das Projekt der Ringstraße mit fast fünfundzwanzigjähriger Verzögerung verwirklicht.

Eher noch als die ausufernden Villengebiete oder die großen Prospekte von Adolfsallee, Rhein-, Taunus- und Wilhelmstraße wurden Bismarck- und Kaiser-Friedrich-Ring damit zu singulären Kunstschöpfungen des ausklingenden, stilistisch verwirrend vielgestaltigen 19. Jh., deren Bauten mit der schieren Fülle unterschiedlicher Konzeptionen die Leitgedanken des europäischen Städtebaues noch einmal manifestieren und zur Architekturkulisse par excellence verdichten.

Bismarck- und Kaiser-Friedrich-Ring zählen damit zu den wenigen erhaltenen Architekturleistungen des deutschen Städtebaues dieser

wesentlich von der Ideenwelt Preußens getragenen Epoche.

Das Rheingauviertel zwischen Dotzheimer- und Niederwaldstraße sowie das daran anschließende Dichterviertel war nach 1900 bereits von den Reformen im Städtebau begleitet, die, im Rückgriff auf lokale Traditionen, der ländlichen Idylle von Straßen und Plätzen sowie der Erlebnissteigerung und gemüthaften Intimität ganzer Stadtquartiere erneute Bedeutung verliehen.

Die Zeit nach 1900 suchte damit in ihren künstlerischen Leistungen eine Antwort auf die inhaltliche Entwertung durch Stilimitation und eklektische Historismen, wenngleich die Gestaltung des einzelnen Hauses zumeist dem tradierten Architekturkanon verbunden blieb. Die Stadtviertel jenseits des Ringes zeigten jetzt, stellvertretend für zahlreiche gleichzeitig erbaute Quartiere, den von der Ästhetik der Oberfläche inspirierten Jugendstil, der sich an Fassadendetails und Interieurs nun regte, ferner einen monumentalen „wilhelminischen"

Neubarock – die Bauten von Hauptbahnhof (50) und Landeshaus (51) stehen hier als Beispiel – sowie den unprätentiösen, von sozialen und künstlerischen Idealen erfüllten Heimatstil.

In der bodenständigen Volkstümlichkeit der Lutherkirche (49) ebenso wie im repräsentativen Neoklassizismus (vgl. Kaiser-Friedrich-Bad 47, Söhnlein-Villa 58, Sektkellerei Henkell 67) oder im zeitgenössischen Siedlungsbau gaben sich die divergierenden Architekturströmungen der Jahrhundertwende als Manifestationen und Grundlagen für das 20. Jh. wesenhaft zu erkennen.

Das politisch eher gemäßigte, ja konservative Wiesbaden der damaligen Epoche hatte den revolutionären Ruf notwendiger gesellschaftlicher Reformen allerdings nur von Ferne vernommen und die zeitgenössische Baukunst Wiesbadens war hinsichtlich ihrer sozialen Dimension eher ein Reflex der auswärtigen Entwicklung.

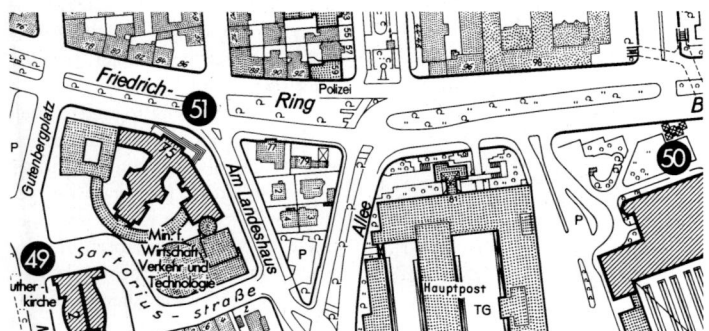

Die Ringkirche
Kaiser-Friedrich-Ring

Seit 1861 hatten Bestrebungen zu einer inhaltlichen Reform der protestantischen Lithurgie und ihrer baulichen Gestalt bestanden, die in neuartigen Raumkonzeptionen ihren architektonischen Ausdruck fanden.

Mit seinem „Wiesbadener Programm" hatte Dekan Emil Veesenmeyer gemeinsam mit dem Architekturprofessor Johannes Otzen (1839–1911) dazu beigetragen, den Gedanken einer Kirchenbaureform, die sich bei der Bergkirche (40) bereits 1876 angedeutet hatte, im Bau der Ringkirche konsequent und umfassender weiterzuführen. Der Entwurf wurde wiederum dem Berliner Otzen übertragen, der den eigenwilligen, in romanisch-gotischer Tradition gestalteten Bau über

Ringkirche, Innenraum

kreuzförmigem Grundriß in hellem Sandstein ausführte und nach zweijähriger Bauzeit 1894 übergab.

Wesentliches Element der neuen lithurgischen Vorstellungen war die Auffassung von der Kirche als Versammlungsort der feiernden Gemeinde, und daraus folgend, die sinnbildliche Darstellung des Gemeindeganzen in der architektonischen Einheit des Kirchenraumes mit gleichwertig zentraler Stellung von Kanzel und Altar.

Das „Wiesbadener Programm" ließ deshalb einen Zentralbau erwarten, wie er auch als Bautypus in antiker und mittelalterlicher Tradition gestanden hatte. Die Kirche sollte jedoch zugleich den Abschluß der Rheinstraße bilden, die als großzügige innerstädtische Allee mit Reitweg und Promenade gestaltet und

Ringkirche, Westfront

124

Ringkirche, Ostfront

eingebaut sind und erhält über neun große Fensterrosetten als bestimmenden Motiven hoch- und spätgotischer Sakralräume sein Licht. Altar, Kanzel und Orgel sind auf einer Seite vereint.

Lit.: 60 Jahre Ringkirche in Wiesbaden, o. Verf., Wiesbaden 1954;
Bahns, J., Johannes Otzen 1839–1911, Materialien zur Kunst des 19. Jh., München 1978.

zu dieser Zeit bereits vollständig bebaut worden war (VI). Dem architektonisch sehr vielgestaltigen, durch Nebentürme und Konchen gegliederten Westbau wurde deshalb der oktogonale Zwillingsturm als Schaufront vorangesetzt, die, von raumbeherrschender optischer Wirkung, jedoch lediglich eine Vorhalle und darüber die Orgel birgt, während der Zugang in der westlichen Konche liegt.

Im Inneren wird die eigentlich quadratische Grundform des pfeilerlosen Raumes in seiner ausgewogenen Breitenentwicklung erkennbar. Er erweitert sich dreiseitig mit Apsiden, in die weitgespannte Emporen

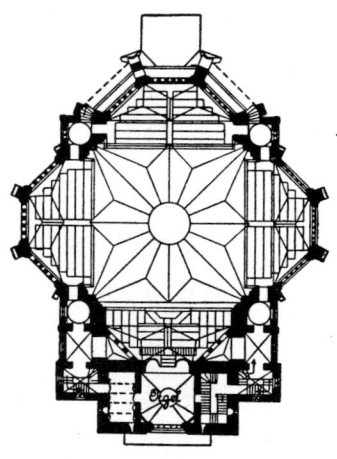

Ringkirche, Emporengeschoß

125

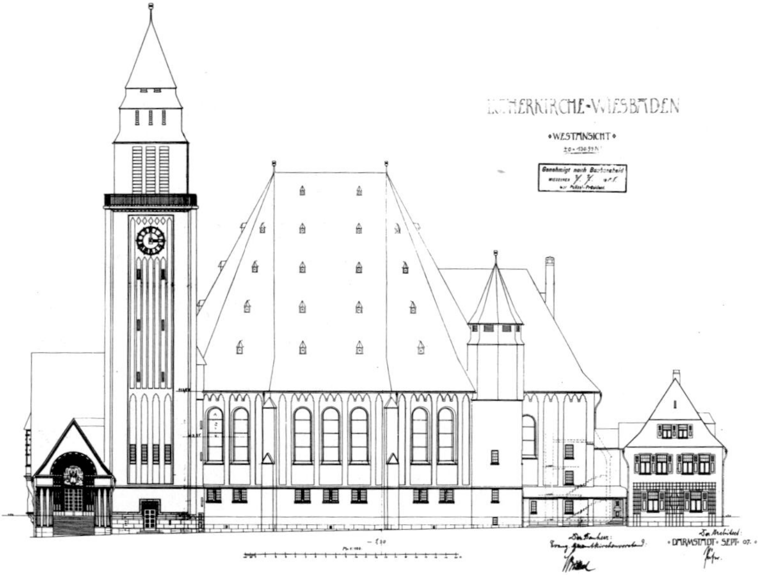

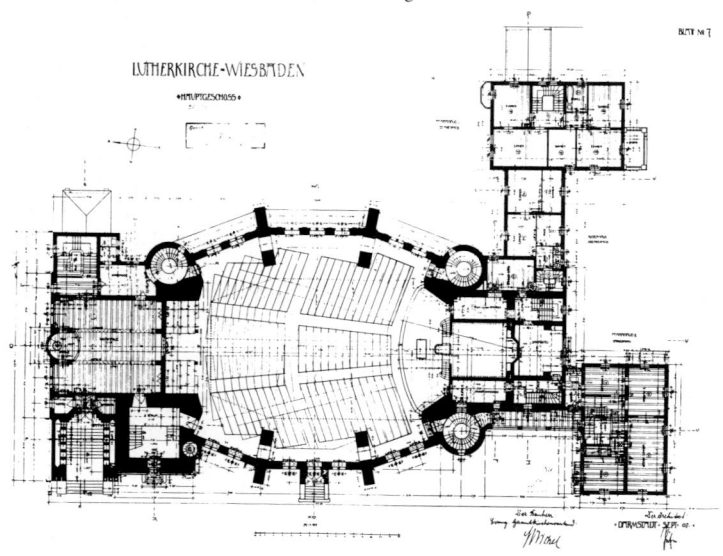

Lutherkirche, Grundriss und Ansicht, Zeichnung von Fr. Pützer 1907

49. Lutherkirche
Mosbacher Straße

1905 war Wiesbaden auf 100 000
Einwohner angewachsen und hatte
damit die Schwelle zur Großstadt
überschritten. Für den vierten protestantischen Gemeindesprengel
der Stadt war deshalb ein neues Kir-
chengebäude notwendig geworden,
dessen Ausführung nach einem
Wettbewerb unter namhaften Architekten 1905 an den jungen
Friedrich Pützer (1871–1922) vergeben wurde, der als Professor für
Architektur in Darmstadt durch
umfangreiche Projekte wie Ver-
kehrs- und Verwaltungsbauten sowie zahlreiche Kirchen im Geist der
künstlerischen Reformen der Jahrhundertwende hervorgetreten ist.
Die Lutherkirche wurde dann
1908–1911 nach seinen Plänen und
auf der Grundlage des Wiesbadener
Programmes verwirklicht, welches,
über die Bergkirche (40) als Vor-
stufe, in der Ringkirche 1894 erstmals vollständig entfaltet worden
war.
Vor dem Hintergrund der städtebaulichen und sozialen Umwälzun-
gen dieser Epoche gewinnt die Lutherkirche für das Stadtbild Wiesbadens besonderes Gewicht:

Der Stil des Gebäudes mit domini-
rendem Turm und mächtigem
Dach über dem ovalen, von einer
rippengegliederten Decke über-
wölbtem Grundriß vermittelt sich
eher durch die künstlerische Haltung als durch das historisierende
Detail und hat eine handwerklich

Lutherkirche

„deutsche" Note, die den Reformgeist nach 1900 zu erkennen gibt.
Die begleitenden, als Oktogone gestalteten Treppentürme sowie di-
verse An- und Nebenbauten (u. a.
das Pfarrhaus) vollenden den Eindruck der mittelalterlichen Burg,
der wie die entsprechende Ausbildung des Details, künstlerische Absicht ist.
Der Bau besitzt kunstvolle Ver-
schieferung an den steilen Giebeln
und Dächern, eine Putz- und Werk-
steinfassade sowie Fenster in zeittypischer schmaler Teilung und
übernimmt damit Motive ländli-
cher Tradition, die in ihrer stilistischen Freiheit von der englischen
Arts and Crafts-Bewegung beeinflußt sind.

Die vollständig restaurierte Ausstattung zeigt im subtil gestalteten Detail der Emporen sowie in der farb-

Lutherkirche, Innenraum

nesi (1866–1941), wie Pützer ebenfalls Professor in Darmstadt, kennzeichnend ist.

Die alte – wiederhergestellte – Orgel der Firma Walter/Ludwigburg über dem Altar wurde 1911 gweiht und ist in ihrer musikalischen Qualität dem Bau ebenbürtig.
1978 wurde von Johann Klais aus Bonn auf der rückwärtigen Empore eine neue 3-manualige Orgel mit 44 Registern errichtet.

lich lebhaften Dekoration der Decken und Wände Anklänge an den romanisch beeinflußten Jugendstil, der für das gesamte Werk des Bildhauers und Künstlers Var-

Lit.: Neues Bauen in Wiesbaden 1900–1914, Hrsg.: Landeshauptstadt Wiesbaden/Jesberg, P., Wiesbaden 1984; Geißler, H. O., Lutherkirche Wiesbaden, München 1986.

50. Hauptbahnhof, Empfangsgebäude
Bahnhofsplatz

1842 wurde am östlichen Ende der Rheinstraße und am Rande der ehemaligen Stadt als erster Bahnhof einer Bahnlinie nach Frankfurt der Empfangsbau der Taunuseisenbahn durch Provinzialbaumeister Opfermann/Mainz errichtet. Wenige Jahre später, 1856/57 folgte eine weitere Linie in das Rheintal, die von Oberbaurat Boos (2, 39) mit repräsentativen Bauten im Rundbogenstil versehen war, bis endlich in der ehemaligen Villa des Grafen v. Mons, am Ort des heutigen Museums (46), 1883 der Bahnhof der Ludwigsbahn nach Darmstadt als

dritte Linie eingerichtet wurde.
Nachdem sich Wiesbaden als „Weltkurstadt" etabliert hatte und die Frage eines neuen Zentralbahnhofes bereits vor 1900 immer wieder erörtert worden war, entschloß sich die preußische Regierung, einen neuen Hauptbahnhof zu bauen und die anderen Bahnhöfe aufzuheben, um den gestiegenen Ansprüchen des Bades Rechnung zu tragen.
Der Bau der Gleisanlagen hatte schon 1897 unter schwierigen Bedingungen am Melonenberg begonnen, wodurch die Notwendigkeit zu raschen Entscheidungen seitens der Reichsbahndirektion gegeben war.

Nach einem Wettbewerb wurde

das neue Bahnhofsgebäude von 1904–1906 entsprechend den Plänen von Professor Fritz Klingholz aus Aachen durch die Baubeamten Everken, Cornelius und den städtischen Bauinspektor Petri aus rotem Sandstein errichtet.

Der Bau ist mit der in leichtem Winkel zum Kaiser-Friedrich-Ring angeordneten Querhalle als Kopfbahnhof konzipiert und in einem klassizierenden Neobarock gehalten. Die künstlerisch lebhafte Disposition seiner Einzelheiten wie der städtebaulich dominierende Turm (40 m hoch), die durch große Thermenfenster belichteten Pavillons und Hallen sowie das im barocken Pathos schwelgende Detail, ist nach malerischen Gesichtspunkten in spannungsvoller Gruppierung der Baumassen gestaltet und ein Dokument für die inhaltliche Lösung der zeitgenössischen Architektur vom Historismus.

Am 13. November 1906 wurde der Bahnhof im Beisein Kaiser Wilhelms II. eingeweiht. Am 15. November fuhr der erste Zug – aus Mainz kommend – ein.

Hauptbahnhof

51. Landeshaus
Kaiser-Friedrich-Ring 75

Landeshaus

1866 waren das ehemalige Herzogtum Nassau, die freie Reichsstadt Frankfurt, das Kurfürstentum Hessen-Kassel und die Landgrafenschaft Hessen-Homburg in der preußischen Provinz Hessen-Nassau aufgegangen. Für die Aufgaben der kommunalen Selbstverwaltung auf der Ebene der Regierungsbezirke wurden deshalb Kommunalverbände gebildet, die im Kommunallandtag ein parlamentarisches Gremium hatten.

Der Bau des Landeshauses war 1901 beschlossen worden, um dem preußischen Kommunalverband in Wiesbaden einen Sitz für seine parlamentarische Arbeit zu geben. Dazu gehörten vor allem Aufgaben der Fürsorge wie Heil- und Pflege- anstalten, Straßenbau, das öffentlich-rechtliche Bank- und Versicherungswesen, Kulturpflege u. a. m.

Nach vorangegangenem Wettbewerb wurde das Landeshaus 1905–1907 entsprechend den Plänen der Wiesbadener Architekten Friedrich

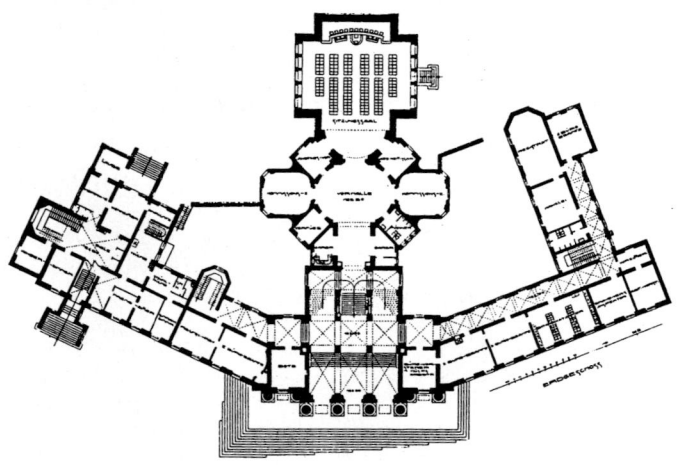

Landeshaus, Grundriss Eingangsgeschoß, Zeichnung von 1905

Werz und Paul Huber aus rotem Mainsandstein im Stil des monumentalen, „wilhelminischen" Neobarock errichtet. Die beengten Grundstücksverhältnisse zwangen zu einer ebenso kühnen wie städtebaulich imposanten architektonischen Geste: Der entschieden höhere Mittelrisalit mit dem sechssäuligen korinthischen Portikus verbindet die beiden Flügel zu einer durch große Mansarddächer gesteigerten Einheit, in der sich die politische Bedeutung des Hauses manifestiert. Die Front des Gebäudes wird in leichter Biegung von der Kurve des Ringes fortgeführt, besitzt aber deutliche Achsen, die sich jedoch nicht mehr an barocke Regeln binden.

Die Gliederung der Flächen springt alternierend von Fenster zu Fenster und ist durch das überschwere Detail der Bekrönung bestimmt.

Der äußere Anspruch findet in der Ausstattung des Vertibuls, der mehrläufigen zentralen Treppe und den achsial dahinterliegenden Kommissions- und Sitzungssälen eine barocken Vorbildern entlehnte repräsentative Entsprechung.

Die allegorische Gruppe „Land Nassau" im Giebel ist ein Werk des Wiesbadener Bildhauers Arnold Hensler (1891–1955), der u.a. auch die Quellnymphe in den Herbert- und Reisinger-Anlagen geschaffen hat (46).

Der Anbau am Gutenbergplatz stammt von 1929.

Heute ist das Landeshaus Sitz des Hessischen Ministers für Wirtschaft und Technik.

Lit.: Sattler, S., Das Landeshaus, in: Neues Bauen in Wiesbaden 1900–1914, Hrsg.: Landeshauptstadt Wiesbaden/ Jesberg. P., Wiesbaden 1984

52. Griechische Kapelle

(Russ. orthodoxe Kirche)

Christian Spielmannweg 18

Herzog Adolphs erste Gemahlin, Elisabeth Michailowna, Tochter des russischen Großfürstenpaares Michael Pawlowitsch und Helene, war am 28. Januar 1845 nach einjähriger Ehe im Alter von 19 Jahren bei der Geburt ihres ersten Kindes gestorben. Das tragische Ereignis verlangte nach einem sichtbaren Zeichen posthumer Verehrung, die sich der zu romantischer Empfindung gesteigerten Epoche in ver-

klärenden Bauten, Erinnerungsmalen u. ä. deutlich machte.

Nach ihrem Tod plante Herzog Adolph deshalb eine Gruftkapelle, die aus den Dotalgeldern errichtet werden sollte und als Memorialbau nur aus dem Geist der Romantik verständlich ist.

Die Wahl des exponierten Standortes auf der Anhöhe des Neroberges und der Wunsch nach einer zeitgerechten Architektur führten zunächst zu einem Auftrag an den renommierten großherzoglich-badischen Oberbaudirektor Heinrich

Hübsch (1795–1863) aus Karlsruhe, dessen Entwurf allerdings nicht der Vorstellung von einem Bau im russisch-orthodoxen Stil entsprach.

Nach einem gemeinsamen Vorentwurf mit Baurat Carl Boos (1806–1883) (2, 39) wurde deshalb Landbaumeister Philipp Hoffmann (1806–1889) (10, 16, 36, 42, 53) 1846 mit der Planung beauftragt. Noch im Winter 1846/47 reiste Hoffmann nach Rußland, um die russische Baukunst in ihren bemerkenswertesten Schöpfungen kennenzulernen und die Authentizität des Bauwerkes zu garantieren. Der bei Hof bevorzugte Architekt Konstantin A. Thon (1799–1881) hatte damals einen Kanon russischer Architektur entwickelt, der den Entwurf beeinflußte. Ausschlaggebend für Hoffmann wurde allerdings der Eindruck der russischen Baukunst des 16. Jh., die er in einer Fülle von Skizzen dokumentierte.

Russisch-orthodoxe Kirche

Nach Vorlage von Plänen 1847 wurde der Bau 1849 begonnen und war 1855 vollendet. In dem Bemühen, ein Bauwerk von hoher stilistischer und künstlerischer Entsprechung zu errichten und sowohl die Dekoration nach italienisch-byzantinischen Vorbildern als auch geeignete Steinsorten zu bestimmen, reiste Philipp Hoffmann während der Rohbauarbeiten zweimal, 1849/50 und 1852, nach Italien.

Das Bauwerk ist, auch hinsichtlich seiner Entstehungsgeschichte, ein

Russisch-orthodoxe Kirche, Grundrisse, Lithographie nach Ph. Hoffmann

echtes Zeugnis der verklärenden und empfindsam gestimmten Romantik. Der Grundriß steht in der Tradition des spätantiken bzw. byzantinischen Zentralbaues und ist aus dem Quadrat mit eingeschriebenem griechischem Kreuz entwickelt, dessen tonnengewölbte Arme sich durch vier säulengetragene Gurtbögen zu dem überwölbten Oktogon vermitteln. Über der neunfach gegliederten Baumasse erheben sich auf hohen Laternen eine zentrale (55 m hoch) und vier begleitende jeweils vergoldete Kuppeln. Die vier gleichartig gebildeten reichskulpierten hellen Sandsteinfassaden sind durch Wandvorlagen, Lisenen und gekuppelte Säulen gegliedert, welche die Abschlußbögen der Risalite tragen.

Russisch-orthodoxe Kirche, Innenraum

Der dekorativen Fülle des Äußeren entspricht der plastische und farbliche Reichtum der inneren Ausstattung – beides Merkmale der für Philipp Hoffmann charakteristischen Gestaltung. Die architekturplastische und bildhauerische Sprache des dreizonigen, durch die Ebenen der Sockel, der Säulen, der Gurtbögen und Trompen bestimmten Raumes orientiert sich an den Dekorationsformen der italienischen Renaissance. Über deren unklassischer Höhenentwicklung steht, von Pendentifs und einem figürlichen Fries unterbrochen, die durch Kassetten und Tondi gegliederte Hauptkuppel.

Die Marmorinkrustationen und architektonischen Gliederungen des Inneren wurden nach Entwürfen des Architekten gefertigt und stammen teils aus Carrara, teils aus der Limburger Gegend.

Die figürliche Malerei der Hauptkuppel und der überwölbten Joche mit Darstellungen der Erzengel, Propheten und Apostel ist ein Werk des Berliner Malers August Hopfgarten (1807–1876). Sein Vetter Emil Alexander Hopfgarten (1821–1856) (2, 60) schuf als Bildhauer den in der seitlichen Rotunde befindlichen Sarkophag der ruhenden Herzogin im Stil des sentimentalen Naturalismus und in Anlehnung an Christian Rauch (1777–1857) aus carrarischem Marmor. An den Ecken sind durch Symbol-Figuren dargestellt: Glaube, Liebe, Hoffnung und Barmherzigkeit, an den Langseiten befinden sich zwölf Apostelstatuetten.

Zentrum der Kirche ist die in der Achse des Einganges stehende Ikonostasis nach Entwürfen Philipp Hoffmanns, deren ikonographische Gestaltung durch den Balten Timoleon Karl v. Neff (1805–1876), Hofmaler in St. Petersburg, entstanden ist.

An ihren Festtagen führt die russisch-orthodoxe Gemeinde hier Gottesdienste durch.

Nahe bei der Kapelle liegt das Pfarrhaus und der bemerkenswerte russischen Friedhof, auf dem u. a. der Maler Alexej Jawlensky (1864–1941) begraben liegt, der bis zu seinem Tod in Wiesbaden lebte. Das Museum Wiesbaden hat die wohl bedeutendste Sammlung seiner Werke.

Lit.: Weiler, Cl., Romantische Baukunst in Nassau, Nass. Annalen 63/1952;
Jesberg, P., Die Griechische Kapelle, in: Philipp Hoffmann 1806–1881, Ein nassauischer Baumeister, Katalog der Ausstellung, Wiesbaden 1982.
Kleineberg, G., Architektur im Herzogtum Nassau, Wiesbadener Leben 2/82.

53. Nerobergtempel
Neroberg

Unweit der Russisch-orthodoxen Kirche (52) auf dem Neroberg, an landschaftlich bevorzugter und mutmaßlich geschichtsträchtiger Stelle – zu denken ist an ein römisches Heiligtum – kam 1851 durch private Anregung der Bau eines Aussichtstempels zustande, dessen Architekt der damalige Landbaumeister Philipp Hoffmann (10, 16, 36, 42, 52) war. Über den römisch-dorischen Säulenschäften des in zierlicher Renaissance-Architektur gestalteten Tempels wölben sich zehn Bögen, die, vermittelt durch ein Kranzgesims, eine gestelzte Kuppel tragen.

Die geistige Haltung derartiger

Nerobergtempel (Photo von 1965)

Bauten entstammt der Naturromantik des späten 18. Jh., welche in der Stimmungswelt landschaftlicher Szenerien Weltflucht und sentimentales Geschichtsbild intellektuell sublimierte.

1848 wurde die Stadt erstmals mit Gas versorgt. Die Kandelaberpostamente, die noch aus klassizistischer Zeit stammten und die Wilhelm- straße seit 1822/24 mit Licht versorgt hatten, wurden entbehrlich und deshalb zum Bau des Nerobergtempels verwendet.

54. Alter Friedhof
Platter Straße

Neben den zahlreichen archäologischen Funden römischer, alemannischer, fränkischer und einiger frühchristlicher Begräbnisstätten gilt der Kirchhof an der 1850 abgebrannten Mauritiuskirche (10) als der älteste, historisch belegte Wiesbadener Friedhof, der bis in das 16. Jh. genutzt worden ist.

Alter Friedhof, Hauptportal

Seit 1573 existierte ein Armenfriedhof an der Heidenmauer, der seit 1690 Begräbnisstätte für alle Bürger wurde.

1753 und 1770 erfolgten Erweiterungen bis zum Schulberg und 1832 seine Schließung.
Im gleichen Jahr wurde der Alte Friedhof „auf den Rödern" begründet, 1851 bis zur Platterstraße erweitert und von Baurat Richard Goerz (3, IV, Luisenplatz) mit einem Portal in romanisierenden Formen versehen.
1863 wurde der Totenhof an der Heidenmauer dem öffentlichen Verkehr übergeben. 1877 folgte die Anlage des Nordfriedhofes und 1908 wurde der Südfriedhof eröffnet.

Auf dem alten Friedhof haben viele bekannte Wiesbadener ihre letzte Ruhestätte gefunden. Herzogin-Witwe Pauline hat hier ein von Oberbaurat Carl Boos (2, 39) errichtetes Mausoleum, in dem sie, ihr Sohn Nicolas und seine Frau Natalie, eine Tochter des russischen Dichters Alexander Puschkin (1799–1837), beigesetzt wurden.

1976/77 hat die Stadt den Alten Friedhof in einen Freizeitpark umgewandelt und einige der schönsten Grabsteine nach der Restaurierung wieder aufgestellt.

Lit.: Herrmann, A., Gräber berühmter und im öffentlichen Leben bekanntgewordener Personen auf den Wiesbadener Friedhöfen, Wiesbaden 1928; Buschmann, H. G., Der Nordfriedhof von Wiesbaden und seine Vorgänger, Frankfurt 1991.

135

Jagdschloß Platte, um 1830. Lithographie von Th. Albert/Loeillot

55. Jagdschloß Platte
Platte

Die bewaldeten Anhöhen an den Taunushängen oberhalb Wiesbadens mit dem ungehinderten Blick in das Rheintal waren im 18. Jh. fürstliches Jagdrevier und bevorzugter Aufenthalt der Landesherren gewesen. Seitdem hatte dort ein Jagdhaus bestanden, sodaß der Bau einer größeren Anlage an diesem landschaftlich bevorzugten Ort begründet schien.

Das Jagdschloß Platte wurde 1823–1826 durch den Hofbaumeister Friedrich Ludwig Schrumpf (1765–1844) (36) im Auftrag von Herzog Wilhelm (1816–1839) errichtet. Der dreigeschossige kubische Bau steht in der Tradition der italienischen Renaissance-Architektur des 16. Jh., u. a. A. Palladios (1508–1580) und zeigt in Disposition und Gestaltung den Einfluß des französischen Frühklassizismus (18. Jh.).

Die vier einander identischen, symmetrisch gegliederten Fassaden mit gequadertem Sockelgeschoß und durch Pilaster betonten Kanten sind jeweils durch einen Risalit in klassischer Ordnung mit drei Achsen und ehemals flachem Giebeldreieck gegliedert, der sich talwärts zu einer ionischen Portikus-Loggia entwickelt.

Das Innere war von einem hohen Raumzylinder bestimmt, in dem eine zweiarmige Treppe die Geschosse miteinander verband.

Nach der Annektion des Herzogtums 1866 blieb das Jagdschloß bis zum Ableben Herzog Adolphs

(1817–1905) in dessen persönlichem Besitz.

1913 wurde das Anwesen Eigentum der Stadt, im Februar 1945 durch Brandbomben zerstört und stand bis zum Beginn der Restaurierung 1989 als Ruine.

Auguste Spielmann, Gattin des ehemaligen Stadtarchivars und Heimatforschers Dr. Christian Spielmann, gibt eine anschauliche Schilderung der Inneneinrichtung: „... Das quadratische weiße Schloß hat 54 Räume. Im Empfangssalon des Herzogs bestanden alle Möbel aus Hirschgeweih, die Polster der Stühle und Sofas aus Hirschleder. Große Ölgemälde waren in die Wand eingelassen. Sämtliche Einrichtungsgegenstände bezogen sich auf das Waidwerk und waren aus erlegten Tieren gefertigt.

Vom Empfangssalon aus gelangte man in einen Raum, der wie ein Luftschacht durch das ganze Gebäude ging und oben mit einer Glaskuppel abgeschlossen war. 107 Stufen führten zu einer Aussichtsplattform. ...“

Das herausragende und architektonisch besonders reizvolle Merkmal des kunsthistorisch wertvollen Gebäudes war die zentrale, von einer kassettierten Kuppel überwölbte Rotunde mit gegenläufig gewendelter, zweifacher Treppe, welche die von acht ionischen Säulen aus grauem Lahnmarmor umstandene obere Galerie an jeweils gegenüberliegenden Punkten erschloß.

Zur Rettung des für die Architek-

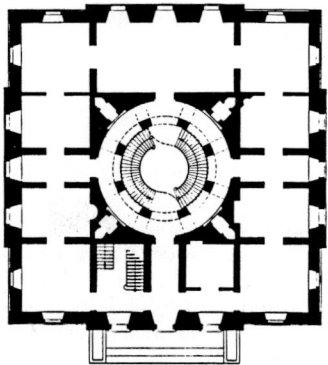

Jagdschloß Platte, Grundriss

turgeschichte im Herzogtum Nassau signifikanten Gebäudes wurde 1987 ein Förderverein gegründet, dessen Initiative die langfristige Restaurierung zu danken ist.

Heute steht das Jagdschloß als begehbare, durch bauliche Vorkehrungen gesicherte Ruine, deren Wiederaufbau beabsichtigt ist.

In den ehemaligen Stallungen befindet sich ein Gasthaus.

Lit.: Spielmann, A., Jagdschloß Platte, in: Nassovia 2/1901;
Fünfrock, G., Das Jagdschloß Platte bei Wiesbaden – eine archivalische Aufarbeitung, in: Kunst und Kultur am Mittelrhein. Festschrift für Fritz Arens, Worms 1982;
dies., Das Jagdschloß Platte..., in Wiesbadener Kurier 19/20.4.1988;
Bubner, B., Jagdschloß Platte; Ein Auftrag für die Zukunft, in:Wiesbaden International, 2/1988.

VIII Die Villengebiete (56–59)

Mit dem Bau des späteren Berliner Hofes 1824 am Ende der Wilhelmstraße und – wenige Jahre danach – dem Palais v. Hagen oberhalb der Sonnenberger Chaussee trat die Wohnbebauung des Klassizismus in Wiesbaden erstmals über die Begrenzung des damals in seinen Konturen schon sichtbaren „Historischen Fünfecks" (III) hinaus.

Bereits 1818 hatte Bauinspektor Christian Zais in seinem städtebaulichen Gutachten zur weiteren Ausgestaltung der Stadt (III) die Möglichkeit einer Bebauung östlich der Wilhelmstraße erörtert, die er sich nur villenartig und in der Haltung des Landeshauses v. Hagen vorstellen konnte.

Dieser kubische, durch beiderseitige Flügel in seiner pittoresken Wirkung gesteigerte Bau blieb für ein Vierteljahrhundert das vielfach bemühte architektonische Vorbild.

Palais des Herrn Obrist von Hagen

Palais Frh. v. Hagen, Stich von F. Wimmer 1827

Bedingt durch die wachsende Bautätigkeit nach 1840 wurde die Idee eines eigenen Landhausquartiers schließlich greifbare Realität und mit steigendem Anspruch verwirklicht.

Oberhalb der Sonnenberger Chaussee und anstelle des Landhauses v. Hagen entstand 1842–1845 das Palais der Herzogin Pauline – Gattin Wilhelms I und Stiefmutter Herzog Adolphs, – welches in der Eleganz seines französisch beeinflußten Klassizismus die künstlerische Wende zur stilistischen Exotik des „romantischen" Historismus vollzog.

Bis zu seiner Zerstörung 1945 zeigte dieses singuläre Bauwerk mit der anmutig-beherrschenden Geste seiner oktogonalen Pavillons und dazwischen gespannter Arkade das ambivalente Gesicht der Epoche.

Jenseits der Wilhelmstraße und an den umliegenden Hängen waren inzwischen weitere Landhäuser, so u. a. die Anwesen Hölterhoff, v. Erath, v. Rettberg und v. Nauendorff entstanden, denen am Kurpark und Hainerberg zahlreiche andere folgten.

Umgeben vom üppigen Wuchs exotischer Bäume und Gewächse bildete sich dort das vielgerühmte „grüne Viertel", welches, im kunstvollen Arrangement anmutiger Gebäude, Lauben und Wege, den Ruf der Wiesbadener Villen begründete und bis heute Vorstellung und Phantasie jeglicher Form abgehobenen, müßigen Daseins bestimmt. Die Entstehung der Villenviertel in

Sog. „Paulinenschlößchen", Wohnsitz der Herzoginwitwe Pauline, Stich von W.T. Lang um 1845

Wiesbaden und andersorts zu Beginn des 19. Jh. entsprang zunächst dem neuen Verständnis für Natur und Landschaft, welches, als Folge der naturromantischen Strömungen von Barock und Rokoko, nicht länger den großen Rahmen des herrschaftlichen Parks oder die Idylle des bürgerlichen Gartens, sondern die Nähe der Stadt als gestalteten Teil der Landschaft suchte.

Die räumliche Verquickung der Stadt mit den Elementen der Landschaft, wie sie in der Anlage von Parks, Promenaden und Villengürteln zum Ausdruck kam, wurde damit zum Zeichen des tiefgreifenden gesellschaftlichen Wandels auf dem Weg zu einer neuen bürgerlichen Kultur, die sich mit fortschreitender Liberalisierung des wirtschaftlichen und sozialen Lebens durch das

Landhaus und dessen Insignien gleichsam Privilegien des Adels verlieh. Das Leben im Weichbild der Städte wurde damit zur standesgemäßen Daseinsform Vermögender und vermögend gewordener Schichten.

Vorbild der Villa des 19. waren die italienischen Landsitze des 16. und 17. Jh., die maisons de plaisance des französischen Rokoko und die mansion houses und cottages des englischen Landadels, hinter deren Erscheinungsvielfalt die Villa der Antike als Urbild stand.

Das Villenideal des Klassizismus, romantisch-naiv noch durch die gesuchte Harmonie zur „natürlichen" Natur und idealistisch in der Reinheit seiner klassisch-griechischen und römisch-republikanischen For-

Panorama von Wiesbaden um 1850. Lithographie nach A. Ditzler

men, wich seit der Jahrhundertmitte dem Verlangen nach stärkerem künstlerischem Ausdruck in Architektur und Dekoration.

Neben einer phantasievollen und experimentellen Neugotik zeigte sich bald der biedermeierliche Spätklassizismus, der, wesentlich von Berliner Vorbildern beeinflußt, in seiner antikisierenden Noblesse der

Villa Beethovenstraße 14, ehem. Besitz Ed. Bartling, Geh. Kommerzienrat

elementaren Griechenlandsehnsucht und den zeitgenössischen Bildungsidealen gleichermaßen entsprach.

Die Annektion des Herzogtums Nassau durch Preußen 1866 beendete den Status Wiesbadens als Residenz und bedeutete für Kunst und Handwerk zugleich das Verblassen des von der Romantik beeinflußten Historismus.

Der wachsende preußische Einfluß machte sich wie auf allen Gebieten, so auch im Bauwesen nachhaltig bemerkbar.

Zwischen 1866 und 1871 war die Einwohnerzahl Wiesbadens von 26.000 auf 36.000 (d. h. um 40 %) gestiegen. Die politische Entwicklung nach dem Sieg über Frankreich, nach Reichsgründung und Kaiserproklamation brachte ungeahnte wirtschaftliche Impulse, welche, durch den neuen Bebauungsplan (VII) von 1871 sinnvoll gelenkt, sich in der geordneten Ausdehnung der Flächenbebauung ebenso wie im Bau zahlloser, teilweise opulenter Villen manifestierte.

Mit dem erfolgreichen Vordringen der italienischen Neorenaissance als adäquater architektonischer Richtung wurde zugleich das klassische, römisch-kaiserzeitliche oder renaissanceistische Interieur Sinnbild und Metapher für Reichsidee und imperiale Macht, durch die sich das ins Grandiose gesteigerte Selbstgefühl des emanzipierten Bürgers auch künstlerisch legitimierte (33, 34).

Der Bau des neuen Rathauses (4) seit 1884 zeigte erstmals die bald auch für das private Bauwesen vorbildliche deutsche Neorenaissance, die sich gemeinsam mit der wieder erwachten Neigung zur Gotik insbesondere an den nationalen Werten des altdeutschen Patriziates orientierte. Die „mittelalterlich" anmutende Wehr von Erkern, Zinnen und Türmen bedeutete damit gleichsam den Rückzug auf die gesicherten Positionen der eigenen, aufs neue verinnerlichten Geschichte.
Die stilistische Wende zum vorwiegend französischen Neubarock, die sich, ausgelöst durch den Bau des kgl. Hoftheaters 1892–94 (27, 28), nun in zahlreichen Villen des Nero-tals, der Sonnenberger Straße und der Biebricher Chaussee dokumentierte, wurde Höhepunkt und zugleich krönender Abschluß der künstlerischen Möglichkeiten und Ziele des Historismus.

Mit der Eroberung der Täler und landschaftlich bevorzugten Höhen um den Stadtkern durch die zusehends ausufernde „villeggiatura" nach 1900 verlagerten sich auch in den Villenquartieren ästhetischer Anspruch und baukünstlerisches Gewicht.

Der Beginn des 20. Jh. wurde zu einer Zeit einschneidender gesellschaftlicher und künstlerischer Brüche, die u. a. seit 1907 im Ethos des Deutschen Werkbundes zum Ausdruck kamen.
Die Abkehr von den Idealen eines durch Reformgeist und soziale Revolution überlebten Historismus hatte damit auch im Villenbau – seit je Domäne der zwischen Fortschritt und Konvention verharrenden und ökonomisch unabhängigen Schichten – neuen Vorstellungen zum Durchbruch verholfen, die sich

zunächst im sog. Art nouveau (Jugendstil) einer handwerklich erlesenen Gestaltungsästhetik bedienten (59) oder im volkstümlichen Heimatstil und im Neoklassizismus historisch überlieferte Bauformen und Traditionen neu zu interpretieren versuchten (46, 49, 51, 58, 67).

Erst das auf Funktionalität, Sachlichkeit und Klarheit gegründete Bauhaus löste sich nach 1920 mit seiner Maschinenästhetik aus den ideologischen Bindungen des Historismus.

Innerhalb seines reichen Bestandes an Bauten des 19. und frühen 20. Jh. zeigt Wiesbaden mit seinen Villen eine beträchtliche Anzahl entwicklungsgeschichtlich bedeutsamer Typen.

Lit.: Bubner, B., Wiesbaden - Baukunst und historische Entwicklung, Hrsg. Erich Haub-Zais-Stiftung für Denkmalpflege, Wiesbaden 1983
Russ. S., Denkmaltopographie BRD, Kulturdenkmäler in Hessen, Wiesbaden II - Die Villengebiete Hrsg. Landesamt für Denkmalpflege Hessen, Wiesbaden 1988.

56. Landhaus vor dem Tor
Emser Straße 12

Seit Mitte des 19. Jh. hatten sich Dotzheimer Straße, Emser Chaussee und das durch diese historischen Wege gerahmte Bleichwiesenviertel zu Baugebieten entwickelt. Der im Talgrund die Emser Chaussee begleitende Dendelbach war zu dieser Zeit noch von der Lohmühle, der Steiners- und Erkelsmühle besiedelt, die ebenso wie der Bachlauf aus der Topographie der Stadt verschwunden sind.

Bereits 1825 hatte Gastwirt Düringer an der Ecke Emser- und Platterstraße eine Gartenwirtschaft eröffnet. Auch das Anwesen Emser Straße 12 stammt aus der Zeit vor 1850 und war eines der ersten Bauten an der ehemaligen Chaussee.

Landhaus Emserstraße 12

Das dreigeschossige, schräg im Straßenraum stehende Gebäude zeigt in seiner Disposition die zwanglose Form der Besiedlung, die für diese frühe Zeit vielfach kennzeichnend ist.

Die fünfachsige, durch Fugenschnitt und Gurtung gestaltete Front besitzt auf den Seiten gekuppelte Fenster mit geschoßweise veränderter und in der Belétage reicherer Rahmung, die in ihrer Profilierung gleichfalls typisch für den nachbiedermeierlichen Klassizismus ist.

Der in antikisierender Weise gerahmte Mittelteil ist in drei Stufen gegliedert und über der vorgelagerten Veranda im Sockelgeschoß mit einer zierlichen Ionika, im Geschoß darüber mit Karyatiden in klassischer Ordnung versehen.

Der elegante, mit Gebälk und Palmettenfries endende Aufbau ist eine spätklassizistische Ergänzung, für welche das Entstehungsjahr 1873 nachweisbar ist.

Die Überwindung des strengen „römischen" Klassizismus war zu dieser Zeit längst vollzogen. Durch die archäologische Forschung bedingt, hatten im frühen 19. Jh. die historisch getreuen Formen der griechischen Klassik und des Hellenismus Einzug in die zeitgenössische Baukunst gehalten. Die Architektengeneration nach Karl Friedrich Schinkel (1781–1841) und Leo v. Klenze (1784–1864), u. a. Theophil Hansen (1813–1891) in Wien und Friedrich Hitzig (1811–1881) in Berlin hatten wesentlichen Anteil an der Entwicklung und Verbreitung des an diesen Vorbildern orientierten Spätklassizismus.

57. Konservatorium
Bodenstedtstraße 2

Das von Park- und Paulinenstraße umschlossene und unmittelbar an die Kuranlagen grenzende Gebiet – das historische „Grüne Viertel" – wurde seit 1840 bebaut und war neben dem Hang oberhalb der Sonnenberger Chaussee der Standort der ältesten, auf großen Grundstücken angesiedelten Villen. Bereits um die Jahrhundertwende waren durch wachsende Verdichtung wertvolle ältere Gebäude verschwunden. Weitere Villen wurden durch Krieg und Nachkriegszeit vernichtet.
Das Gebäude Bodenstedtstraße 2

Landhaus Bodenstedtstraße 2

wurde 1873/74 für den Rentier Otto Freytag als großbürgerliche Villa in edel proportionierten spätklassizistischen Formen errichtet und zeigt die letzte Steigerung des Stils.

Der in markanter, gartenumsäumter Ecklage stehende Bau ist in typischer Weise drei- bzw. fünfachsig gegliedert. Die flache Spundung der Fassaden mit dem eleganten Dekor der giebelbekrönten Rahmen (1. OG) und Gesimse wechselt über zu den Mittelrisaliten, die sich, jeweils unterschiedlich gestaltet, zum Park hin einachsig und zum Gartenterrain in drei Achsen durch Pilaster, Bögen und Reliefs reicher gliedern. Vorbauten an den Schauseiten in zeittypischen Formen mildern die achsiale Strenge und verbinden den Bau mit dem Garten.

Vorbilder für die Stilrichtung des eleganten Spätklassizismus, welche das Bild der Landhausquartiere seit 1860 wesentlich bestimmte, sind u.a. in der antikisierenden Formensprache der Berliner Baukunst der Schinkel-Schule zu finden (56).

Das Gebäude war lange Wohnsitz der Wiesbadener Familie Pagenstecher, die wegen ihrer Verdienste um die Augenheilkunde im 19. Jh. bedeutend ist.

1956 zog das Konservatorium ein, Wiesbadens ältestes und größtes musikpädagogisches Institut.

58. Söhnlein-Villa
Paulinenstraße 7

Seit 1840 hatte sich südlich des Kurhauses (23), am ehemaligen „Cursaalweg", der heutigen Paulinenstraße, das schon erwähnte „Grüne Viertel" als großzügiges Villengebiet (VIII, 57) entwickelt, das bereits um 1860 auf ganzer Länge der Paulinenstraße mit Landhäusern staatstragender Persönlichkeiten des Herzogtums besiedelt war.

Zwischen 1904 und 1907 wurde dort anstelle eines Anwesens von 1850 im Auftrag des Sektfabrikanten Söhnlein durch die Züricher Architekten Pfleghard und Haefli eine hochherrschaftliche Villa erstellt, die, den Wünschen der amerikanischen Gattin des Bauherrn entsprechend, am kolonialen Klassizismus Nordamerikas, u. a. dem „Weißen Haus" in Washington von J. Hoban 1792/1824 und dessen europäischen Vorbildern ausgerichtet war.

Der balusterbesetzte Kubus als Grundform des elegant profilierten, aus hellem Maintäler Sandstein gefügten Hauses hat seine Vorläufer u. a. im „styl grec" Ludwigs XVI. Auch der geschwungene Säulenvorbau, der sich als große ionische Ordnung zwischen den einachsigen Seitenteilen bildet, ist Erbstück des französischen Klassizismus, der durch Bauten wie das Petit Trianon in Versailles von A. J. Gabriel (1698–1782) zu höchster Vollendung geführt worden war.

Der Klassizismus als Kulturideal hatte sämtliche Stile unterschwellig

Villa Paulinenstraße 7, ehem. Besitz der Familie Söhnlein.

geprägt. Der Neoklassizismus, eine die Reformzeit um 1900 begleitende Strömung, wurde als eigenständige, vielfach abgewandelte Richtung zugleich Wegbereiter der Moderne.

Das übernational gesonnene Großbürgertum der späten Kaiserzeit hatte in dieser imperialen Architektur eine künstlerische Entsprechung gefunden und griff deshalb auf deren Interpretation durch den Neoklassizismus zurück.

Die ausgewogene und kultivierte Gestaltung des Äußeren steigerte sich in der bequemen und weitläufigen Disposition des Inneren zu feudaler Opulenz, die sich – noch deutlich erkennbar – an den französischen Interieurs des 18. Jh. orientierte.

Das Haus wird zur Zeit von den US-Stationierungskräften genutzt.

Lit.: Sattler, S., Die Söhnlein-Villa, in: Neues Bauen in Wiesbaden 1900–1914, Hrsg. Landeshauptstadt Wiesbaden/Jesberg, P., Wiesbaden 1984.

59. Weißes Haus
Bingertstraße 8

Als Reaktion auf den formal und inhaltlich entwerteten Historismus waren schon um die Mitte des 19. Jh., von England ausgehend, Bestre-

bungen einer Renaissance der Künste durch das Handwerk hervorgetreten.

Die Arts and Crafts-Bewegung auf der Grundlage der Kunsttheorien von William Morris (1834–1896) und John Ruskin (1819–1900) seit

Sog. „Weißes Haus", Bingertstr. 10

1888, Art Nouveau 1890–1910, Werkbund seit 1907 u. a. waren Versuche, dem Reformwillen der Epoche eine ästhetische, vorwiegend kunsthandwerklich orientierte Gestalt zu geben.

1901 zeigte sich der deutsche Jugendstil in einer umfassenden Ausstellung auf der Mathildenhöhe/ Darmstadt zum ersten Mal in größerem Rahmen. Das deutlich die französisch-belgischen Ursprünge des Stils (Art Nouveau, Henry van de Velde 1863–1957) reflektierende „Weiße Haus" wurde 1902 erstellt und gehört zu seinen ersten bahnbrechenden Bauten. Architekt war der vielseitig interessierte und später in Berlin auch als Sammler und kritischer Geist wirksame Josef Beitscher (1862–1929), der das Gebäude für seine Familie errichten ließ. Unter dem Einfluß der Wiener Architekten und Lehrer Karl v. Hasenauer (1833–1894) und Otto Wagner (1841–1918) vollzog er mit diesem Bau den Wechsel vom eklektischen Historismus seiner ersten Entwürfe. Seine Gestaltung tradierte bezüglich der Gliederung des Baukörpers und der Anordnung der Achsen noch herkömmliche Normen, welche, um die Starrheit der Körper und Konturen aufzulösen, durch lineare pflanzliche Motive bewegt und bereichert wurden.

Der späte Jugendstil bevorzugte meist den Putzbau mit einer Fülle von handwerklichen Techniken und freien Schmuckformen.
Das „Weiße Haus" ist zweischichtig mit einer äußeren Schale aus hellem französischem Kalkstein errichtet. Die reichen Schmuckformen und Gliederungen halten sich noch an historische Vorbilder, entwickeln jedoch in dem flächendeckenden Dekor der Südseite zum Garten hin artifizielle „organische" Motive. In den Öffnungen der Eingangslaube und des Wintergartens zeigen sich endgültige Formen des Stils.

Von besonderem künstlerischem Interesse ist die dekorative Ausstattung im Inneren des Gebäudes wie geschnitztes Holzwerk, Türbeschläge, Stuckdecken und Friese.
Der Garten enthält eine Reihe bildhauerischer Arbeiten, die den symbolistischen Zug des Stils verdeutlichen.
Heute wird das Gebäude wieder als Wohnhaus genutzt.

Lit.: Thiersch, St., Das „Weiße Haus" in Wiesbaden und sein Baumeister Josef Beitscher, Nass. Annalen 89/1978.

IX Wiesbaden und seine Region (60–111)

Wiesbaden ist von einem Kranz bäuerlich geprägter Ortschaften umringt, welche mit ihren teilweise bemerkenswerten dörflichen Baustrukturen, eingebettet in landschaftlich reizvoller Umgebung, das architektonische Bild der Stadt harmonisch ergänzen.

Sowohl im Stadtgebiet als auch im Umland verweisen zahllose Funde aus der Hallstadt- und Latènezeit (800–150 v. Chr.) auf eine ausgedehnte vor- und frühgeschichtliche Siedlungstätigkeit, deren Beginn um 4000 v. Chr. (jüngere Steinzeit) anzusetzen ist. Neueste Forschungen haben in der Gegend von Igstadt ca. 22.000 Jahre alte Siedlungsspuren zu Tage gefördert.

Von einer kontinuierlichen Besiedelung ist allerdings erst unter römischer Herrschaft zu sprechen. Die durch dauernde Grenzfehden und Einfälle germanischer Stämme gekennzeichnete römische Zeit Wiesbadens und der gesamten grenznahen Region ist in zahlreichen Funden sowie den Berichten römischer Schriftsteller dokumentiert, welche zwischen 10 v. Chr. und 400 n. Chr. eine konzentrierte und dichte Kolonisation des Stammlandes der Mattiaker von Mainz (Moguntiacum) aus belegen. Für nähere Auskünfte hierüber sei auf das Römisch-Germanische Zentralmuseum in Mainz und das Museum in Wiesbaden verwiesen.

Nach dem Sieg der Merowinger unter Chlodwig (482–511) über die Römer 486 n. Chr. bei Soissons/Frankreich begann mit der fränkischen Besiedlung des Rhein-Main-Gebietes eine Zeit friedlicher Konsolidierung, welche die Grundlage der heutigen Siedlungsstruktur legte und die Entstehungsursache vieler Ortschaften ist.

Große Teile der heutigen Gemarkung Wiesbadens wurden in fränkisch-karolingischer Zeit Teil des zwischen Walluf und Kriftel gelegenen, seit 819 beurkundeten „Kuningessuntera", des Königssondergaues und damit reichsunmittelbar. Die Krondomäne besaß eine eigene Gerichtsbarkeit, welche in der Flurbezeichnung „Am Königsstuhl" u. U. noch erhalten ist, während die Gerichtsstätte der Gaugrafen beim Hofgut Mechtildshausen lag. Neben Ackerbau und Viehzucht entwickelte sich in dem fruchtbaren und durch ein mildes Klima begünstigten Gebiet der Weinbau, welcher auf römischen Traditionen fußend, seit dem 11. Jh. beurkundet ist.

Die nachfolgenden Jahrhunderte waren gekennzeichnet durch die schwierigen politischen Verhältnisse, die sich aus der Lage des Gebietes in der Einflußsphäre der Kurfürsten und Bischöfe von Mainz als den politisch gestaltenden Kräften des Zeitalters und der Region, der Grafen von Nassau, der Herren von Eppstein – diese seit 1124 durch Erbgang in besonderer Beziehung zum Mainzer Stuhl – und des deutschen Kaisers ergaben. Friedrich I. Barbarossa (1152–1190) zu Ehren erlebte die Maaraue bei Kostheim damals das größte Fest des mittelalterlichen Europa.

Im 13. Jh. gewannen die Grafen von Nassau zunehmend Einfluß auf Wiesbaden und seine Umgebung, welche seit 1123 Reichslehen war. Die kurze Herrschaft Graf Adolfs von Nassau (1277–1298) als König der Deutschen verwehrte allerdings die Bildung einer eigenen Hausmacht, um damit ein territoriales Gegengewicht zum Erzbistum Mainz zu bilden. Die Klostergründung in Klarenthal 1298 (80) zielte in diese Richtung.

In der zweiten Hälfte des 14. und im beginnenden 15. Jh. ist ein starkes Anwachsen von geistlichem Besitz und Einfluß zu verzeichnen; die Grafen von Nassau erhielten in diesem Zeitraum die als Reichslehen unter ihrer Obhut stehenden Teile des Landes in eigene Zuständigkeit, was zu umfangreichen Geld- und Pfandgeschäften führte, in deren Verlauf Wiesbaden selbst und andere Ortschaften wie Schierstein, Naurod und Erbenheim in andere Hände, zeitweise auch in den Besitz des Erzbistums Mainz übergingen.

Zu Beginn des 15. Jh. verschärften sich zudem die territorialen Auseinandersetzungen zwischen Adolf II von Nassau (1393–1426) und den Grafen von Eppstein und führten u. a. zur Anlage von Befestigungswerken in Dörfern wie Bierstadt (91),

Erbenheim (92–95), Medenbach und Breckenheim. Erneute Verpfändung von Wiesbaden, Biebrich, Erbenheim und Schierstein und schließlich die weitgehende Verwüstung des Landes begleiteten die Kämpfe um die territoriale Vormacht bis in das 16. Jh.

Der Beginn der neuen Epoche war gekennzeichnet durch die Bauernaufstände und deren politischen Folgen, welche die Region 1525 erneut in große Bedrängnis brachten. Erst die Reformation, die seit 1543 in den unter nassauischer Herrschaft stehenden Landesteilen eingeführt wurde, brachte zumindest bis zum Ausbruch des 30jährigen Krieges eine allgemeine Befriedung der Glaubenskonflikte, die eine kurze Blüte des Landes bewirkte.

Die Zeit des 30jährigen Krieges 1618–1648 wurde ein für die zukünftige politische und soziale Ordnung des Reiches grundlegend veränderndes Ereignis, welches mit zahlreichen Besetzungen, Einquartierungen, Plünderungen und schließlich der weitgehenden Zerstörung und Entvölkerung des Landes und seiner gesellschaftlichen Struktur verbunden war.

Insbesondere seit 1635 gerieten die nassauischen Territorien durch die dauernd wechselnden Fronten zwischen den Truppen der Kaiserlichen, der Schweden, der protestantischen Union und der katholischen Liga erneut, diesmal für zehn Jahre unter die Herrschaft des Mainzer

Stuhls, der machtlos war gegen die endgültige Verwüstung des Landes durch französische Truppen.

Die erneute Ausbeutung der geschundenen Region im Zusammenhang mit den Eroberungskriegen Ludwigs XIV. seit 1673 begleitete zunächst auch die Regentschaft Georg August Samuels (1677–1721). Dieser, 1688 aufgrund alter, 1366 an die nassauischen Grafen verliehenen Rechte in den Fürstenstand erhoben, führte eine kluge und weitsichtige Politik der Erneuerung, welche die Grundlagen für das Wohlergehen des Landes im 18. Jh. schuf.

Seit 1690 widmete sich Georg August Samuel verstärkt der wirtschaftlichen Konsolidierung und baulichen Neuordnung seiner Herrschaft, die sich u. a. im Ausbau Wiesbadens (I) und der umliegenden Ortschaften kundtat. Eine beträchtliche Anzahl von Baudenkmälern, Kirchen ebenso wie Pfarrhäusern und bäuerlichen Anwesen ist dort in dieser Zeit entstanden. Die schrittweise Erweiterung des Biebricher Schlosses (60) seit 1701 zeigt Tatkraft und geistige Spannweite dieser für das Fürstentum Nassau bedeutenden Herrscherpersönlichkeit des Absolutismus.

Nach dem Tod Georg August Samuels 1721 ging die Erbfolge für sieben Jahre an die Saarbrücker Linie des nassauischen Hauses, danach an die Fürsten von Nassau-Usingen und brachte damit eine wesentliche Vergrößerung des Herrschaftsgebietes.

Die Verlegung der Residenz von Usingen nach Biebrich 1744 begründete für Wiesbaden und seine Region eine Zeit weiteren Aufstieges auf allen Gebieten, welche ein Verdienst der realitätsnahen Politik der Fürsten Karl (1728–1775), Karl Wilhelm (1775–1803) und ihrer herzoglichen Nachfolger Friedrich August (1803–1816), Wilhelm I (1816–1839) und Adolph (1839–1866) ist.

Die Anlehnung Nassaus an Kaiser Napoleon im Rheinbund 1806 ebenso wie der Beitritt zum preußisch dominierten Zollverein 1836 waren Kennzeichen dieser auf Wahrung der Besitzstände und Einflußsphären ausgerichteten Diplomatie. Das durch die Beschlüsse der Reichsdeputation 1803 vergrößerte Nassau, seit 1806 im Zusammenschluß der Fürstentümer Nassau-Usingen und Nassau-Weilburg zum Herzogtum aufgestiegen, erlebte mit dem Ende Napoleons erneut eine Gefährdung seiner Existenz, die schließlich in der Annektion durch das Königreich Preußen 1866 zum Verlust der Eigenstaatlichkeit führte.

In diesem Zeitraum vollzog sich zugleich die Hinwendung zum Territorialstaat neuzeitlicher Prägung, die das Land an den gewandelten gesellschaftlichen und ökonomischen Bedingungen der kommenden bürgerlich-liberalen Epoche teilhaben ließ. Die Aufhebung der

149

Leibeigenschaft 1808, die 1814 geschaffene Verfassung und das Schulgesetz von 1817 waren beispielhafte Fortschritte in dieser Richtung.

Der Aufstieg Wiesbadens zum Weltbad beförderte mit der wachsenden Internationalität auch im Umland die wirtschaftliche und kulturelle Entwicklung, deren Ergebnis u.a. die Urbanisierung stadtnaher Gemeinden wie Biebrich, Bierstadt, Dotzheim, Schierstein und Sonnenberg/Rambach schon im 19. Jh. ist.

Die Eingemeindungen seit 1926 führten die ehemals selbständigen vierzehn Ortschaften unter die Verwaltungshoheit Wiesbadens.

Im Jahre 1977 wurden auch die im Osten Wiesbadens gelegenen Gemeinden Delkenheim, Breckenheim, Nordenstadt, Medenbach, Auringen und Naurod Wiesbaden unterstellt. Das „Ländchen", in dem die vier erstgenannten Orte liegen, ist ein in sich geschlossenes Gebiet großer Fruchtbarkeit und war im Mittelalter nördlich von nassauischer und im Süden von kurmainzischer Herrschaft umgeben. Die Region wurde zwischen 1180 und 1190 als Teil des Landgerichts Mechtildshausen Lehen der Grafen von Eppstein, fiel 1492 durch Kauf an den Landgraf von Hessen und wandte sich unter Philipp dem Großmütigen frühzeitig dem Protestantismus zu. Der 30jährige Krieg brachte auch für diesen Landstrich schwere Verwüstungen, von denen er sich erst im 18. Jh. erholte. 1803 fiel das „Ländchen" nach dem Beschluß der Reichsdeputation an das Haus Nassau-Usingen und hat sich bis heute seine ländlichen Reize bewahrt.

Lit.: Müller-Werth, H.; Geschichte und Kommunalpolitik der Stadt Wiesbaden, 1963 u. a.

Biebrich

Um 874 n. Chr. wurde in den Jahrbüchern des Klosters Fulda erstmals eine „Villa Biburg" erwähnt, die in ottonischer Zeit (991) an das Benediktinerkloster Selz im Elsaß, 1267/1287 mit Mosbach in den Besitz von Kloster Eberbach und im 14. Jh. an den Grafen von Nassau überging.

Als Kern von Biebrich ist demnach ein befestigter Herrensitz, eine Turmburg (I) o. ä. in Verbindung mit einem Königshof anzunehmen, da der Königssondergau Krondomäne war.

Biebrich und Mosbach („praedium moscebach") bildeten ursprünglich eine Doppelgemeinde. Biebrich war zunächst ein Ort der ärmeren Fischer und Schiffer (Elisabethenstraße), während das wohlhabendere Mosbach mit der Pfarrkirche über ein eigenes Gotteshaus verfügte.

Im ausgehenden Mittelalter hatte auch Biebrich mit dem Weinbau schließlich Größe und Wohlstand erlangt. Das verheerende Ende des 30-jährigen Krieges brachte jedoch einen völligen Zusammenbruch des wirtschaftlichen Lebens, von dem sich der Ort erst im 18. Jh. erholte.

Durch die Anlage von Schloß und Garten unter Fürst Georg August Samuel von Nassau (1677–1721) seit 1701 sowie die Industrialisierung im frühen 19. Jh. gewann der Ort, seit 1744 fürstliche und 1816 herzogliche Residenz, einen zunehmend urbanen Charakter, der ihn auch städtebaulich abwechslungsreich prägt.

1891 – für die wirtschaftliche Bedeutung Biebrichs verspätet – wurde das Stadtrecht verliehen. Die Eingemeindung nach Wiesbaden erfolgte 1926. Heute ist Biebrich der bedeutendste Vorort von Wiesbaden.

Lit.: Fink, O., Biebrich am Rhein, Hrsg. Verschönerungs- und Verkehrsverein, Wiesbaden-Biebrich 1970; Biebrich am Rhein 874–1974, Chronik, Hrsg. Faber, R., Wiesbaden 1974.

60. Schloß Biebrich
Rheingaustraße

Das Schloß in Biebrich gehört zu den bedeutendsten Barockbauten am Mittelrhein und war von 1744–1866 Residenz der Fürsten und späteren Herzöge von Nassau. Obwohl in Baumasse und Gliederung einheitlich wirkend, entstand das Schloß in mehreren Bauabschnitten unter verschiedenen Fürsten und Architekten. 1964 wurde mit der Instandsetzung begonnen, die 1985 abgeschlossen wurde. Heute befinden sich hier die Räume des Landesamtes für Denkmalpflege und des Hessischen Ministers für Bundesangelegenheiten. Eine umfassende Nutzung durch die Hessische Landesregierung wird geplant.

Der Schloßbau hat eine eigene umfangreiche Geschichte:

Schloß Biebrich, Ostpavillon

1701–1702 wurde von Johann Weid ein Gartenhaus im Auftrag des Fürsten Georg August Samuel (1677–1721) von Nassau für kurze Sommeraufenthalte errichtet.

Schloß Biebrich, Stahlstich von E. Grünewald, Mitte 19. Jh.

1702 baute Julius Ludwig Rothweil (1680–1772) mit örtlicher Leitung von Johann Jakob Bager (6, 62, 111) das Gartenhaus zum heutigen Westpavillon aus.

1703–1708 wurde der Bau des östlichen, rheinaufwärts gelegenen Pavillons als Gegenstück zum Westpavillon durch Friedrich Sonnemann vollendet.

Beide Pavillons waren an der Rheinseite drei-, an der Gartenseite zweigeschossig und mit Mansarddächern, dreiachsigen übergiebelten Mittelrisaliten, gequaderten Eckvorlagen und Stuckgehängen als Fensterbekrönung gestaltet. Im Erdgeschoß des Ostpavillons befand sich ein Raum mit Stukkaturen des bekannten Carlo Maria Pozzi (1710/11).

Die Anordnung weiterer, nach rückwärts enger gestaffelter Pavillons, dem Vorbild des einstigen Schlosses Favorite bei Mainz entsprechend, ist im damaligen Stadium der Planung zu vermuten.

1707 plante Georg August Samuel, seine Residenz nach Biebrich zu verlegen. Maximilian von Welsch (1671–1745), bedeutender Baumeister des Barock, Festungsingenieur und in Diensten von Kurfürst Lothar Franz von Schönborn (1695–1729), wurde mit der weiteren Ausführung beauftragt und legte eine – gegenüber der mutmaßlich geplanten Pavillonanlage –

Schloß Biebrich, Grundriss nach F. Luthmer

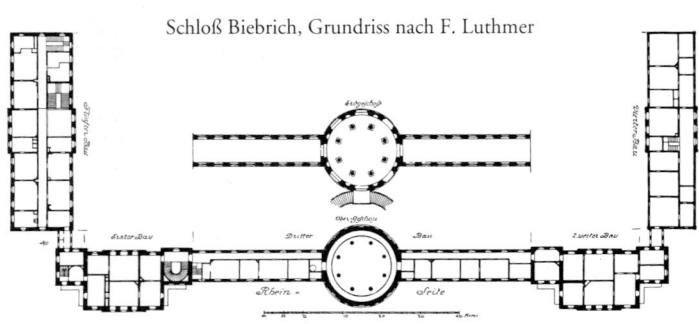

geänderte Konzeption mit niedrigeren Galeriebauten und mittlerer Rotunde vor.

1710 wurden die Vorarbeiten zur Verbindung der beiden Pavillons durch einen niedrigen Trakt mit beherrschendem Mittelbau begonnen und 1713 die verbindenden Galerien, ursprünglich eingeschossig zum Gartenparterre und zweigeschossig zum Rhein hin, errichtet. Ihre Erhöhung um ein weiteres Geschoß auf Weisung des Fürsten 1719/1720 störte empfindlich die von Welsch geplanten Proportionen.

1710–1718 wurde die große Rotunde geschaffen und wie die Galerien rheinseitig mit gequadertem Sockelgeschoß, darüber rundbogigen Fenstertüren und Okuli zwischen hohen Doppelpilastern, umlaufendem Gebälk und hoher figurenbekrönter Attika versehen, welche als singuläre Raumkonzeption das geistvolle und schöpferische Ergebnis der Auseinandersetzung mit der Antike und den antikisierenden Tendenzen der Barockzeit ist.

1718 begann der Ausbau der Rotunde. Die Ausstattung der Jahre 1718–1721 zeigt am Hauptgewölbe der Schloßkapelle im Sockelgeschoß Stukkaturen von Carlo Maria Pozzi, darüber den baukünstlerisch bedeutenden Festsaal mit großer Kuppel auf acht Marmorsäulen korinthischer Ordnung, sowie das in letzter Zeit von seiner klassizistischen Übermalung befreite barocke Kuppelfresko – Götterversammlung des Olymp 1719 von Luca Antonio Colomba – und an den

Schloß Biebrich, Mittelrotunde

schmalen Tonnengewölben über den umlaufenden Emporen wiederum Stukkaturen von Pozzi (1719).

Die rheinseitige zweiarmige Freitreppe stammt aus dem Jahre 1824 und wurde zu Ehren Zar Alexanders errichtet.

1734–1737 wurde durch Friedrich Joachim Stengel (1691–1784), Baudirektor in Nassau-Saarbrückischen Diensten, östlich ein eingeschossiger, 1854 um ein Stockwerk

Schloß Biebrich, Rotunde, Innenansicht

erhöhter Querflügel mit Marstall und Kavalierswohnungen im Obergeschoß angefügt, der im Zweiten Weltkrieg zerstört wurde. Sein Wiederaufbau erfolgte 1981/1984, wodurch das Erscheinungsbild des Schlosses vervollständigt ist.

1740–1744 entstand als westliches Gegenstück der reicher gestaltete „Winterbau". Das Schloß erhielt jetzt eine Hufeisen-Form, die, obwohl in unorthodoxer Weise zum Gartenparterre gerichtet, den Baugedanken des Cour d'honneur anklingen ließ. Der „Winterbau" ist zum Garten hin zweigeschossig, mit Mansarddach, beiderseitigem Mittelrisalit und nach französischen Vorbildern, u. a. Jaques-François Blondels (1705–1774), gegliedert. Die Balkongitter (1734) stammen von Johann Schwendler. Das schmiedeeiserne Geländer im Trep-

penhaus wurde von Leonhard Vay, die Stuckarbeiten von Johann Jacob Reissner und Simon Feytner geschaffen.

Unter Fürst Karl (1728–1775) wurde Biebrich Residenz. Der Schloßbau selbst und die Präsenz bedeutender Persönlichkeiten sowie die politische Gegenwärtigkeit des fürstlichen Hauses strahlten nun auch künstlerisch in die Umgebung (62, 69, 81)

Lit.: Einsingbach, W., Das Biebricher Schloß – Vom Gartenhaus zur Residenz, in: Biebrich am Rhein 874–1974, Chronik, Hrsg. Faber, R., Wiesbaden 1974; Dittscheid, H.-Chr., Schneider, R., Ein Pantheon am Rhein, in: Kunst und Kultur am Mittelrhein. Festschrift für Fritz Arens, Worms 1982; Kiesow, G., Schloß Biebrich am Rhein, Wiesbaden 1993.

Schloßpark

Mit dem Schloßbau wuchs auch der sich nördlich erstreckende Park. Der Schloßgarten, zunächst eine Anlage nach französischem Vorbild, wurde erstmals seit 1708 von Maximilian von Welsch als architektonisch strenger Barockgarten angelegt. Die Orangerie, 1714 in der Achse der Rotunde als nach Süden geöffneter Halbkreis begonnen, wurde dagegen niemals fertiggestellt. Grundstückskäufe 1721 und 1772 vergrößerten den Garten zwar erheblich, doch durch die unregelmäßige Bautätigkeit verwilderte die

Anlage zusehends, sodaß dauernde Neupflanzungen notwendig wurden. Dieser Zeit entstammt die ehemals vierreihige „dicke Allee".

1804 erwarb Friedrich August (1803–1816) die Ruine der Mosburg, wodurch sich das Parkareal bis zum Dorf Mosbach erweiterte.

Nach dem Umbau des alten Burgmannensitzes 1805–1812 im Geist der Romantik wurde Ludwig von Sckell (1750–1823), damals Gartenintendant am Münchner Hof und renommierter Schöpfer zahlreicher naturnaher Gärten, u. a.

in Schwetzingen, Aschaffenburg, Nymphenburg und München, 1817 mit der Umwandlung des Barockgartens in einen Landschaftsgarten nach englischem Vorbild beauftragt.

1846 wurde der Schloßpark durch den herzoglichen Hofgartendirektor Carl Friedrich Thelemann (1811–1889) erneut umgestaltet.

Dieser Zeit entstammen die berühmten Gewächshäuser von 1848, welche mit wertvollen exotischen Gewächsen versehen, nach der Abdankung Adolphs 1866 von der Stadt Frankfurt aufgekauft wurden und Grundstock des heutigen Palmengartens sind.

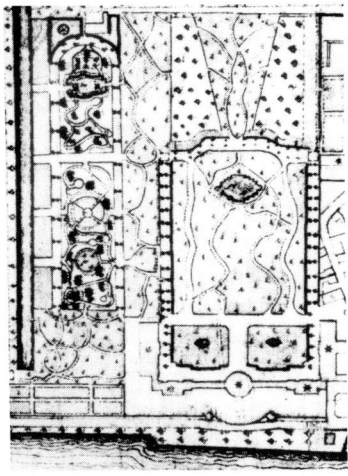

Schloß Biebrich und Schloßpark, Plan nach C.F. Goetz

Mosburg

Seit 874 ist die Existenz eines königlichen Gutes als Siedlungskern von Biebrich erwiesen, welches wahrscheinlich in Beziehung zu einer befestigten Anlage – u. U. der späteren Mosburg – zu setzen ist. Diese 1462 erstmals beurkundete Burg, 1611 als mit Wassergräben umgebene Ruine beschrieben, war nach wechselvoller Geschichte bis 1647 in nassauischem Besitz.

1804 wurde das verwahrloste Anwesen der Mosburg durch Fürst Friedrich August erworben.

In den Jahren 1805/06 richtete Carl Florian Goetz (1763–1829) (IV),

herzoglich-nassauischer Hofbaudirektor, auf den noch sichtbaren mittelalterlichen Mauern eine künstliche Ruine im Geist der naturromantischen Strömungen der Epoche als Wohnburg, Refugium und Ort höfischer Geselligkeit ein. Das Burginnere war im Stil der eleganten Salongotik gehalten und kostbar

Mosburg, Lithographie nach W. Bogler 1854 (E. Cicéri)

155

mit Holzvertäfelungen und Vergoldungen versehen.

Als Vorbild derartiger, für die Romantik zeittypischer Staffagen und Parkarchitekturen sind u. a. die Anlagen bei Laxenburg, welche dem Fürsten von seinen Aufenthalten in Wien her bekannt waren, oder die Löwenburg in Kassel-Wilhelmshöhe zu nennen.

Um 1850 wurde die Mosburg zum Bildhauer-Atelier für Professor Emil Alexander Hopfgarten (1821–1856), der, nach seiner Ausbildung in Rom bei dem Künstler Johann Martin Wagner (1777–1858) und Verpflichtung an den herzoglichen Hof, hier u. a. den Sarkophag für die erste Gemahlin Herzog Adolphs, Elisabeth, geschaffen hat. (2, 52)

Im Zweiten Weltkrieg wurde die Mosburg zerstört. Heute ist sie Ruine.

Lit.: Kleineberg, G., „Mosburg und Caserne" Romantik und Klassizismus im Werk von Carl Florian Goetz (1763–1829) Wiesbadener Leben 7/1979.

61. Altes Pfarrhaus
Am Schloßpark 129

Die Straße „Am Schloßpark" (ehemals Wiesbadener Straße) ist die alte Verbindung von Mosbach nach Biebrich. An der zunächst unbebauten Strecke wurden seit 1744 Häuser für die Kavaliere, Beamten und Bedienstete der noch jungen Hofhaltung erstellt. Hier finden sich neben älteren Bauten des 18. Jh. noch geschlossene Partien klassizistischer und nachklassizistischer Architektur.

Das giebelständige Barockhaus Am Schloßpark 129, ein Fachwerkbau mit Walmdach und balustergeschmückter Holztreppe, wurde 1696 von Abt Albericus (Albrecht Kraus) von Kloster Eberbach errichtet.

1560 war der alte Ort Mosbach und

Altes Pfarrhaus, Wappenstein von Abt Albericus von Eberbach

damit seine Pfarre als letzte nassauische Gemeinde protestantisch geworden. Deshalb ist zu vermuten, daß Kloster Eberbach, welches das Recht des Zehnten bis zur Säkularisierung 1803 besaß, dem protestantischen Pfarrer zur Wahrung der eigenen Rechte dieses Haus erbaute.

Hier ist der bedeutende Philosoph Wilhelm Dilthey (1833–1911), Begründer einer wissenschaftlichen Lebensphilosophie auf erkenntnistheoretischer Basis, aufgewachsen. Von hier aus legte er täglich den Weg zum Pädagogium (37) in Wiesbaden zurück, das er 1847 bis 1852 besuchte.

62. Ev. Pfarrkirche
Am Schloßpark 96

Die Hauptkirche, als ehemalige Mosbacher Kirche ältester Sakralbau Biebrichs, stammt aus dem frühen 16. Jh. und steht über einem Vorgängerbau aus der Zeit des Frühmittelalters, der 1066 erstmals erwähnt ist.
Ältester Bauteil der jetzigen Kirche ist, außer der Südmauer, der in spätgotischer Zeit errichtete viereckige Westturm mit vier Wichhäusern und hohem Spitzhelm über vier verschieferten Giebeln.

1710–16 baute Johann Jacob Bager, zu dieser Zeit bei Maximilian von Welsch mit dem Schloßbau (60) beschäftigt, unter Verwendung der alten Südmauer das Kirchenschiff zum Saalbau mit Rechteckchor und Eckquaderung um. Dabei wurden die Tonnendecke und der Chorbogen mit kräftigen Gesimsen sowie eine dreiseitig umlaufende zweigeschossige Empore eingezogen.
Turm und Kirchenschiff haben seitdem unterschiedliche Achsen.
Im 18. Jh. war die Biebricher Pfarrkirche Hofkirche.

Pfarrkirche von Biebrich

Auf dem Kanzelaltar befindet sich ein Gemälde des Abendmahls (19. Jh.); die beiden Reliefs im Kirchenschiff sind spätgotisch. Durch umfangreiche Restaurierungen des Inneren, insbesondere im Bereich der Emporen und des Altars, wurde der

157

farbige Raumeindruck des 18. Jh. wiedergewonnen.

Lit.: Ecclesia in Mussebach 1085–1985, Wiesbaden-Biebrich 1985.

63. Wagner-Villa
Rheingaustraße 137

Der Komponist Richard Wagner (1813–1883) bewohnte vom 12. Februar bis 12. November 1862 in diesem, zwei Jahre zuvor von Architekt Frickhöffer erbauten Haus die beiden Balkonzimmer mit Blick auf den Rhein. Er hatte mit dem Mainzer Musikverlag B. Schott einen Vertrag abgeschlossen, der ihm durch Zahlungen auf vollendete Teilpartituren der „Meistersinger" den Lebensunterhalt sichern sollte. Wagner beendete hier, in der ihm angenehmen Umgebung, lediglich das Vorspiel zu seinem Werk.

Villa Rheingaustraße 137

Wie die Anekdote erzählt, wurde er vom Hund des Vermieters Frickhöffer in die Hand gebissen und war nach dieser Verletzung lange Zeit nicht in der Lage, zu komponieren. Dadurch stockten die Zahlungen des Verlegers und er kam in Mietrückstand. Sein Vermieter kündigte ihm das Mietverhältnis zum Frühjahr 1863. Ein Gesuch, wie seinerzeit Bildhauer Hopfgarten (52, 60), die Mosburg als Wohn- und Arbeitsstätte zu nutzen, wurde von Herzog Adolph abschlägig beschieden. Wagner verließ Biebrich deshalb noch im Herbst 1862.

1867 wurde das Haus an den türkischen Gesandten am preußischen Hof, Aristarchi Bey, veräußert und 1889 Dyckerhoff'scher Besitz.

64. Villa Beck
Rheingaustraße 138

Der Wagner-Villa (63) gegenüber liegt ein weiteres, erwähnenswertes Gebäude:
In diesem 1872 von Architekt Wilhelm Bogler (1825–1906) (19, 34) geschaffenen, ehemals spätklassizistischen Bau wohnten der Wissenschaftler und Unternehmer Professor Ludwig Beck und seine Söhne.

Villa Rheingaustraße 138

Ludwig Beck sen., 1841 in Darmstadt geboren, war Hüttenfachmann. Er schrieb ein fünfbändiges Werk über die „Geschichte des Eisens in technischer und kulturgeschichtlicher Beziehung" (1884/ 1903).
1869 übernahm er die „Nassauische Rheinhüttengesellschaft" in Biebrich. Als Industrieller hat er Bedeutendes für die Allgemeinheit geleistet, wie z.B. die Gründung des Biebricher Krankenhauses, des heutigen städtischen Alten- und Pflegeheims. 1915 wurde er Ehrenbürger von Biebrich.

1926 wurde das Wohnhaus durch den Architekten Henrici verändert.

Einer seiner Söhne, Generaloberst Ludwig Beck (1880–1944), war bis zu seinem Rücktritt aus Gewissensgründen 1938 Chef des Generalstabes des Heeres. Er wurde zum geistigen Führer und Ratgeber der Opposition innerhalb des Generalstabes gegen Hitler. Am 20. Juli 1944 nahm er sich im Zusammenhang mit dem Attentat gegen Hitler das Leben.

65. Rathaus Biebrich
Rathausstraße 63

Seit 1702 Sommersitz von Georg August Samuel und 1744 unter Fürst Karl zur Residenz erhoben, hatte Biebrich im Gegensatz zu unbedeutenderen nassauischen Gemeinden nie Stadtprivilegien besessen.
Mit dem Bau des Rathauses wollte

sich der Ort deshalb die Stadtrechte sichern, die der verkehrsgünstig am Rhein gelegenen Doppelgemeinde aufgrund des wachsenden Handels und bedeutender Industrie zugebilligt werden mußten.

Das neue Rathaus wurde 1874–1876 von dem hochtalentierten Architekten Georg Friedrich Fürstchen (1848–1884) (33, 48) als

Rathaus Biebrich

zweigeschossiger monumentaler Eckbau zu fünf Achsen an der Hauptfront errichtet.

Das Gebäude, in seiner stilistischen
Haltung noch spätklassizistisch, ist
unter dem deutlichen Einfluß der
Neorenaissance u.a. Gottfried Sempers (1803–1879) entstanden, die
in der plastischen Gestaltung der
Einzelform und der Übernahme
klassischer Formsysteme – z. B. der
Ädikula – erkennbar ist.

Mit seinem korinthischen, die ur-

sprünglich zweigeschossige Fassade
dominierenden Säulenportikus und
der Rustikagliederung im Sockelgeschoß greift das Rathaus zurück auf
bewährte Risalitmotive und hebt
sich entschieden aus den übrigen
Bauten hervor.

Mit der Einführung der preußischen Städteordnung am 8. Juni
1891 wurden der Gemeinde die
Stadtrechte verliehen.

Das flächige Obergeschoß und die
seitliche Erweiterung mit versetz-
tem Eingangsportal und höherem
Risalit sowie die Veränderung der
Mittelpartie (1. OG) sind Zutaten
der Jahre 1905/06. Die umlaufenden Reliefplatten zeigen seitdem
symbolhaft die für Biebrich wichti-
gen Erwerbszweige wie das Hütten-
wesen und die Glas-, Zement-,
Holz-, Brauerei-, und chemische
Industrie. Die ehemals reiche Innenausstattung mit repräsentativem
Treppenhaus und holzgetäfeltem
Ratssaal ist durch den Umbau verschwunden.

Heute haben hier kommunale
Behörden ihren Sitz. Seit 1978 befindet sich im Rathaus ein kleines
Heimatmuseum für Biebricher und
nassauische Geschichte.

66. Hammermühle
Bernhard-May-Straße 58

Die Hammermühle entstammt in
ihren wesentlichen Teilen dem
Klassizismus und gilt als wertvolles
Denkmal des technischen Gewerbes
und seiner Geschichte.

Die Mühle hat ihren Namen von einem Eisenhammer, der seit dem
Ende des 16. Jh. hier bestanden hat
und 1689, während der Erobe-
rungskriege Ludwigs XIV, zerstört
worden ist.

1690 gestattete Fürst Georg August

160

Samuel von Nassau-Idstein anstelle des Eisenhammers den Bau einer Mahlmühle.

1807 wurde sie von Bernhard May (1783–1856), einem zugewanderten Müller aus dem Hunsrück, erworben, der durch mechanische und betriebliche Änderungen einen weit über die Grenzen anerkannten Musterbetrieb mit Bäckerei schuf. Bernhard May starb 1856 und wurde in der Nähe der Hammermühle, auf dem Friedhof „Am Hosenberg" begraben. Den freiheitlichen Ideen seiner Zeit zugewandt, beteiligte er sich in vorbildhafter Weise an den Revolutionsereignissen von 1848, wo er ausgleichend und mäßigend zu wirken verstand. Zu seinen Lebzeiten war die Hammermühle ein lebendiges geistiges Zentrum, welches zahlreichen

Hammermühle

Menschen offenstand.
Die Pianistin Clara Schumann, Johannes Brahms und der Geigenvirtuose Jochen Joachim u.a. verkehrten hier.

Lit.: Scholz, B., Die Hammermühle, Mainz 1905.

67. Sektkellerei Henkell
Biebricher Allee 142

Adam Henkell hatte 1832 in Mainz die Weinhandlung und Kellerei Henkell gegründet, die seit 1856 Sekt produzierte und 1894 mit der Marke „Henkell trocken" und deren geschickter Vermarktung steigende Umsätze und internationales Renommée errang.
Dieser wirtschaftliche Erfolg unter der Ägide des Enkels Otto Henkell machte neue Produktionsanlagen notwendig, für die sich in Biebrich ein geeignetes Grundstück fand.
Nach einem Wettbewerb unter sie-

Sektkellerei Henkell, Hauptfront

ben namhaften Architekten wurde der Bau 1907–1909 an der Biebricher Allee in seinem Auftrag von

Paul Bonatz (1877–1956) errichtet. Bonatz war Schüler von Theodor Fischer (46), Nachfolger im Lehramt als Professor in Stuttgart und vertrat wie dieser eine stilistische Richtung, die sowohl in ihrem Traditionsbezug als auch in der geistigen und formalen Unabhängigkeit die Lücke zwischen Historismus und Moderne schließt.

Ein später, klassizierender Jugendstil bestimmt den breitgelagerten Bau sowie die flächenhafte Gestaltung und bezieht seine Wirkung aus dem System der Pilaster, die ohne horizontale Zwischenglieder die Wandfläche schichtweise belegen.

Der fünfachsige Risalit mit Giebel variiert das bedeutende klassische Thema, geht in eine zweiarmige Kolonnade über, die in weitem Bogen eine ehrenhofartige Vorfahrt umschließt und so dem Besucher die gesuchte Affinität des Produktes zur feudalen Sphäre suggeriert. Die Rokoko-Ausstattung der Halle ist eine spätere Zutat.

Lit.: Neues Bauen in Wiesbaden 1900–1914, Hrsg. Landeshauptstadt Wiesbaden/Jesberg, P., Wiesbaden 1984. Hildebrand, A., 150 Jahre Henkell, 1982

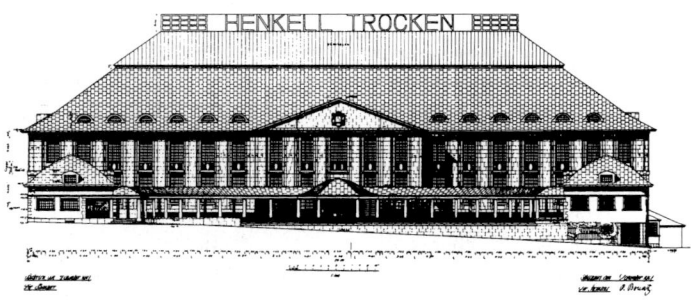

Sektkellerei Henkell, Ansicht von P. Bonatz 1907

68. Der Karpfenhof
Am Schloßpark 13/15

Der regellose Verlauf der Elisabethenstraße und der Straße „Am Schloßpark" bezeugt den östlichen Teil von Biebrichs historischem Zentrum, dessen westliche Flanke, bedingt durch den seit 1698 beabsichtigten Schloßbau, nur noch archivalisch erfaßbar ist.

Schon lange vor 1704, dem Datum seiner frühesten Nennung, befand sich hier der Gasthof „Zum Karpfen" mit einem Brauhaus.

Nach 1744 kauften die Nassauer Fürsten außerhalb des Schloßbereiches einige östlich angrenzende Grundstücke, um dort Wirtschaftseinrichtungen unterzubringen.

Karpfenhof

1854 wurde der Marstall hierherverlegt, der ursprünglich im Ostflügel des Schlosses (60) untergebracht war und in dem zur Elisabethenstraße gelegenen mächtigen Scheunenbau bis 1866 eine Bleibe fand.

Das angrenzende eingeschossige Gebäude des 18. Jh. mit Mansard ist das Geburtshaus von Wilhelm Heinrich Riehl (1823–1897), Sohn des damaligen Schloßverwalters und seit 1853 Generalkonservator der bayrischen Kunstdenkmäler, Direktor des Nationalmuseums und Professor der Kunstgeschichte in München.

Hinter dem barocken Gittertor aus Kloster Eberbach, das 1803 (nach der Säkularisierung) hierher kam, liegt das hölzerne klassizistische Wachgebäude.

Heute hat hier die Schloß- und Gartenverwaltung Biebrich ihren Sitz.

Schierstein

Die Schönheit und Fruchtbarkeit des Landes machte diesen Teil des Rheingaus schon im Frühmittelalter (9. Jh.) zu einem bevorzugten Bezirk des „Kuningessuntera" – Königssondergau, – der sich zwischen Walluf und Kriftel erstreckte und reichsunmittelbare Krondomäne war. 1123 gelangte „Scertistein" mit der Region als Reichslehen in gräflichnassauischen Besitz.

Durch Schenkung Ludwigs des Deutschen wurden der Hof und der

Kirchenzehnte an das Kloster Bleidenstadt übertragen, und 1295 auch die bis dahin königliche Kirche dem Kloster angegliedert. Weiterer Schiersteiner Besitz gelangte an die Grafen von Nassau, unter denen König Adolf urkundlich nachgewiesen ist.

Nach der Reformation 1543 beanspruchte das Kloster das Recht, den protestantischen Pfarrer einzusetzen, wie dies von Kloster Eberbach in Mosbach überliefert ist (61/62). Im Zuge der Industrialisierung wurde 1864 auf dem ausgedehnten Gelände des klassizistischen Palais v. Bose die Schaumweinfabrik Söhnlein u. Comp. gegründet.

69. Christophorus-Kirche
Bernhard-Schwarz-Straße 9

Der mittelalterliche Vorläufer der Kirche war im frühen 18. Jh. baufällig geworden und 1732 infolge eines Erdbebens teilweise eingestürzt.

Fürst Karl (1728–1775) beauftragte deshalb Johann Scheffer 1752 mit dem Bau einer neuen Kirche, die 1754 geweiht wurde und mit ihrer ausgezeichneten Rokoko-Ausstattung unverändert erhalten ist.

Der schlichte spätbarocke Bau mit den ionischen Eckpilastern und einem Haubendach-Reiter ist wohl die schönste Barockkirche um Wiesbaden neben der Kirche von Naurod (111).

Ihre Innenausstattung mit den allseitig umlaufenden Emporen wurde 1962/63 in der ursprünglichen, starkfarbigen Fassung restauriert.

Der Kanzelaltar hat einen Rokoko-Aufbau mit flankierenden Säulen, die sich in der höheren, konkav geschwungenen chorseitigen Empore

Christophorus-Kirche

fortsetzen. Er wurde 1754 von Johann Daniel Schnorr aus Frankfurt geschaffen.

Das kleine Altargemälde – Christus vor Pilatus – stammt von Johann Seekatz (Mitte 18. Jh.), das große Ölgemälde – Abraham und Isaak – wird Gerhard Seghers zugeschrieben (um 1650).

70. Zehenthof Schierstein

(auch Bleidenstädter Hof genannt)
Zehenthofstraße

Der Hof wurde vermutlich im 9. Jh. gegründet und 1184 erstmalig in einer Besitzurkunde des Klosters Bleidenstadt (Ferrutiusstift) erwähnt. Er stand im sogenannten „Lindenviertel", das als Kernstück Schiersteins bezeichnet wird.

1803 fiel er durch den Reichsdeputationshauptschluß (Enteignung kirchlicher Güter zugunsten der Fürsten, die dafür linksrheinische Gebiete abtreten mußten) an die Fürsten von Nassau.

Nach 1808 wurde der Zehenthof mehrmals samt Ländereien weiterveräußert, diente im Verlauf des 19. Jh. als Schulhaus, bis die Stadt Wiesbaden das Anwesen 1953 erwarb und hier die Erich-Kästner-Schule erbaute.

Auf dem Grundstück des Hofes befindet sich noch der Torbogen eines ehemaligen Barockgebäudes (18. Jh.), das beim Bau der Schule weichen mußte.

Frauenstein

Die Geschichte Frauensteins läßt sich weit ins Mittelalter verfolgen. Die erste urkundliche Erwähnung 1221 steht in Zusammenhang mit einem Ritter „von Vrowenstein". Seit 1300 hatte das Bistum Mainz Rechte in der Gemarkung. Die Grafen von Nassau, seit 1255 Herren von Wiesbaden und der umliegenden Orte, betrieben – als Gegengewicht zur Macht des Erzstiftes von Mainz – seit dem Spätmittelalter (15./16. Jh.) Wehrhöfe, die von Vasallen oder Lehensleuten bewirtschaftet wurden und außerhalb des Burg- und Dorfbezirkes angesiedelt waren.

Einige dieser Höfe sind erhalten und neben den beschriebenen Anwesen (71–74) zum Teil ebenfalls Baudenkmale wie die Höfe Armada, Rosenköppel und Sommerberg.

Der Mittelpunkt des Ortes und seiner Geschichte ist die Burg (77) aus dem frühen 13. Jh., welche, seit 1300 Besitz des Mainzer Bistums, 1421 an Fürst Adolf II von Nassau zu Lehen gegeben wurde.

Seit dem 14. Jh. existierten in Frauenstein ebenfalls Bauern und Winzer, die als Hörige später vielfach das Erbe der adligen Familien annahmen und seit dem späten Mittelalter bis heute dort nachweisbar sind.

Mit der im 13. Jh. wurzelnden Tradition des Weinbaues sind diese Höfe aufs engste verbunden.

Hof Groroth

71. Hof Groroth

Aufgefundene Gräber deuten auf eine Gründung in fränkischer Zeit. Der Hof wurde 1329 erstmals urkundlich erwähnt und ist ein mächtiger Winkelbau, dessen Torhaus (1565) mit barockem Wirtschaftsgebäude (1763) an die erhaltene Ringmauer mit Ecktürmchen (16. Jh.) anschließt. Das Herrenhaus stammt aus dem 18. Jh.

Der Hof Groroth wird heute noch bewirtschaftet.

72. Hof Nürnberg

Der Hof Nürnberg liegt an exponierter Stelle auf einem Bergrücken über dem Ort und war, wie die übrigen Wehrhöfe, im Eigentum von Vasallen der nassauischen Grafen und Fürsten, die seit dem frühen 15. Jh. in dieser Form der Abhängigkeit ein politisches Gegengewicht gegen das Mainzer Erzstift suchten.

Der Hof war zunächst im Besitz der Ritter von Geispitzheim, gelangte 1418 an einen Erben der Familie, war 1635 im Eigentum des Mainzer Kurfürsten und seit 1641 wieder in nassauischem Besitz. Kleinere Wohnbauten und eine Scheune stammen aus wesentlich älterer Zeit, der Hauptbau aus dem Jahre 1856.

Am 6. Juli 1815 hat Goethe den Hof besucht. Ein Denkmal, der „Goethe-Stein", erinnert daran.

Heute ist der Hof im Besitz der Stadt Wiesbaden und ein vielbesuchter Gasthof.

73/74. Schönbornscher Hof und Weinbauernhaus 1573

Kirschblütenstraße/Georgstraße

Die Ritter von Schönborn besaßen, teils als Burggrafen, die Zehntrechte von 1471 bis zu deren Abschaffung im 19. Jh.. Das Gebäude in der Kirschblütenstraße stammt von 1571 und zeigt reiches Fachwerk in der kunstvollen Bearbeitung des 16. Jh., die insbesondere an der Ausbildung der geschweiften Streben und geschnitzten Brüstungsfüllungen deutlich wird.

Der „Falker'sche Hof" in der Georgstraße 24 ist vermutlich ebenfalls ehemaliger Burgbesitz der Grafen von Schönborn, die seit 1571 als Burgherren erwähnt wurden. Der wehrhafte Charakter des am Steilhang errichteten Gebäudes zeigt sich noch im gemauerten Sockelgeschoß, dessen talseitiges Tor im Zusammenhang mit der späteren Nutzung als Haus eines Weinbauern steht. Die Mauerumfriedung mit markantem Torbogen ist leider verschwunden.

Hof Schönborn, Georgstraße

75. Kath. Pfarrkirche St. Georg
Georgstraße

Die Kirche in Frauenstein war bis 1611 Filialkirche von Schierstein und verweist mit ihrem Namen „Sankt Georgskapelle" auf eine ritterliche Gründung.

Bis zu dieser Zeit waren Kaplane dort tätig, deren erster 1352 erwähnt wurde, als die Burg bereits im Besitz des Mainzer Stiftes war. Der Saalbau mit dreiseitigem Chorschluß und sechseckigem Dachreiter zeigt zwar eine Inschrift von 1509, entstammt jedoch mutmaßlich dem 13./14. Jh.

1953/54 wurde vor der Westseite ein quergestellter Bau angefügt. Die alte Kirche erhielt eine Zwischendecke und ihre Ausstattung wurde in den Neubau übertragen. Der Hochaltar im Inneren (Mitte 18. Jh.) in Nußbaumholz stammt

aus Kloster Tiefenthal/Rhg., die Steinmensa (12. Jh.) vom Hochaltar aus Kloster Eberbach. Das große Kruzifix ist eine Arbeit des 16. Jh., der Taufstein von 1654. Die silber-

Pfarrkirche St. Georg, Frauenstein

vergoldete Monstranz ist eine Stiftung des Mainzer Kurfürsten Franz Lothar von Schönborn (1655–1729).

Der Kanzelkorb entstand um 1700, Schalldeckel und Treppe sind eine Zutat von 1954.

1482 wurde von Kaplan Jost Koge das erste Pfarrhaus errichtet. 1711 folgte ein neues Gebäude, das erhalten geblieben ist. Zur Zeit seiner Entstehung löste sich die Pfarrei aus der Abhängigkeit von Schierstein. Vor dem Pfarrhaus befindet sich ein Neubau, in dem Gemeinde- und Jugendräume untergebracht sind.

In unmittelbarer Nähe zu Pfarrhaus und Kirche steht die Blutlinde, deren Alter auf 1000 Jahre geschätzt wird. Ihren Namen „Blutlinde" er-

Frauenstein, Burgruine (Zeichnung 19. Jh.)

klärt eine Sage: Die Tochter eines Edelmanns floh mit einem Ritter, weil ihr Vater gegen eine Verbindung der beiden war. Der Edelmann holte beide ein und erschlug den Ritter. Seine Geliebte pflanzte an der Stelle, wo er gefallen war, diese Linde.

76. Gaststätte „Zur Burg"
Dotzheimer Straße 4

Das Fachwerkhaus gehörte einst zum Wohnbereich der Burg und ist im Kern ein Bau aus dem 14. Jh. Zu dieser Zeit war er u.a. im Besitz der Herren von Lindau, die mit Stal von Biegen und Johann von Limburg an der Burg (77) beteiligt waren, ehe diese durch Verkauf an das Mainzer Erzstift kam. Als Mainzer Lehen waren Wohnhaus und Burg danach im Besitz zahlloser Geschlechter.

Der gekratzte und aufgemalte Schmuck der Putzgefache ist eine der oberhessischen Kratzputztechnik entlehnte, künstlerisch eigenständige Zutat des späteren 19.Jh.

Burg Frauenstein

77. Burg Frauenstein

Es wird vermutet, daß die Burg im ersten Drittel des 13. Jh. von den Rittern von Frauenstein („von Vrowenstein") gegründet worden ist. Im Jahre 1300 wurden die ersten Besitzer urkundlich erwähnt: Siegfried IV. von Frauenstein verkaufte die Burg an Erzbischof Gerhard von Mainz, der damit eine strategische Flankensicherung für den Rheingau erhielt. Durch die Erbauung der umliegenden Wehrhöfe (71–74) sorgten die Grafen von Nassau für eine Begrenzung des Mainzer Gebietes.

Im Laufe der Geschichte tauchen Namen von Rittern, Grafen und Nichtadeligen auf, welche die Burg besaßen bis hin zu den Grafen von Nassau, die seit 1421 als Besitzer bezeugt sind. Im 18. Jh. verfiel die Burg.

Die Ruine steht auf einem Felssporn und hat einen fünfeckigen, innen quadratischen Bergfried mit Kuppelgewölben aus dem 13. Jh., der bis zum 18. Jh. noch ein Fachwerkgeschoß besessen hat. Halsgraben und Schildmauer sind als burgentypische Verteidigungseinrichtungen in Resten erkennbar.

Heute ist die Burg Kern und Wahrzeichen des Ortes.

Dotzheim

Dotzheims Geschichte läßt sich anhand schriftlicher Dokumente bis 1184 verfolgen. Das Dorf war arm und ohne größeren Waldbesitz. Die Zehntrechte lagen in Mainz beim Kloster St. Alban und beim Domkapitel. Seit 1397 hatte der Ort eine eigene Pfarrei mit zugehöriger Kirche (78); das Kollatur-Recht – das Recht auf Besetzung der Pfarre – wurde bis zum 30jährigen Krieg ebenfalls von Mainz in Anspruch genommen. Von den Verlusten dieser Epoche konnte sich Dotzheim erst im 19. Jh. erholen, als die Bevölkerung ihren Lebensunterhalt im Handwerk und Dienstleistungsgewerbe der aufstrebenden Kurstadt fand. Neben den älteren, durchweg zweigeschossigen Hofreiten geben die einstöckigen Tagelöhnerhäuser des 19. Jh. und die Steinbauten der Jahrhundertwende einen lebendigen Eindruck der Entwicklung des seit 1928 zu Wiesbaden gehörigen Ortes.

78. Ev. Pfarrkirche
Römergasse 1

Pfarrkirche Dotzheim

1184 wurde die Kirche von Dotzheim in einer päpstlichen Bulle erstmalig erwähnt. Standort und Aussehen des frühmittelalterlichen Gebäudes sind nicht überliefert. 1716/18 errichtete Pfarrer Michael Sommer die heutige evangelische Pfarrkirche. Der Saalbau hat einen dreiseitigen Chorschluß unter einem steilen, schiefergedeckten Walmdach mit wohlproportioniertem Dachreiter und drei barocke Rundbogenfenster auf der Südseite. Die in lebhaften Farben gehaltene Empore im Inneren zieht sich auf schlanken Säulen mit einfachem Kapitell an drei Seiten herum. Der Altar mit der Kanzel nimmt heute, nach mehrfacher Umstellung, seinen ursprünglichen Standort im östlichen Chor wieder ein. In der Deckenhohlkehle sind vierzehn Ölbilder in einzelnen Tafeln befestigt, die vermutlich von Kloster Eberbach übernommen und kunsthistorisch noch nicht hinreichend gedeutet sind.

Die Orgel stammt aus der Entstehungszeit der Kirche.

1962 wurde ein moderner Glockenturm angebaut, da die Unterbringung der fünf Glocken im alten Dachreiter nicht möglich war. 1968 wurden Orgel und Kirche in ihrer ursprünglichen Farbigkeit restauriert.

79. Altes Pfarrhaus
Wiesbadener Straße 3

Das alte Pfarrhaus wurde um 1695 von Pfarrer Michael Sommer erstellt, nachdem der 30jährige Krieg den ursprünglichen Bau und die Nebengebäude zerstört hatte.

Das Anwesen ist als Fachwerkgebäude errichtet und besaß einen geräumigen Wirtschaftshof. Auffallend ist der entschieden vorspringende Mittelrisalit, dessen Stützwerk im Erdgeschoß als Laube mit Eingang ausgebildet wurde und den Anspruch nach barocker Repräsentation innerhalb des Ortsbildes vermittelt. Der abschließende Giebel endet in einem Krüppelwalm.

80. Klarissenkloster Klarenthal
Klarenthaler Straße

Die erste schriftliche Erwähnung des Klosters Klarenthal („clarendal") findet sich in einer Urkunde von 1298. Zu dieser Zeit stiftete König Adolf von Nassau (1277–1298) das Kloster im Tal Bruderrode, das auf seinen Wunsch als Nonnenkloster der Heiligen Klara (4. Jh.) geweiht und nach Franziskaner-Regel geführt wurde.

Mit der Gründung des Klosters verfolgte das Haus Nassau die Errichtung einer eigenen, neben den großen Königshäusern existenzfähigen Dynastie, der das Kloster als Hauskloster, Betstätte und Grablege diente. Die Nonnen stammten vorwiegend aus Adelsfamilien und waren u. a. dem Gelöbnis der Armut verpflichtet. Die Schwester König Adolfs, Richardis, wurde die erste Äbtissin und Adelhaid, eine Tochter des Königs, ihre Nachfolgerin.

Als König Adolf 1298 in der Schlacht bei Göllheim fiel, trat seine Frau, Königin Imagina, ebenfalls in das Kloster ein und wurde nach ihrem Tod um 1318 hier beigesetzt. Ihr Grabstein wurde beim Brand der Mauritiuskirche (10) 1850 zerstört, wohin er nach der Reformation 1558 verbracht worden war. Eine Zeichnung des Grabes befindet sich im Bundesarchiv in Koblenz. Auch im Museum Wiesbaden existiert ein Stifterbild mit Kö-

Klarenthal, Gotisches Epitaph

nig Adolf von Nassau und seiner Familie.

1558, wenige Jahre nach Einführung der Reformation, wurde das Kloster aufgehoben, war seit 1607 und insbesondere im 30jährigen Krieg (1618–1648) Hospital und danach vorübergehend von Jesuiten besetzt. Im 18. Jh. diente es verschiedenen Betrieben u. a. einer Glashütte und Spiegelfabrik als Arbeitsstätte. Bei einem Brand 1840 wurden die Klostergebäude weitgehend vernichtet, nachdem bereits 1723 erheblicher Brandschaden entstanden war.

Auf dem Hang oberhalb des ehemaligen Klosters ist nach Plänen von Professor Ernst May (1886–1970) die Siedlung Klarenthal entstanden. 1979 wurde bei Ausschachtungsarbeiten die Grabplatte der letzten Klarenthaler Äbtissin, Anna Brendel von Homburg (†1553) gefunden. Durch Grabungen konnten die Lage des Kreuzganges und weiterer Klostergebäude geortet werden, deren nähere Einzelheiten noch Gegenstand der Forschung sind.

Lit.: Czysz, W., Klarenthal bei Wiesbaden, Wiesbaden 1987

81. Fasanerie
Klarenthal

Im 18. Jh. war Klarenthal Ziel der fürstlichen Jagd geworden, die den Ort mit unerwartetem höfischem Glanz versah. 1744/45 ließ deshalb Fürst Karl von Nassau-Usingen (1728–1775) die Fasanerie anlegen, nachdem er seine Residenz im Biebricher Schloß (60) bezogen hatte. Sie diente zur Aufzucht von Fasanen, die durch die damals herrschende Jagdleidenschaft vom Aussterben bedroht waren.

Fürst Karl Wilhelm (1775–1803) löste den Fasaneriegarten 1775 auf, da er sein Jagdgebiet auf die Platte verlegt hatte (55).

Der Bau des zur Fasanerie gehörigen Wohnschlosses als Aufenthaltsort des Jagdgefolges ist vermutlich von Friedrich Joachim Stengel (1694–1784) beeinflußt worden, der bis 1744 am Winterbau des Bie-

Klarenthal, Fasanerie

bricher Schlosses tätig war.
Der schlichte zweigeschossige Barockbau zu fünf Achsen mit Mansard-Dach und Zwerchgiebel über dem Risalit zeigt in seinen vorzüglichen Proportionen den vielfach verwendeten Typus eines Modellhauses im 18. Jh.
Heute ist auf dem mit wertvollen exotischen Bäumen bestandenen Gelände der ehemaligen Fasanerie ein Tiergehege angelegt. Im ehemaligen Jagdhaus befindet sich eine Gaststätte.

Lit.: Büttner, I. – Kilian, U., Tier- und Pflanzenpark Fasanerie in Wiesbaden. Wiesbaden 1989.

Sonnenberg

Die erste Erwähnung Sonnenbergs findet sich in einer Urkunde des Mainzer Erzbischofs Adalbert I. von 1126, die einen Wulframus de Sunneberc als Zeugen benennt. Kern der Ansiedlung war vor 1200 ein Hof der Grafen von Nassau „im Tal", dem nach Erwerb des Reichslehens zwischen 1170 und 1180 eine Burg (82–83) folgte, die den Besitz Wiesbadens nach Norden sichern sollte.
Die Bevölkerung des Ortes bildete sich aus ihrer Verteidigungsmannschaft, den sog. Burgmannen.

1351 erhielt Sonnenberg von Kaiser Karl IV. die Stadtrechte mit dem Privileg eines eigenen Beringes mit Mauern, Türmen und Toren. Die strategisch ungünstige Lage, das Desinteresse der Grafen von Nassau an ihrem Besitztum sowie die Zerstörung von Stadt und Burg im 30-jährigen Krieg bremsten Sonnenbergs weitere Entwicklung. Durch Fürst Georg August Samuel seit 1690 neu neu besiedelt, erlangte der Ort jedoch nicht mehr die frühere politische Bedeutung. Sonnenberg wurde im Verlauf des 19. Jh. gern besuchter Vorort und 1926 nach Wiesbaden eingemeindet.

82/83. Burg Sonnenberg, Wiesbadener Tor und Stadtmauer

Zwischen 1170 und 1180 erhielten die Grafen von Nassau u. a. den Wiesbadener Königshof und damit den westlichen Teil des Königssondergaues von Friedrich Barbarossa zum Lehen, um der Expansion der Mainzer Erzbischöfe Einhalt zu gebieten. Als Reaktion gab das Domkapitel dem späteren Grafen von Eppstein, einem Anhänger des Mainzer Stuhls, den östlichen Teil des Territoriums mit Rambach zum Lehen, worin sich der jahrhundertelange Konflikt der Grafen von Nassau und Eppstein begründet. Die Burg wurde um 1200 auf einem Felsrücken zur strategischen Sicherung des nördlichen Zuganges nach

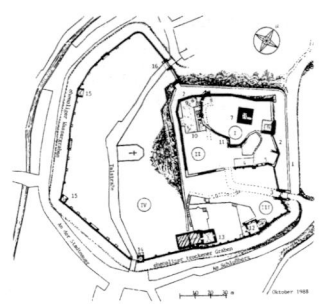

Burg Sonnenberg, Grundriß nach R. Bonte

Wiesbaden als Turmburg errichtet. 1344 gab Graf Gerlach (1298–1344), der Nachfolger König Adolfs (1292–1298), die Regierung an seine beiden Söhne ab und zog sich mit seiner Frau Irmgard von Hohenlohe in die bis dahin mehrfach erweiterte Burg zurück.

1404 erfolgte mit der Teilung der Herrschaft Sonnenbergs die Teilung des nun aus Brüderburg, Ober- und Unterburg bestehenden Besitzes. Schon gegen Ende des 16. Jh. war die Burg durch Verfall unbewohnbar geworden; im 30-jährigen Krieg wurde sie geplündert und 1673 im Krieg gegen Ludwig XIV. völlig zerstört.

Heute steht noch die Ruine der Burg, umgeben von Häusern mit dörflichem Charakter. Ältester Teil ist der Bergfried aus Quadern und Bruchstein auf quadratischem Grundriß.

Die Fahrstraße zur Burg ist im Halsgraben der Vorburg angelegt. In der östlichen Mauer des äußeren Berings (Unterburg) ist ein weiterer quadratischer Turm eingebunden, in den 1384 die Burgkapelle mit kleinem Chor eingebaut wurde. Durch den Torbau gelangt man in die äußere Burg, von dort in den inneren Bering der Oberburg mit den Resten des Palas (1242–1318) und über Treppen zum Bergfried (um 1200) mit Aussichtsplattform. Darunter liegt ein Raum mit Tonnengewölbe. Im unteren Turm wurde 1989 ein Heimat- und Burgmuseum eingerichtet. Der Keller enthält ein gewölbtes Verließ.

Der Abstieg von der Burg führt ins „Tal", eine um den Burgberg gelegte Straße, welche die Tore des noch sichtbaren Stadtberinges (14. Jh.), das Wiesbadener und Rambacher Tor, verbindet. Beide Tortürme sind gotischen Ursprungs und entstammen der Zeit nach 1351, als Sonnenberg das Stadtprivileg erhielt. Nach Art mittelalterlicher Wehranlagen zeigen sie zur inneren Straße hin offene Nischen, die ehemals bestückt waren mit Wehrgängen und Verteidigungsgalerien.

Sonnenberg, Stadttor und Bergfried

174

Eine weitere Sicherung des Ortes war der im Bereich des späteren Hofgartenplatzes zu einem Weiher gestaute Rambach, den vor dem Wiesbadener und dem Rambacher Tor jeweils eine steinerne Bogenbrücke überspannte. Im 18. Jh. wurde, wohl durch den Saarbrücker Baumeister Joachim Friedrich Stengel (60) dort ein Lustgarten eingerichtet, von dem sich lediglich eine Balustrade erhalten hat.

Lit.: Reiß, Th., Burg Sonnenberg bei Wiesbaden, Wiesbaden 1990.

84. Ev. Pfarrkirche
Thalstraße 15

In der Mitte des „Tals", zum Berg hin, steht die evangelische Pfarrkirche St. Marien, die Ende des 15. Jh. erstmals als Marienkapelle durch Johann von Nassau gestiftet wurde. 1535 vergrößert, war sie seit 1691 Pfarrkirche.
Der rechteckige Saalbau mit Flachdecke in schlichter Renaissance hat einen dreiseitigen Chorschluß, gekuppelte Fenster und einen Haubendachreiter.
Die Ausstattung stammt aus dem Anfang des 18. Jh.

Sonnenberg, Thalkirche

85. Wallfahrtskapelle zum Heiligen Kreuz
Friedhof Sonnenberg

Die gotische Kapelle zum Heiligen Kreuz wurde 1429 von Werner Hud, Ritter und Burgvogt als Wallfahrtskapelle errichtet.

1553 wurde sie mit einem Pfarrhof umgeben, als nach einer Pest in Sonnenberg die Wiesbadener und Bierstadter die Beisetzung der Toten verweigerten.
Die Kirche diente nur von 1625–1685 dem Gottesdienst.
Nach dem 30jährigen Krieg 1691, wurde die Marienkapelle im Tal Pfarrkirche, während die funktionslos gewordene Heilig-Kreuz-Kapelle verfiel.

Auf dem Sonnenberger Friedhof

finden sich heute lediglich die Umfassungsmauern der einstigen Kapelle. Die Wände stehen nach Art gotischer Saalkirchen im Rechteck, der Chor schließt mit einem halben Achteck an. Der Raum hat ähnlich wie die Pfarrkirche im Tal (84) vermutlich eine Holzdecke besessen.

Sonnenberg, Wallfahrtskapelle zum Heiligen Kreuz

Kloppenheim

Kloppenheim ist ein frühfränkisches Haufendorf, dessen erste Erwähnung als „clopheim" (clop = Felsen, Klippe) durch eine Schenkungsurkunde des Jahres 927 belegt ist. Eine weitere Urkunde nennt das Kloster Bleidenstadt 1076 als Eigentümer von Liegenschaften in der Gemarkung. Um 1350 gehörte Kloppenheim zum Sonnenberger Gericht und war immer in gräflich-nassauischem Besitz.

Der Ort war, wie Erbenheim (94, 95) und weitere Siedlungen im Umkreis, mit einem Gebück umgeben, besaß drei Zugänge und war durch die Lage zwischen Taunusrand und Lößterrasse strategisch begünstigt.

1543 wurde unter Graf Philipp von Nassau die Reformation im hiesigen Raum eingeführt, deren Ergebnis u.a. ein Aufblühen des Schulwesens war. Seit 1578 besaß Kloppenheim eine eigene Schule, die 1750 in unmittelbarer Nachbarschaft zur Kirche ein neues Gebäude erhielt.

Im 30jährigen Krieg verwüstet, erlangte Kloppenheim im späten 17. und 18. Jh. bäuerlichen Wohlstand, der noch heute in einigen stattlichen fränkischen Hofanlagen zum Ausdruck kommt. Durch die Revolutionszeit 1792–1798 erneut verwüstet, hatte das reiche Bauerndorf im Verlauf des 19. Jh. Anschluß an die allgemein prosperierende Entwicklung.

Der Ort wurde 1926 eingemeindet und erfährt im Rahmen der Dorferneuerung gegenwärtig eine Verbesserung seiner baulichen Struktur.

86. Ev. Pfarrkirche
Kleine Oberstraße 2

Der Turm aus spätgotischer Zeit
(15. Jh.) steht auf einem gedrunge-
nen Viereck mit Kreuzgratgewölbe
im unteren Geschoß. Sein geschie-
ferter Spitzhelm zeigt nach allen vier
Seiten steile Giebel, die durch ro-
manisierende, mit Blendbögen
überfangene Fenster gegliedert sind.

Das kleine Kirchenschiff des 18. Jh.
hat Rundbogenfenster, die sich über
dem Portal fortsetzen und ist ein
Beispiel des handwerklichen Barock. Die auf zwei Seiten des flach-
gedeckten Kirchenraumes umlaufenden Emporen zeigen die Jahres-
zahl 1707 , die für die Bauzeit wahrscheinlich ist. Sie werden von ge-
drehten Holzsäulen mit kräftigem
Kapitell in schwarz-roter Fassung
getragen und sind durch eine Brüstung mit flach profilierten, groß-
formatigen Füllungen gefaßt. Altarraum ist das untere Turmgeschoß
mit der schwarzen Marmor-Mensa
von 1761. Er ist mit dem Kirchenraum durch einen breitgestelzten
gotischen Triumphbogen verbun-

Pfarrkirche Kloppenheim, Innenraum

den, der in der barocken Bauzeit
mit einer 1964 freigelegten Fresko-
malerei geschmückt wurde. Die ro-
ten Quadersteine mit aufgemalter
Fugung tragen einen Kranz von
Blumensträußen.
Rechter Hand vor dem Altarraum
steht die hölzerne Kanzel von 1625
mit Renaissancedekor an Schalldeckel und Kanzelkorb.

87. Hof um 1600
Kleine Oberstraße 2

In der Kleinen Oberstraße 2 steht
ein Fachwerkhaus des späteren 16.
Jh..

Das Gebäude ist reich geschmückt
durch die kunstvolle Schnitzerei an

Brüstungen, Pfosten und Riegeln
und zeigt im Obergeschoß typische
konstruktive Merkmale der Entstehungszeit wie die ausgeprägten
Mannfiguren und die Zierstreben
einzelner Gefache.

Das Haus wird heute noch be-
wohnt.

Igstadt

Die Besiedelung der Gemarkung von Igstadt seit römischer Zeit ist durch zahlreiche Funde, u. a. einen thronenden Jupiter, erwiesen. Neben der Jupiterdarstellung aus Schierstein gilt er als der besterhaltene des nördlichen Europa. Das älteste schriftliche Dokument über Igstadt – „Eggestat" – später „Eygistat" – ist eine Schenkungsurkunde des Mainzer Erzbischofs Adalbert I. (1111–1137) und stammt von 1133.

Politisch gehörte Igstadt zum Königssondergau der fränkischen Könige. Im frühen Mittelalter, um 1124, war Igstadt Lehen der Grafen von Eppstein, die seitdem mit dem Erzbistum Mainz in besonderer verwandtschaftlicher Beziehung standen und gelangte unter Wilhelm II. von Hessen 1492 in landgräflichen Besitz.

Durch die exponierte Lage wurde das ehedem blühende Dorf im 30jährigen Krieg verwüstet und war wie viele andere Orte in der Region, insbesondere durch die zahlreichen Belagerungen der Festung Mainz bis in das 19. Jh. hinein Opfer militärischer Auseinandersetzungen. 1803 geriet Igstadt mit dem „Ländchen" unter fürstlich-nassauische Verwaltung und wurde 1806 Teil des Herzogtums. Eine Anzahl schöner Gehöfte kennzeichnet die lebendige dörfliche Topographie. Die Eingemeindung nach Wiesbaden erfolgte 1928.

Lit.: Crecelius, W., Herbst, E., Igstadt gestern und heute, Festschrift 1978.

88. Ev. Pfarrkirche

Die Kirche ist eine Gründung des Mainzer Altmünster-Klosters, dem das Dorf damals teilweise gehörte und entstand in der ersten Hälfte des 15. Jh.. Eine frühmittelalterliche Kapelle, die unter dem Patronat von St. Walbertus stand, lebt in dem Flurnamen, „Am Heiligenhaus" fort.

Aus spätmittelalterlicher Zeit (15. Jh.) stammt noch der Turm, der im unteren Geschoß ein Kreuzrippengewölbe auf Konsolen besitzt, 1727 seinen heutigen Helm erhielt und die alten, 1456 und 1661 gegossenen Glocken aufnahm.

Im gleichen Jahr wurde der an der Westseite des Turmes anschliessende gotische Kirchenraum abgetragen und an der Nordseite neu aufgeführt, sodaß der Chor, nach alter Anordnung im Turm gelegen, nun nach Süden wies.

1728 fand die Einweihung der neuen Kirche statt. Der langrechteckige, durch Emporen gegliederte Saal war im Geist der Reformation (seit 1535), d.h. schlicht ausgestattet, da die Predigt als „beste Zierde

eines Gotteshauses" galt. Die barocke Erneuerung von 1728 zeigt insbesondere mit der äußeren Gestaltung der Rundbogenfenster zwischen gestreckten Doppelpilastern französischen Einfluß. Die kassettierte Flachtenne entstand anläßlich einer Reparatur des Daches 1843.
Die erste Orgel von 1750 ist nicht erhalten, während die gleichzeitig errichtete Kanzel in situ vorhanden ist.

Die heutige Orgel wurde 1904 von Friedrich Weigle aus Echterdingen gebaut.
Bei verschiedenen Instandsetzungen wurden der Fußboden, die Treppe zur Orgel und die barocke Ausmalung von J. Ranland aus Ehrenbreitstein erneuert. (1904).

Pfarrkirche Igstadt

Bierstadt

Das seit ältester Zeit besiedelte Gebiet um Bierstadt gehörte um 778 dem Kloster Bleidenstadt, das von Benediktinern geführt wurde und in der Region großen Einfluß besaß. 927 wurde der Ort in einer Schenkungsurkunde zwischen dem Grundherrn Alfwin und dem St. Ursula-Stift in Köln als „Birgidesstat" zum ersten Mal urkundlich erwähnt.

Die Heilige Birgid war die Schutzpatronin iroschottischer Mönche, die vor 1000 hier missionierten und dem Ort den Namen gaben.
1128 erlangte das Mainzer Domkapitel durch Vermittlung des Erzbischofs Adalbert I. Einfluß auf Güter und Kirche, der für die folgenden vier Jahrhunderte bestehen blieb. Bierstadt war damit in wechselnder Folge unter der Herrschaft der Erzbischöfe in Mainz, der mit diesen verbundenen Grafen von Eppstein, seit 1441 Eigentum der Grafen von Nassau, des Klosters Bleidenstadt und schließlich der Landgrafen von Hessen. Um 1540 wurde der Ort protestantisch. Nach den Verwüstungen des 30jährigen Krieges und einem Brand 1691 entwickelte sich Bierstadt erst im 18. Jh. zu einem ansehnlichen Bauerndorf, welches, nach Plünderung in den Revolutionswirren 1792/98, sich erst mit

der territorialen Neuordnung des Herzogtums 1803/06 konsolidierte. 1928 wurde Bierstadt eingemeindet.

Lit.: 50 Jahre Wiesbaden-Bierstadt 1928–1978, Hrsg. Landeshauptstadt Wiesbaden und ein Autorengremium, Wiesbaden 1978.

89. Fachwerkhaus aus dem 17. Jahrhundert
Raiffeisenstraße 1

Als Nachfolgerin des Mainzer Domkapitels besaß das Kloster Bleidenstadt seit 1540 umfangreichen Besitz in Bierstadt. Raiffeisenstraße/Ecke Schultheißstraße steht ein eindrucksvolles Fachwerkhaus aus dem 17. Jh., welches vermutlich als Posthalterei oder Gasthof diente und mit den ehemaligen Bleidenstadter Anrechten in Verbindung steht. Die Grenzsteine am Haus beweisen die Zugehörigkeit zum Bleidenstadter Besitz.

Das Anwesen wurde in jüngster Zeit nach originalen Befunden restauriert und ist ein wichtiger Zeuge der Bierstadter Geschichte. In den

Bierstadt, Fachwerkhaus Raiffeisenstraße 1

umliegenden Straßenzügen (Honiggasse) gibt es weitere sehenswerte Fachwerkhäuser, die im Stil fränkischer Bauernburgen angelegt worden sind.

90. Pfarrkirche St. Nikolaus
Venatorstraße

Das Gelände der Kirche kam 927 durch eine Schenkung des Grundherrn Alfwin und seiner Frau Ada in den Besitz der Kirche St. Ursula in Köln, wo die Urkunde im dortigen Stadtarchiv aufbewahrt ist.

Die heutige Pfarrkirche wurde nach neuesten Forschungen in der 2. Hälfte des 11. Jh. unter Verwendung älterer Fragmente des Vorgängerbaues errichtet, womit sie neben den römischen Relikten (13, 14, 18) das älteste Baudenkmal Wiesbadens ist.

Ältester Teil der Kirche ist der heute geschlossene, frühere Südeingang mit einem Türsturz. (rechts vom Haupteingang hinter der schmiedeeisernen Tür), der mutmaßlich als Spolie des Vorgängers in den neuen Bau übernommen ist. Er zeigt karolingische Ritzzeichnungen des 8./9. Jh., u.a. das Kreuz als Zeichen göttlichen Heils im Dreieck der Dreieinigkeit, von dem die Paradiesströme als Wasser des Lebens ausgehen, sowie die Buchenblätter als Baum des Lebens und der Erkenntnis.

Das ursprünglich saalartige Langhaus mit einer Gliederung von Lisenen und Rundbogenfriesen, breiter Mittelapsis und zwei seitlichen Apsiden ist ein Werk aus der 2. Hälfte des 11. Jh. Der Turmbau entstammt vermutlich dem 12. Jh. und ist mit hohem Rhombendach über vier, durch gekuppelte Fenster gegliederte Steilgiebel versehen (13. Jh.). Alter Bestand ist ferner das romanische Taufbecken mit Bogenfries.

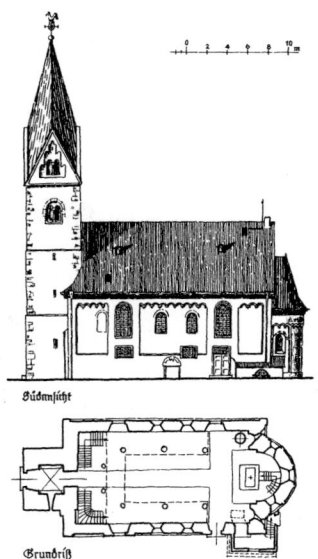

Pfarrkiche St. Nikolaus, Bierstadt, Ansicht, Grundriß

Im 14. Jh. erhielt der Bau gotische Zusätze wie den Einbau der Maßwerke neben dem Mittelfenster der Apsis und die Ausmalung.
Die Wandbilder in den drei Fensterlaibungen zeigen Kain und Abel und seitlich Heiligendarstellungen.

Um 1500 malte Martin Caldenbach (ca. 1480–1518), ein Schüler Albrecht Dürers, den Flügelaltar mit Darstellungen von Geburt, Anbetung, Beschneidung Christi und Kindermord.
Bei einer Renovierung wurden die drei Schreinfiguren – Madonna mit zwei Heiligen – auf Konsolen gestellt. Nach der Reformation (1534) wurde die Kirche evangelisch.

1733–1734 wurde anläßlich größerer Umbauten u.a. das Dach erneuert und durch Erhöhung des Schiffes gehoben. Johann Jacob Bager und Friedrich Joachim Stengel (60) veränderten den Innenraum, welcher damals die geputzte Holztonne, neue Fenster und die Emporen mit der Farbfassung der Barockzeit sowie einen neuen Eingang im Westen erhielt.
Von Johann Bager und Konrad Moebus stammt der Kanzelaltar. Mit weiteren Altararbeiten wurde

181

der Mainzer Bildhauer Burghard Zamels beauftragt. Er lieferte zwei Säulen mit Kapitellen und für die Kanzel eine Heilig-Geist-Taube sowie eine Traube unter dem Korb.

1738 fertigte Schreiner Johann Heinrich Stiehl, der auch die Emporen geschaffen hatte, die Türen. Nach 1779 folgten Innenputz und Farbe mit dem gelblichweißen Grund der Wände, sandsteinroter Absetzung der Glieder sowie blauer Fassung der Emporen.

Die neue Steinmeyer-Orgel hat 21 klingende Stimmen und 1523 Pfeifen. Die historische Orgel war nach der Renovierung nicht weiter verwendbar.

Lit.: Hucke, K. Hrsg. Bierstadt und seine alte Kirche, 1973.

91. Bierstadter Warte
Am Wartturm

1128 erhielt das Mainzer Domkapitel in der Gemarkung von Bierstadt Einfluß und Besitz, der in wechselnder Folge über vier Jahrhunderte erhalten blieb und eine strategische Sicherung notwendig machte. Wie die Erbenheimer Warte (96) war die Warte in Bierstadt, von welcher lediglich der Turmzylinder ohne den kegelförmigen Helm erhalten ist, Teil der Landwehr und ensttammt dem 15. Jh. Sie diente gleichfalls der Überwachung des Herrschaftsgebietes der Grafen von Nassau und verdeutlicht die durch andauernde Fehden und Gebietsansprüche gekennzeichnete politische Lage am Ausgang des Mittelalters.

Gemeindesiegel Bierstadts mit der Darstellung der Bierstadter Warte, um 1607

Die Bierstadter Warte ist Wahrzeichen des Ortes und im „Gerichts-Sigil zu Birstatt" seit 1607 überliefert.

Erbenheim

Die Gegend um Erbenheim war schon in vorgeschichtlicher Zeit besiedelt und kennt Funde aus der Jungsteinzeit. Erbenheim selbst ist möglicherweise um 500 n. Chr. aus merowingisch-fränkischer Besiedlung entstanden, die wiederum auf römische Siedlungtätigkeit zurückzuführen ist; so wurden um Erbenheim z.B. mehrere römische Landgüter (villa rustica) gefunden, aus deren Existenz sich die Einrichtung von Domänen, Königsgütern und Saalhöfen der fränkischen Epoche vielfach erschließt.

Die erste urkundliche Erwähnung erfolgte 927. Der Ort war Teil des Königssondergaues und bestand im Mittelalter aus zwei voneinander unabhängigen Gemeinden, deren eine – Obererbenheim – seit Anfang des 15. Jh. verschwunden ist (94/95). Die 1423 auf Drängen von Graf Adolf II. (1393–1426) durch Kaiser Sigismund verliehenen Stadtrechte hatten jedoch kaum Einfluß auf Erbenheims weitere Entwicklung. Vielmehr teilte das Dorf im 30jährigen Krieg und danach das Schicksal der meisten umliegenden Gemeinden.

Der Bau der Schule 1835, eines Rathauses 1866 (zerstört), des Bahnhofes 1879 und der Pferderennbahn 1910 förderten die Verstädterung des Ortes, die in seinen Randbereichen sichtbar ist. Die Eingemeindung nach Wiesbaden erfolgte 1928.

92. Pauluskirche
Wandersmannstraße

Die im Kern gotische Pauluskirche (14. Jh.?), in der Mitte des damaligen Ringwalles gelegen, hat einen Chorturm mit hohem Pyramidendach, an dessen Nordseite die Sakristei angebaut ist. Nach der Reformation 1546 wurde die Kirche evangelisch und durch den Umbau 1729–31 auch die Inneneinrichtung erneuert: Der Schalldeckel der Kanzel (18. Jh.) zeigt seither den Pelikan, das Symbol aufopfernder Liebe. Der Kirchenraum wurde damals mit einer barocken Flachtonne, der Chorempore in schlich-

Pauluskirche Erbenheim

ter farblicher Fassung der Brüstung und vergrößerten Fenstern mit geradem Abschluß versehen.

Die endgültige Wiederherstellung endete 1731.

Die Barockorgel, 1781 erbaut von den Gebr. Mahr aus Wiesbaden, ist die älteste Barockorgel der Stadt, die noch im Gottesdienst verwendet wird. Neben dem Altar befindet sich ein aus nassauischem Marmor gefertigter Grabstein des Freiherrn Herrmann v. Spiegel.

Als Zeugen aus dem Spätmittelalter beherbergt die Kirche den Grabstein von Bernhard von Waldbrun von 1533 und den Kenotaph seiner Frau von 1536.

93. Der Goldene Hirsch
Wandersmannstraße 32

In der Nähe der Kirche (92) und des Rathauses, der alten 1835 in klassizistischen Formen errichteten Schule, steht der Goldene Hirsch, ein Gebäude aus dem Jahre 1777. Das Haus zeigt fränkisches Fachwerk, wirkt jedoch weniger durch Schmuck als durch seine wohlproportionierten Maße und den frühklassizistischen Giebel.

Im Inneren befindet sich eine in Holz konstruierte, weit ausladende spätbarocke Wendeltreppe, die sehenswert ist.

Gasthaus „Goldener Hirsch", Erbenheim, Wandersmannstraße 32

94. Obertor und Untertor

(heute nicht mehr vorhanden)
Wandersmannstraße 2 und 34

1423 wurden dem Flecken Erbenheim durch Kaiser Sigismund die Stadtrechte verliehen. Danach durften Wochenmärkte abgehalten und der Ort mit Wall und Graben befestigt werden.

Anstelle der sonst üblichen Stadtmauer umgab man den alten Ringwall der Stadt mit einem „Gebück".

Zu diesem Zweck wurden junge Buchen gepflanzt und „gebückt", d.h. jeweils über Kreuz nach unten gebogen und bildeten so ein undurchdringliches Gestrüpp – die Reste eines solchen Gebücks als einfachster Form der Verteidigung sind im „Mappener Gebück" bei Hausen vor der Höhe erhalten.

An zwei Stellen des Gebücks, Wandersmannstraße 2 und 34, befanden sich gemauerte, verteidigungsfähige Tore: Das Ober- und das Untertor, die als Wach- und Hirtenhäuser dienten.

95. Obererbenheim
Tempelhofer Straße

Die Geschichte des Landes kennt zahlreiche Auseinandersetzungen und Fehden zwischen den Grafen von Eppstein und Nassau, die auf der unterschiedlichen Anhängerschaft zum Mainzer Erzbischof und zum Kaisertum beruhen.
Bei einem Gebietsstreit 1417 wurde Obererbenheim völlig zerstört. In der Nähe der Schafbrücke liegen die Distrikte „Zwischen den Dörfern" und „Steinhaufen", die den Standort des alten Obererbenheim bezeichnen und wo immer wieder

Funde aus der damaligen Zeit geborgen werden. Beim Bau der Eisenbahn 1879 fand man u.a. Waffen, Schmuck und über 40 Gräber, in denen Männer, Frauen und Kinder lagen. Die im Distrikt „Steinhaufen" 1971 ergrabene alte „Heydenkapelle" deutet auf die schon in karolingischer und ottonischer Zeit (8.–11. Jh.) dichte Besiedlung hin. Obererbenheim wurde zur Wüstung und die Überlebenden in Untererbenheim, dem heutigen Erbenheim, aufgenommen.
Heute ist im damaligen Obererbenheim ein neues Wohngebiet entstanden.

96. Erbenheimer Warte
Am Fort Biehler

Landwehr und Warten waren im Mittelalter weitverbreitete Anlagen zur Abgrenzung territorialer Einflußbereiche. Die Erbenheimer Warte stand im Zusammenhang mit einer Landwehr (Wall- und Grabensystem), die sich von Kastel über Biebrich, Erbenheim, Bierstadt (91) bis Hochheim hinzog.

Sie wurde 1497 unter Erzbischof Berthold von Mainz (1484–1504) zur Beobachtung des Nassauer Landes vollendet und ist mit ihrem steinernen Helm eines der wenigen großen Denkmale Wiesbadens aus der spätmittelalterlichen Epoche.

Erbenheimer Warte

Die Abbildung zeigt deutlich die Verteidigungseinrichtungen wie den hochgelegenen, durch Leitern erreichbaren Zugang, Pechnasen und sparsame Öffnungen, welche die Warte uneinnehmbar machten. Ihr guter Erhaltungszustand ist je-doch eher eine Folge ihrer militärischen Bedeutungslosigkeit angesichts weittragender Waffen und verursacht durch den Niedergang des kurmainzischen Einflusses im 16. Jh.

Kastel

Der bedeutende römische Standort „Moguntiacum" – Mainz – mit ca. 12 000 Soldaten der 14. Legion war seit der Regierung Kaiser Augustus' Ausgangspunkt für sämtliche rechtsrheinischen Unternehmungen. Ehe sich die Römer in Wiesbaden niederließen (I, 13, 18), hatten sie von Mainz aus bereits 14–12 v. Chr. in Kastel einen Brückenkopf errichtet (98), der unter Kaiser Domitian 83–86 n. Chr. zu einem Ka-stell ausgebaut wurde und durch eine feste Brücke mit Mainz verbunden war. Nach kriegerischen Auseinandersetzungen mit den Alemannen im 3. und 4. Jh. brach die Rheingrenze seit 407 zusammen.

Die erste urkundliche Erwähnung im Mittelalter stand in Zusammenhang mit einer Schenkung 757. 1184 erlebten Kastel und Kostheim das größte mittelalterliche Fest zu Ehren Kaiser Barbarossas (1152–1190) auf der Maaraue.

Zahlreiche Verwüstungen sowohl im 30jährigen Krieg, den Eroberungszügen Ludwigs XIV. und Kaiser Napoleons kennzeichnen die durch die Nähe zur Festung Mainz bedingte schwierige Geschichte, die mit der nahezu vollständigen Zerstörung 1945 und der Trennung von Mainz auch ein Umdenken auf zahlreichen Gebieten erzwang.

97. Ochsenbrunnen
Autobahnabfahrt Kastel

Am Fuß des Hanges, über den heute die Autobahn von Wiesbaden nach Hochheim führt, liegt der „Ochsenbrunnen", der vermutlich bereits in römischer Zeit zur Wasserversorgung des damaligen Kastells (98) diente.

Im vorigen Jahrhundert wanderten die Brüder Busch aus Kastel in die Vereinigten Staaten von Amerika aus.

1890 stifteten sie der Heimat einen Betrag zur Fassung der Quelle und zur Verschönerung des reizvollen Rastortes, dessen Wiederherstellung beabsichtigt ist.

Kastel, Ochsenbrunnen

98. Mitte des römischen Kastells

Das Zentrum des römischen „Castellum Mattiacorum" lag im Bereich von Rathausstraße, Rochusplatz und Kleiner Kirchenstraße und war zunächst eine untergeordnete Befestigungsanlage aus Erdwällen und Palisaden gewesen.

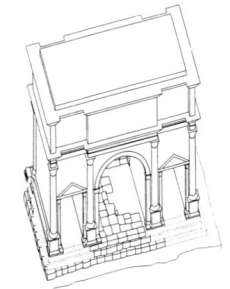

Kastel, Römischer Ehrenbogen (1. Jh. n. Chr.), Rekonstruktion nach H. G. Frenz

Zwischen 83 und 86 n. Chr. erweiterten die Römer unter Kaiser Domitian (81–96 n. Chr.) den seit 14 v. Chr. bestehenden Brückenkopf zu einem regelrechten Kastell, dessen Mauer eine Fläche von 67 x 91m umschloß und welches von einer Lagersiedlung umgeben war.

Die ursprüngliche Schiffsbrücke wurde in dieser Zeit als Holzbrücke in Sprengwerkskonstruktion mit steinernen Strompfeilern erneuert und setzte sich in der via petronia (Steinernstraße) fort, welche durch das Kastell nach Norden zu den grenznahen Kastellen am Taunusrand führte.

Am Bau des Kastells waren – wie Ziegelstempel bekunden – u.a. die „Legio I Adjutrix" und die „Legio XIV Gemina" – beteiligt.

Zwischen 110 und 120 n. Chr. wurde das Kastell als Festung aufgelassen, nichtmilitärisch besiedelt und der „Civitas Mattiacorum" mit dem Zentrum Aquae Mattaicae (Wiesbaden) unterstellt.

Der „vicus" reichte damals in seiner Größe durchaus an Aquae Mattiacae heran. Zahlreiche Funde, so u.a. Töpfereien, Wohnungen mit Hy-

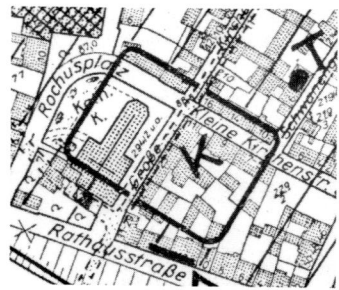

Lage des römischen Castrum im heutigen Kastell

pokausten, größere Thermen und ein Falschmünzerbetrieb künden vom hohen Stand der damaligen zivilisatorischen Entwicklung.

Nach dem Alemanneneinfall 259/60 wurde die Brücke abgebrochen und der Fährbetrieb wieder aufgenommen. Gegen Ende des 4. Jh. gaben die Römer die Civitas Mattiacorum auf. 803 baute Karl der Große auf den Resten der römischen Strompfeiler eine neue Brücke, die 813 völlig verbrannte.

916 vermachte Kaiser Otto I. sei-

nem Sohn Heinrich I den Rheingau einschließlich Kastel als Schenkung. Im 11. Jh. begann das Mainzer Erzstift auf Kastel Anspruch zu erheben, als Brückenkopf zu sichern und die Georgskirche zu errichten, deren Neubau, 1690–1746 erstellt, ein Opfer des letzten Krieges ist.

Bedingt durch die Nähe zu Mainz wurde Kastel im Lauf der Geschichte immer wieder in kriegerische Auseinandersetzungen hineingezogen, was zu einer starken Befestigung des Umlandes durch Fortifikationen und schließlich 1832–1833 zum Bau der Reduit (99) führte.

Der Bau der Bahnlinie Wiesbaden-Frankfurt seit 1840 und der Strombrücke 1882–1885 nach Plänen von Ingenieur Lauter und Friedrich v. Thiersch (1852–1921) (23) waren wichtige Stationen der weiteren Entwicklung. Nach der Verbreiterung dieser Brücke um 1935 und ihrer Zerstörung im 2. Weltkrieg wurde sie erneuert und verbindet mit fünf kühnen Bögen aus Eisen die Städte Mainz und Wiesbaden.

In jüngster Zeit wurden in der Großen Kirchenstraße die Fundamente eines ehemals bedeutenden, dem römischen Feldherrn Germanicus gewidmeten Ehrenbogens gefunden, die im Keller des Hauses Nr. 11 zu besichtigen sind.

Lit.: Diehl, F. Von Castellum bis Kastel, Hrsg.: Gesellschaft für Heimatgeschichte Kastel e.V., 1985

99. Reduit-Kaserne
Kastel (hinter dem Bahnhof)

Nach der Niederlage Napoleons am Rhein 1814 erkannte der Deutsche Bund (1818) die Wichtigkeit einer dortigen Festung.

Diese erste Kaserne war das Kernstück der Festung Kastel, welche als Teil der ausgedehnten Befestigungen um Mainz und rechtsrheinischem Gebiet zu verstehen ist.
Von 1832 bis 1833 entstand die zweigeschossige, hufeisenförmige Reduit als Brückenkaserne mit freistehendem rheinseitigem Mittelbau zum Schutz der damaligen Schiffs-

Kastel, Reduit-Kaserne

brücke und des Brückenzolls. Sie wurde unter preußischer und österreichischer Beteiligung von dem österreichischen Ingenieuroffizier Scholl errichtet.

Die Brückenbefestigung war nach allen Seiten gesichert und der verstärkt ummauerte Gang mit Schießscharten versehen. Das Dachgeschoß wurde als verteidigungsfähige Terrasse ausgebildet.

Die Gestaltung des Portals ist von besonderem Interesse: Die mächtigen dorischen Säulen zeigen Lanzenbündel als klassizistische Aneignung römisch-antiker Militärsymbolik. Der Löwe über dem Architrav, umgeben von Wappenschilden und Kriegstrophäen, hält die Fahnen der wichtigsten Bundesländer in den Pranken. Den Schluß-

stein des Tores zur Rheinseite bildet ein Medusenkopf mit Ölzweig und Lorbeer, Zeichen des Friedens und des Sieges. Als Bildhauer ist der Mainzer Josef Scholl überliefert.

„Cura confoederationis conditum" – „durch die Fürsorge des Bundes errichtet" steht in Bronzelettern über dem Landtor geschrieben.

Neben dem Rheintor steht das alte Zollhaus mit dem Stadtwappen Kastels.

Die Kaserne ruht auf einem Pfahlrost von 1800 Eichenstämmen und mit ihrem Bau verschwand ein ausgedehntes Sumpfgebiet.
Im Laufe der vergangenen Jahre wurde die Reduit-Kaserne teilweise saniert und mit einem neuen Dach versehen.

100. Palais des Kaufmanns Rasella
Frankfurter Straße 15

Um 1800 erwarb der Heereslieferant, Geldverleiher und Kaufmann Rasella ein Grundstück zwischen dem einstigen Befestigungsgraben und der dahinterliegenden Schanze am Rande des heutigen Kloberplatzes. Den schmalen Grünstreifen legte er als gestuften Garten an und schloß ihn nach Nordwesten mit einem Palais.

Das zweigeschossige Gebäude ist vermutlich das Werk eines Mainzer

Architekten, dem der zeitgenössische französische Klassizismus geläufig war. Der Bau ist damit ein seltenes Beispiel des Louis XVI auf Wiesbadener Boden.

Ost- wie Westabschluß bildet jeweils ein fast kubischer Pavillon mit drei Fensterachsen; Gebäudemitte ist der tiefere Hauptbau mit fünf Achsen und elegantem Portal. Die kürzeren Verbindungsbauten liegen als Rücklagen hinter der Hauptfront und waren früher von zwei Toren durchbrochen. Die Traufe verbindet die einzelnen Teile zu einem Ganzen.

Der Bau ist noch in der Tradition des akademischen Barock gehalten, der die waagerechte Rustika der Bindeglieder ebenso wie die Form des durchlaufenden Hauptgesimses kennt. Die Ornamentlosigkeit der Architektur und die ehedem auf die Spiegel beschränkten Schmuckfriese in Deckenebene weisen jedoch auf den französischen Frühklassizismus.

Rasella hat die Fertigstellung seines Hauses nicht mehr erlebt.

Im letzten Weltkrieg wurde das Dach zerstört und bei der Renovierung durch ein Notdach ersetzt. In-

Kastel, Palais Rasella

zwischen ist der Bau restauriert und befindet sich in privatem Besitz.

Kostheim

Als „copistaino" wurde Kostheim 790 in einer Urkunde Karls des Großen (768–814) erwähnt, in welcher er einen Güterstreit zwischen kirchlichen und weltlichen Herren gütlich beilegte. Im 9.–11. Jh. gehörte der Ort zum Königssondergau, dessen Ministerialen in Wiesbaden und auf dem Königsgut Mechtildshausen saßen. Die Vogteirechte, welche seit dieser Zeit bei den Mainzer Burggrafen lagen, gingen im 12. Jh. an die Herren von Eppstein über. Die dem Ort unmittelbar benachbarte Maaraue war 1184 Schauplatz des größten Festes der mittelalterlichen Epoche, welches zu Ehren von Friedrich I. Bar-

barossa (1152–1190) veranstaltet worden war.

Zu Beginn des 13. Jh. wendete sich das Schicksal Kostheims entscheidend durch den Übergang in geistlichen Besitz von St. Stefan und Altmünster in Mainz. Auch Landgraf Wilhelm von Hessen hatte 1492 Besitzrechte erworben.

1528 erwirkte Kurfürst Albrecht von Brandenburg die Besitzrechte der Eppsteiner Grafen. Kostheim unterstand seither dem Mainzer Domkapitel.

Hatte der 30jährige Krieg Kostheim und die gesamte Region erheblich in Mitleidenschaft gezogen, so

wurde der Ort 1793–1798 durch die französischen Belagerungen von Mainz weitgehend zerstört. Mit dem Niedergang von Kurmainz 1803 waren die ehemaligen rechtsrheinischen Gebiete dem Herzogtum eingeliedert worden.
Die Erneuerung unter nassauischer Herrschaft erfolgte in bescheidenen Verhältnissen. Mit dem Neubau von St. Kilian 1836 wurde zugleich der Wiederaufbau beendet.

Lit.: Stamm, K., Kostheim, Hrsg. Heimatverein Kostheim e. V. 1983

101. Kath. Pfarrkirche St. Kilian
Mainpfortstraße/Kirchplatz

1766–1769 war am Hochgestade über dem Main die St. Kilianskirche als ansehnlichste und schönste Barockkirche am Untermain durch Stiftungen der Freifrau von Berberich entstanden. Dieser Bau fiel den Verwüstungen der Kriegsjahre 1793–1798 zum Opfer.

St. Kilian, Kostheim, Darstellung der Barock-Kirche von 1769 (P. Kaufmann)

1836 wurde am Ort des Vorgängerbaues die neue Pfarrkirche nach Plänen des Provinzialbaumeisters Opfermann vollendet. Mit ihrem schlanken Westturm und dem dreischiffigen Langhaus ist der Bau ein Beispiel für den romantisch gefärbten Nachklassizismus, der u.a. in der Wiederverwendung romanischer und frühchristlicher Bau- und Dekorationsformen neue Ausdrucksmöglichkeiten suchte. Der anspruchslose Bau steht unter dem Einfluß von Architekten wie Friedrich v. Gärtner (1792–1847) aus München und Heinrich Hübsch (1795–1863) aus Karlsruhe, die das Bauwesen der zweiten Jahrhundertdrittels wegweisend bestimmten.

102. Klassizistisches Amtshaus
Hauptstraße 137

Die Erweiterungen Kostheims, seit 1803 unter nassauischer Verwaltung, waren Folge der mehrfachen Zerstörungen des Ortes am Ausgang des 18. Jh. und sind noch an den vorhandenen baulichen Resten des Klassizismus in der Hauptstraße, der Maarau- und Mainpfortstraße zu erkennen.
Mit dem Bau der Pfarrkirche St. Ki-

lian (101) war die erste größere Phase des Wiederaufbaues abgeschlossen. Ein besonders schönes Beispiel eleganter und gleichwohl zurückhaltender Architektur dieser Epoche hat sich mit dem Eckhaus Hauptstraße 137 – der heutigen Ortsverwaltung – erhalten: Die ausgewogene, im Gleichmaß der zweigeschossigen Fensterachsen edel gestaltete Fassade folgt übergangslos und ohne dominierende Akzente dem Straßenrund und beherrscht in harmonischer Selbstverständlichkeit die architektonische Situation. Das Gebäude wurde 1836, im Jahre

Amtshaus

der Weihe von St. Kilian (101) errichtet und war für die damaligen Kostheimer Verhältnisse ein bemerkenswerter Bau.

Seit 1977 sind die im Osten Wiesbadens gelegenen Gemeinden Delkenheim, Breckenheim, Nordenstadt, Medenbach, Auringen und Naurod nach Wiesbaden eingemeindet. Das „Ländchen", in dem die vier erstgenannten Orte liegen, war in karolingischer Zeit Teil des Königssondergaues. Das in sich geschlossene Gebiet großer Fruchtbarkeit war im Mittelalter nördlich von nassauischer und eppsteinischer, im Süden von kurmainzischer Herrschaft umgeben. Die Region fiel als ehemalige Besitzung der Herren von Eppstein 1492 durch

Kauf an den Landgraf von Hessen und wandte sich unter Philipp dem Großmütigen frühzeitig dem Protestantismus zu.

Der 30jährige Krieg brachte für den Landstrich schwere Verwüstungen, von denen er sich erst im 18. Jh. erholte.

Der Untergang des Kurstaates Mainz und das Aufgehen im Herzogtum Nassau 1803/06 bescherte dem „Ländchen" die für das 19. Jh. allgemein typische Entwicklung (IX).

Delkenheim

Die Besiedlung des heutigen Gebietes von Delkenheim begann mutmaßlich mit der fränkischen Landnahme im 6. Jh. Die Lage des Ortes auf einem Plateau oberhalb der Wicker hatte frühzeitig den Bau einer Burg der 1204 erstmals urkundlich erwähnten Herren von „Delchilnheim" begünstigt, die wegen Raubritterei der Burgherren, zugleich Burgvögte der Eppsteiner Grafen, durch Rheingauer Bürger 1372 zerstört wurde und verschwunden ist. Das Geschlecht ist bis 1467 nachweisbar. Die Verleihung der Stadtrechte auf Betreiben der Grafen von Eppstein durch König Ludwig 1320 hatte keinen nennenswerten Einfluß auf die Entwicklung des Ortes, der nach den Verwüstungen des 30jährigen und der darauffolgenden Kriege, mit dem „Ländchesdom", der evangelischen Pfarrkirche (103), erstmals weithin sichtbare Konturen erhielt. Mehrere fränkische Hofanlagen haben sich im Ort erhalten.

Als besondere historische Stätte ist der Hof Mechtildshausen – Gerichtsort der fränkischen Gaugrafen und der Schöffen umliegender Ortschaften seit dem 8. Jh. – zu nennen.

103. Ev. Pfarrkirche
Dekan Lindenbeinstraße

Die Pfarrkirche von Delkenheim ist erstmals 1299 erwähnt. Der 1893–

Pfarrkriche Delkenheim

1894 in neugotischen Formen als Blendsteinbau errichtete eintürmige „Ländchesdom" erhebt sich über spätmittelalterlichen Bauresten, welche in der Sakramentsnische der Turmhalle aus dem Ende des 15. Jh. noch sichtbar sind. Architekt war der Königl.-preussische Baurat Ludwig Hofmann aus Herborn, dessen Oeuvre in einer Fülle bemerkenswerter Kirchenbauten überliefert ist.

Gemeinsam mit dem ansehnlichen Pfarrhof, einem barocken Wohnhaus aus der zweiten Hälfte des 18. Jh. (1773) mit Mansarddach, einem Brunnenhaus der Entstehungszeit im Hof und den kleinbäuerlichen Baustrukturen der Nachbarschaft bildet die Kirche ein bemerkenswertes Ensemble.

104. Fachwerkhaus 1654
Landwehrstraße 5

In der Landwehrstraße befindet sich eine fränkische Hofanlage, deren Hauptgebäude von 1654 ein für die Gegend heute ungewohnter Erkerbau mit reich geschnitztem Holzwerk in den typischen Dekorationsformen des späten 16. und 17. Jh. ziert. Das Gebäude, mutmaßlich Teil eines ehemals adligen Besitzes, wurde in jüngster Zeit fachgerecht restauriert.

Fachwerkhaus Landwehrstraße 5

Die frühere Existenz einer Burg und mehrerer Rittergeschlechter, die Verleihung der Stadtrechte 1320 sowie die fruchtbare Gemarkung des Ortes lassen auf Wohlstand schließen, der die Anlage vergleichbarer repräsentativer Wohnbauten vor dem 30jährigen Krieg wahrscheinlich macht.

105. Ehem. Geiß'sche Mühle
Mühlberg 1

Im Talgrund unterhalb des Kirchenplateaus liegt die ehem. Geiß'sche Mühle inmitten einer weiträumig umgrenzten Hofanlage mit Wohnhaus, Torgebäude und Stallungen. Erbaut im Jahre 1588 (Hinweis am Torhaus), wurde das Anwesen im 30jährigen Krieg zerstört und an gleicher Stelle neu errichtet. Als Erbleihmühle ist der Hof 1789 urkundlich erwähnt. Die in den vergangenen Jahren restaurierten Bauten sind von großer Bedeutung für das Erscheinungsbild des Ortes.

Ehem. Geiß'sche Mühle

Breckenheim

Auch die Anfänge der Gemeinde Breckenheim reichen zurück bis in die Zeit fränkischer Besiedlung (6.–9. Jh.). In der Schenkungsurkunde König Ottos I. (936–973) bezüglich des Königshofes von Nordenstadt aus dem Jahre 950 ist der Ort erstmalig erwähnt.

Als Teil des Landgerichts Mechtildshausen gelangte Breckenheim 1124 an das Erzstift Mainz und zwischen 1180 und 1190 in Eppsteiner Besitz. Seit 1492 den Landgrafen von Hessen gehörig, kam der Ort 1803 an das Herzogtum Nassau. Ähnlich wie Erbenheim (94), Delkenheim und zahlreiche andere Orte war die Ansiedlung mit einem Gebück aus Hecke und Graben umgeben. Zentrum der Anlage war der Dorfplatz mit Fronhof und Kirche, während sich der Ort entlang der Hauptstraße als Straßendorf entwickelte. Nach den Verwüstungen des 30jährigen Krieges wurden erst zu Beginn des 18. Jh. Pfarrhaus und Kirche wiedererrichtet. Eine Reihe ansehnlicher Fachwerkbauten dieser Zeit prägen das Ortsbild im Verlauf der Straße.

106. Ev. Pfarrkirche
Alte Dorfstraße/Am Dorfplatz

Von der spätromanischen Kirche in Breckenheim hat sich der Chorturm erhalten, dessen Zeltdach mit Glockenstuhl dem 16. Jh. entstammt. Das ehemalig kreuzgratgewölbte Langhaus wurde 1720–24 durch einen barocken Saalbau mit Flachtonne und Rippen ersetzt. Die Kanzel ebenso wie die Emporen mit Brüstungsmalereien entstammen diesem Umbau des 18.Jh.

Pfarrkirche Breckenheim

Nordenstadt

Die aus frühgeschichtlicher Zeit stammende „Mainzer Straße", welche vom Rheinübergang bei Kastel kommend, in den Taunus führte, ließ bereits in vorfränkischer Zeit den Ort Nordenstadt entstehen.

Um 950 ist in einer Urkunde König Ottos I. (936–973) ein Königshof bezeugt, von dem aus sich die Entwicklung der Siedlung „Nornestat" mit der Kirche fortsetzte. Überwiegend Reichsgut und Teil des Königssondergaues, gelangten durch Schenkung Ländereien in den Besitz Mainzer Klöster, des Mainzer Stiftes und seit dem 12. Jh. in gräflich-Eppsteinische Verwaltung. Gottfried X von Eppstein verkaufte 1492 die Hälfte der Herrschaft Eppstein mit zehn Orten an die Landgrafen von Hessen. Seit 1803 war das „Ländchen" herzoglichernassauischer Besitz.

Der Ort ist gekennzeichnet durch die eindrucksvolle Kirche von 1718/38 (107) sowie eine Reihe bemerkenswerter Bauten und Hofanlagen in der Heerstraße, der Stolberger- und Turmstraße.

Durch die ausgedehnten Neubaugebiete hat das dörfliche Erscheinungsbild Nordenstadts erheblich gelitten.

107. Ev. Pfarrkirche
Turmstraße

Die Pfarrkirche von Nordenstadt steht auf einem spätgotischen Kern des 15. Jh., der, nach Zerstörung des Bauwerks im 30jährigen Krieg, im Turm und in dem 1718/1719 nach Süden verbreiterten Chor noch zutage tritt.

Hier sind u.a. die Turmfenster mit der Kleeblattrosette aus dem Übergang von der Romanik zur Gotik, der über dem Südportal vermauerte Schlußstein und die Strebepfeiler mit Kaffgesimsen an Schiff und Chor zu nennen. Das Schiff datiert ebenfalls von diesem barocken Umbau. Der Turm wurde 1738 um zwei Stockwerke erhöht und mit geschweifter Haube und Laterne versehen. Die kassettierte Flachtonne

Pfarrkirche Nordenstadt

des Innenraumes entstammt dem Klassizismus (1823), die Chorempore mit Brüstungsmalereien, die Kanzel und die sonstige Ausstattung (Altarkruzifix, Ölgemälde mit Beweinung Christi) dem frühen 18. Jh.

Der Epitaph (1767) ist ein Werk von Johann Daniel Schnorr, der Taufstein von 1732.

Lit.: 250 Jahre Evangelische Kirche Nordenstadt, Hrsg.: Kirchenvorstand der Evang. Kirchengemeinde Wiesbaden 1988.

108. Pfarrhof
Turmstraße

In unmittelbarer Nachbarschaft zur Kirche liegt der klassizistische Pfarrhof, welcher 1833 unter dem Inspektorat des Wiesbadener Landbaumeisters Wolff (1773–1843) entstanden ist (Wolff hatte zur gleichen Zeit u.a. den stadtseitigen Prospekt der Rheinstraße in Wiesbaden geplant, von dem das Gebäude Luisenplatz 1 als einziges noch nahezu vollständig erhalten ist).

Der Pfarrhof in Nordenstadt ist als Dreiflügel-Anlage mit untergeordneten Nebengebäuden konzipiert und zeigt in dem zweigeschossigen, durch Fugenteilung (im Erdgeschoß) und Rundbogenfenster ge-

Nordenstadt, Pfarrhof

gliederten Hauptgebäude neben der zeitbedingten Vorliebe für das sparsame Baudetail den edel proportionierten, an größeren Vorbildern des 16.–18. Jh. orientierten Gestaltungsanspruch des klassizistischen Wohnbaues.

Medenbach

Als erste sichere urkundliche Erwähnung Medenbachs ist das Jahr 1107 anzusehen, wenngleich der Ort als Teil der fränkischen „Kuningessuntera" (Königssondergau) wesentlich älter ist.

Im 13. und 14. Jh. zum Besitz der Grafen von Eppstein gehörig, wurde Medenbach 1348 als Reichslehen (mit der Herrschaft Wiesbaden) dem Haus Nassau überstellt und kam 1492 an den Landgraf von Hessen. Im 30jährigen Krieg wurde Medenbach fast völlig zerstört und war nach dem Aufblühen im 18. Jh. seit 1803/06 in herzoglich-nassauischem Besitz.

Wie Breckenheim oder Erbenheim (94) war Medenbach ebenfalls mit einem Gebück umgeben. Der Ort ist gekennzeichnet durch einige fränkische Hofanlagen, unter denen das Anwesen In der Hofreite 2 ein besonders sorgfältig restauriertes Beispiel ist.

109. Ev. Pfarrkirche
Fritz-Erler-Straße

Als Weihedatum der Kirche ist das Jahr 1107 überliefert. Der Bau besitzt ein kleines, im Kern wahrscheinlich romanisches Schiff mit schmalerem Chor, woran sich die Nordpforte mit einem Türsturz der Bauzeit anschließt. Die Westpforte ist ebenso wie die Sakramentsnische gotischen Ursprungs. Schiff und Chor erfuhren durch Vergrößerung des Chorbogens, Erhöhung der Wände und Einbau neuer Fenster 1714 barocke Veränderungen, nachdem bereits 1576/77 der baufällige Chor durch einen Neubau ersetzt worden war. Ebenfalls dem frühen 18. Jh. entstammen der

Pfarrkirche Medenbach

schlanke Haubendachreiter sowie Kanzel und Emporen. Die originale Farbigkeit der Decke und der Ausstattung wurde 1965 freigelegt.

Auringen

Grabfunde in der Gemarkung Auringens deuten auf eine frühgeschichtliche Besiedlung (Hallstattzeit 800–400 v. Chr.). Entstanden in karolingischer Zeit (8./9. Jh.), war Auringen seit dem 13. Jh. in nassauischem Besitz. Die früheste urkundliche Erwähnung stammt von 1303. Sowohl der 30jährige Krieg wie die nachfolgenden Okkupationen führten regelmäßig zur Zerstörung des Dorfes. Auringen zählt damit zu den älteren Ansiedlungen der Gegend, deren strategisch günstige Lage auf der Anhöhe oberhalb der Wicker nur von begrenztem Vorteil war in dem durch wechselnde Gebietsansprüche der Herren von Eppstein, der Grafen von Nassau und des Mainzer Domstiftes heimgesuchten Gebiet.

Pfarrkirche Auringen

110. Ev. Pfarrkirche
Kirchenhügel

1716 entstand als anspruchloser Fachwerkbau die protestantische Pfarrkirche, die mit ihrem durch eine hohe Haubenlaterne akzentuierten Ostturm sowie der Flachtonne des Innenraumes überliefert ist.

Die Kanzel ist älteren Ursprungs und entstammt der Mitte des 17. Jh.

Naurod

Die Entstehung des Ortes Naurod als hochmittelalterliche Rodungssiedlung in der Talsenke wird bereits im Namen deutlich. Wie Auringen, war auch Naurod immer unter gräflich-nassauischer Herrschaft gewesen.

Kennzeichnend war der große Waldbesitz, der zahlreichen Köhlern und Holzfällern Unterhalt bot. Die erste urkundliche Erwähnung entstammt dem Jahr 1346, wenngleich der Ort „Nurunde" – Neue Rodung – wesentlich älter ist. Nach den Zerstörungen des 30jährigen Krieges erfolgte östlich der alten Siedlung unter Fürst Georg August Samuel (1677–1729) eine planmäßige Neugründung, die sich noch im Verlauf der Straße andeutet.

Der gradlinige, talabwärts verlaufende Straßenzug Obergasse/Auringer Straße bildet das Rückgrat des Ortes und ist an der Kreuzung geprägt durch das dominierende Oktogon der evangelischen Pfarrkirche (111) und einige schöne Hofanlagen des 17. und 18. Jh., unter denen die Gebäude Obergasse 10, 14 und Auringer Straße 1 und 10 besonders erwähnenswert sind.

Pfarrkirche Naurod

111. Ev. Pfarrkirche
Kirchhohl/Obergasse

Die evangelische Pfarrkirche, 1727–30 erbaut und dem Wiesbadener Baumeister Johannes Georg Bager zugeschrieben, steht an beherrschender Stelle im erweiterten Straßenraum der Ortsmitte.

Der achtseitige Zentralbau ist ein gutes und seltenes Beispiel für den protestantischen Predigtraum des Barock (18. Jh.) unter französischem Einfluß.

Die Außengliederung durch gedoppelte Pilaster römisch-dorischer Ordnung setzt sich fort in einem hohen geschweiften Kuppeldach mit schlanker Zwiebellaterne. Die innen umlaufende Empore ruht auf Stützen, die eine achteckige, ehemals mit einem ikonographischen Programm reich bemalte flache Holzkuppel tragen.

Die barocke Bemalung der Emporenbrüstungen wurde 1964 freigelegt.

Gegenüber dem Eingang befinden sich, der Tradition reformierter Kirchen entsprechend, Kanzel und Orgel, davor der Altar.

Pfarrkirche Naurod, Innenraum

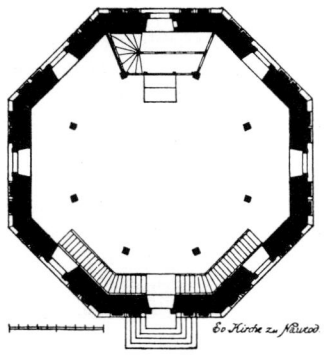

Pfarrkirche Naurod, Grundriss

Glossar
(nach Dehio, G., Handbuch der dtsch. Kunstdenkmäler 1966).

Ädikula, aus Stützgliedern und Giebel bestehende Rahmung von Fenstern, Türen u. a.

Akanthus, im Mittelmeerraum verbreitete Distelart (Bärenklau), in stilisierter Form als Dekorationsmotiv der griechischen und römischen Baukunst.

Akroterion, (griech.: höchstes Teil) meist aufrecht stehende Verzierung der Ecken des klassischen Giebeldreiecks.

Altan, fest gegründeter Austritt bzw. Freisitz an höher gelegenen Stockwerken.

Amortissement, bekrönendes Dekormotiv.

Apsis, im Kirchenbau ein an den Hauptbau oder Chor anschließender Raum über ursprünglich halbkreisförmigem Grundriß, niedriger und mit eigener Verdachung.

Architrav, durchlaufender Stein-„balken" (als vom antiken Holzbau kommend) über einer Säulen- oder Pfeilerstellung. Hauptteil des → Gebälks.

Archivolte, Front einer Bogenstellung über Säulen oder Pfeilern, Merkmal der klassischen Architektur und der von ihr beeinflußten Stile (Romanik, Renaissance, Barock, Klassizismus sowie Stilanleihen des Historismus).

Arkade, auf Stützgliedern (Säule, Pfeiler) ruhende Bogenstellung.

Arts and Crafts-Bewegung, in den 80er Jahren des 19. Jh. begründete Reformbewegung englischer Künstler, Kunsthandwerker und Architekten in Auseinandersetzung mit der industriellen Warenproduktion. Ziel war die Schaffung einer künstlerisch gestalteten Umwelt auf der zum Ideal erhobenen Grundlage kunsthandwerklicher Zusammenarbeit nach dem Vorbild des mittelalterlichen Bauhüttenwesens. Die Bewegung gewann Einfluß auf den kontinentalen Jugendstil und den Deutschen → Werkbund.

Attika, niedriger mauerartiger Aufbau über dem Hauptgesims eines Gebäudes.

Balkon, frei vorkragender Austritt bzw. Freisitz.

Baluster, Stützglied aus Stein oder Holz mit meist rund profiliertem Schaft an einer Brüstung oder einem Geländer.

Balustrade, durch Reihung von → Balustern oder → Docken gebildetes Geländer.

Basilika, Raumform der römisch-antiken und christlichen Baukunst mit drei oder fünf Schiffen, bei überragendem, durchfenstertem Mittelschiff.

Bauhaus, von Walter Gropius 1919 in Weimar geschaffene staatliche „Hochschule für Bau und Gestaltung", 1925 nach Dessau verlegt. Begründete den auf Klarheit, Sachlichkeit und Funktionalität beruhenden Bauhaus-Stil als Grundlage der Architektur der Gegenwart.

Basis, Fuß einer Säule oder eines Pfeilers, zumeist mit auslaufender Profilierung.

Beaux-Arts-Stil, von der Pariser École des Beaux-Arts im 19. Jh. gelehrte Wiederaufnahme der nationalen Renaissance in der Baukunst unter Einschluß der römisch-antiken und der Renaissancearchitektur.

Belétage, Hauptgeschoß eines herrschaftlichen Gebäudes mit repräsentativer Ausstattung.

Belvedere, Architekturmotiv bei Schlössern oder Villen, zum Genuß einer schönen Aussicht bestimmt (offene Turmgeschosse, Dachterrassen → Loggien mit weiten, hohen → Arkaden u. a.). Auch freistehende Architekturen zu Aussichtszwecken.

Bergfried (Belfried), repräsentativer Hauptturm und zumeist ältester Teil einer Burganlage.

Beschlagwerk, in der nordischen Renaissance gebräuchliches Flächenornament in Nachahmung bandeiserner Zierbeschläge.

Blendarkade, der geschlossenen Wand vorgeblendete Bogenstellung.

Blendbogen, → Blendarkaden.

Brüstung, → Balustrade.

Bosse, Werksteinquader mit scheinbar unbearbeiteter bzw. unregelmäßiger Vorderseite.

Civitas, römischer Rechtsbegriff für Stadt, Gemeinde, Staat.

Dachreiter, dem Dachfirst aufsitzendes Türmchen mit Geläut, auch mit Uhr.

Diamantquader, Werksteinquader mit facettierter Vorderseite.

Docke, profiliertes Stützglied besonders an hölzernen Geländern → Balustrade.

Dorisch, → Ordnung.

Entasis, (griech.: Ausspannung), die leichte Schwellung des Schaftes der griechischen Säule.

Entrée, (franz.: Eingang), Eingangsraum bzw. -halle eines repräsentativen Gebäudes.

Erker, frei auskragender Vorbau eines Gebäudes, ein- oder mehrgeschossig.

Exedra, Vorbau über halbkreisförmigem Grundriß u.a .

Fayence, durch weiße Zinnglasur und Bemalung veredelte Töpferware aus geschlemmtem Ton.

Feston, Dekorationsmotiv in der Art bogenförmig hängender Girlanden aus Laub, Blüten, Früchten.

Fresco, Malerei mit laugenechten Wasserfarben auf frischem Kalkputz, der das Farbpigment beim Trocknen bindet.

Fries, als waagerechter Streifen verlaufender Dekor zur Gliederung von Wandflächen u. a. Beim antiken Tempel die zwischen → Kranzgesims und → Architrav verlaufende Zone des → Gebälks.

Gaupe (Gaube), stehendes Dachfenster.

Gebälk, Gesamtheit der über Stützgliedern (Säule, Pfeiler, Pilaster) durchlaufenden Steinlagen der klassischen → Ordnung: → Architrav, → Fries, → Kranzgesims u. a.

Gekuppelt, gekoppelt, unmittelbar nebeneinanderliegende oder zusammenhängende Bauelemente.

Gesims, meist horizontales Profil zur Gliederung von Außenwänden.

Gewände, Mauereinschnitt eines Fensters oder einer Tür und die damit verbundene Rahmung in Werkstein (Fensterstock).

Glacis, Erdaufschüttung vor Festungsgräben.

Hauptgesims, Abschlußgesims eines Baukörpers.

Historismus, Rückgriff auf Stile und Künstler vergangener Epochen als geschichtsphilosophische Grundhaltung zur künstlerischen Produktion (u.a. griechische und röm. Kunst, Romanik, Gotik, Renaissance, Barock, islam. und asiat. Kunst), bes. im 19. Jh. gängige Kunstauffassung zwischen Klassizismus und Jugendstil.

Hochparterre, durch Ausbildung eines hohen Souterrains hoch gelegenes Erdgeschoß, oft bei Hanglage von Gebäuden.

Hypokauste, System der antiken Warmluftheizungen.

Inkrustation, Wandverkleidung durch verschiedenartige Steinsorten. Gestaltungsmotiv der Antike und aller von ihr beeinflußten Stile.

Ionisch, → Ordnung.

Joch, Gewölbeabschnitt als Einheit eines durch Pfeiler/Säulen gegliederten Raumes.

Kaffgesims, gotische Gesimsform.

Kämpfer, Auflager eines Bogens oder Gewölbes. Auch Querholz zur Unterteilung eines Fensters, das zusammen mit dem Setzholz das Fensterkreuz bildet.

Kandelaber, massiver Leuchtenständer nach antikem Vorbild aus Stein, Metall, Holz u.a..

Kannelierung, → Kanneluren.

Kanneluren, senkrechte Rillen am Schaft eines Stützgliedes der klasssischen → Ordnungen.

Kapitell, dekorativ gestaltetes Haupt einer Säule oder eines Pfeilers als Abschluß.

Kartusche, Zierrahmen für Wappen, Inschriften und dergl.

Karyatide, Mädchengestalt als → gebälktragende Stütze.

Kassettendecke, flache oder gewölbte Decke mit geometrischen eingetieften Feldern.

Kenotaph, Ehrengrabmal für einen an anderem Ort beigesetzten Toten.

Kolonnade, Säulengang.

Kolossalordnung, Säulen oder Pilaster über mehrere Geschosse einer Fassade.

Korbbogen, gestelzter → Segmentbogen.

Kranzgesims, stark ausladendes → Hauptgesims.

Krüppelwalm, im oberen Teil abgewalmter Giebel.

Korinthisch, → Ordnung.

Lagerfugen, waagerechte Fuge im Mauerwerk.

Laterne, runder oder polygonaler Aufsatz einer Kuppel oder Turmhaube sowie bei Zelt- und Mansarddächern, ursprünglich zur Belichtung.

Laibung, (Leibung), durch Einschnitt einer Tür oder eines Fensters entstehende Schnittfläche in der Stärke der Mauer.

Lisene, Wandvorlage ohne Basis und Kapitell.

Loggia, innerhalb der Bauflucht liegender Freiraum.

Maison de Plaisance, in Frankreich geprägter Typus für ein zu Sommeraufenthalten bestimmtes Lustschloß.

Majolika, bemalte und glasierte Töpferware.

Mansarddach, nach dem französischen Baumeister J. H. Mansart (1645-1708) benanntes geknicktes

Dach mit steiler Neigung im unteren Teil und dadurch günstiger Ausnutzung des Dachraumes.

Mansarden, Fenster bzw. Räume im → Mansarddach.

Maßwerk, ornamentale Unterteilung gotischer Fenster, auch als Füllung von Brüstungen u.a.

Medaillon, Bild oder Relief in rundem oder elliptischem Rahmen.

Mensa, Deckplatte des Altars.

Metopen, meist plastisch dekorierte Felder zwischen den → Triglyphen im → Fries des → Gebälks der dorischen → Ordnung.

Mezzanin, Halbgeschoß.

Nutung, Profilierung des Putzes durch parallele Rillen mit dem Effekt von → Lagerfugen.

Oculus, kleines Rundfenster.

Ordnung, Proportionierung klassischer Säulen und Gebälke, bezogen auf die drei klassischen griechischen Säulenordnungen: dorisch, ionisch, korinthisch und deren Sonderformen (toskanische Ordnung, Kompositordnung u.a.) in der römischen Architektur.

Ortgang, konstruktiver Abschluß der Dachdeckung am Giebel, Giebelkontur.

Parterre, Erdgeschoß. Auch ebene Gartenfläche im Barockgarten.

Pergola, Rankgerüst, bestehend aus Stützen und Gebälk.

Pilaster, pfeilerförmige Wandvorlage mit Basis und Kapitell.

Point de vue, Blickpunkt oder Blickfang einer Straßen- oder Gartenachse.

polygonal, vieleckig.

Portikus, von Stützen getragener repräsentativer Vorbau einer Fassade.

Postament, Sockel eines Stützgliedes, einer Statue u. a.

Risalit, vor den Hauptbaukörper tretender Gebäudeteil mit eigener Verdachung, der auch höher sein kann.

Rustika, Rustizierung, Werksteinquader mit kunstvoll „roh" behauener Stirnseite.

Sarkophag, kasten- oder wannenartiger Prunksarg aus Stein, Metall u.a.

Satteldach, Giebeldach, bei dem zwei geneigte Dachflächen gegen einen gemeinsamen First stoßen.

Secession, vom Wiener Jugendstil herkommende Kunstströmung.

Segmentbogen (Flachbogen), Bogen in Form eines Kreissegments.

Segmentgiebel, Giebel mit oberer Kontur in Form eines Kreissegments.

Serliana, nach dem italienischen Architekten Sebastiano Serlio (1475–1554) benannte Fenster- oder Türgruppe, bei der eine Bogenstellung von zwei Öffnungen mit geradem Sturz flankiert wird. (Palladio-Motiv)

Sgraffito, Fassadendekoration in Kratzputztechnik bei unterschiedlich getönten Putzschichten.

Sohlbank, Fensterbank.

Souterrain, Untergeschoß.

Spundierung, von spunden als Herstellung eines Spundes = einer Feder oder Nut an einem Brett. Hier übertragen als parallele Gravierung des Putzes mit dem Effekt von Lagerfugen.

Stichbogen, → Segmentbogen.

Strebepfeiler, der Wand außen vorgestellter Pfeiler zum Abfangen des

Gewölbeschubs. Charakteristisch für die gotische Architektur.

Stuck, mit Leimwasser angerührter Gipsmörtel für frei aufzutragende Dekorationen oder Dekorationen in serieller Fertigung.

Tambour, zylinderisches i.d.R. lichtspendendes Zwischenstück bei Kuppelgewölben.

Terracotta, Kunst- und Architekturgegenstände aus gebranntem, unglasiertem Ton.

Thermenfenster, weites großes Fenster in Halbkreisform mit Dreiteilung in Anlehnung an römische Thermenarchitektur.

Tondo; rundes Medaillon o. ä. als Bestandteil der Architektur.

Toskanisch, → Ordnung.

Triglyphen, Dreischlitzplatte am Fries der → Dorischen Ordnung. Als im Steinbau nachgebildete Balkenköpfe zu verstehen.

Veranda, vorgebauter überdachter Freiraum, auch verglast.

Vestibül, Vorhalle eines repräsentativen Gebäudes.

Vierung, der durch Kreuzung von Lang- und Querhaus entstehende vielfach überkuppelte Zentralraum einer Kirche.

Vicus, lateinische Bezeichnung für eine dörfliche Ansiedlung.

Volute, schneckenförmig eingerollte Zierform, häufig zur Vermittlung zwischen vertikalen und horizontalen Baugliedern.

Walmdach, auch an den Schmalseiten abgeschrägtes Dach mit First ohne Giebelausbildung.

Werkbund, Deutscher 1907 in München gegründete Kulturorganisation für die gesamte Umweltgestaltung, insbesondere für Architektur. Kunsthandwerk und Industriedesign. Materialechtheit und Materialgerechtigkeit gelten als seine wichtigsten ästhetisch-moralischen Grundsätze als Reaktion auf den Historismus.

Zahnschnitt, aus Balkenköpfen abstrahierter Fries aus rechtwinkligen kleinen Blöcken. Zur → Ionischen Ordnung gehörend.

Zeltdach, Pyramidendach über quadratischem oder vieleckigem Grundriß.

Zwerchhaus, mit Giebel ausgebildeter Dachaufbau, quer zum First stehend.

Literaturhinweise

Otto, F.
Geschichte der Stadt Wiesbaden, 1877
Roth, F. W. E.
Geschichte und historische Topographie der Stadt Wiesbaden im Mittelalter und in der Neuzeit, 1883

Schüler, Th.
Die Umgestaltungen der Stadt Wiesbaden in der Neuzeit, Wiesbadener Tageblatt, 1890/91, 18 Folgen
Spielmann, C. / Krake, J
Die Entwickelung des Weichbildes der Stadt Wiesbaden, 1912
Luthmer, F.
Die Bau- und Kunstdenkmäler des Regierungsbezirkes Wiesbaden, Bd. V, 1914

Heymach, F.
Geschichte der Stadt Wiesbaden, 1925
Meurer, A. H.
Alte Wiesbadener Gast- und Badehäuser, Nass. Heimat, 5, 1925
Müller-Werth, H.
Geschichte und Kommunalpolitik der Stadt Wiesbaden, 1963
Dehio, G.
Handbuch der deutschen Kunstdenkmäler Hessen, Bearb. M. Backes, 1966
Schaefer, A.
Wiebaden, Von der Römersiedlung zur Landeshauptstadt, 1969
Kropat, W. A.
Das alte Wiesbaden (1500–1806), Nass. Annalen, Bd. 85, 1974
Biebrich am Rhein 874–1974
Hrsg. R. Faber, Wiesbaden 1974
Schoppa, H.
Aquae Mattiacae. Wiesbadens römische und alemannisch-merowingische Vergangenheit, Wiesbaden 1974
Döringer, W.
Der kleine Heimatforscher in der Stadt Wiesbaden, 1977
Friedrich v. Thiersch 1852–1921
Ein Münchner Architekt des Späthistorismus, Katalog zur Ausstellung 1977, München 1977
Kleineberg, G.
Wiesbaden im Bild
Graphik von 1600–1840, Museum Wiesbaden 13, 1978
Struck, W.-H.
Wiesbaden in der Goethezeit, Wiesbaden 1979
Renkhoff, O.
Wiesbaden im Mittelalter, Wiesbaden 1980
Herzogtum Nassau 1806–1866
Katalog zur Ausstellung, Museum Wiesbaden, Wiesbaden 1981

Struck, W.-H.
Wiesbaden im Biedermeier, Wiesbaden 1981
Wiesbaden
Geschichte im Bild, Hrsg. H. Schoppa u.a., 1981
Philipp Hoffmann 1806–1889
Ein nassauischer Baumeister, Katalog zur Ausstellung 1982, Hrsg. Landeshauptstadt Wiesbaden, Wiesbaden 1982
Bubner, B.
Wiesbaden, Baukunst und historische Entwicklung, Hrsg. Erich Haub-Zais-Stiftung, Wiesbaden 1983
Bothe, R., Hrsg.
Kurstädte in Deutschland, Berlin 1984
Neues Bauen in Wiesbaden 1900–1914
Katalog zur Ausstellung 1984
Hrsg. Landeshauptstadt Wiesbaden
Wiesbaden 1984
Der Luisenplatz in Wiesbaden
Entstehung, Entwicklung, Neugestaltung. Hrsg. im Auftrag der Landeshauptstadt Wiesbaden, Wiesbaden 1985
Russ, S.
Denkmaltopographie BRD
Kulturdenkmäler in Hessen
Wiesbaden II – Die Villengebiete
Hrsg. Landesamt für Denkmalpflege Hessen, Wiesbaden 1988
Schüler, W.
Das wilhelminische Wiesbaden, Nass. Annalen, Bd. 99, 1988
Bubner, B.
Christian Zais (1770–1820) in seiner Zeit. Katalog zur Ausstellung, Hrsg. Erich Haub-Zais-Stiftung, Wiesbaden 1993

Nachwort

Der Wegweiser zu Wiesbadens Baudenkmalen und historischen Stätten greift aus der Fülle wertvoller Beispiele eine begrenzte, aber typische Anzahl heraus, um diese dem an baugeschichtlichen Fragen interessierten Leser nahezubringen.

Er führt damit eine Veröffentlichung aus dem Jahre 1979 fort, die im Rahmen der Beschilderung historischer Bauten von Stefan Thiersch und Berthold Bubner unter redaktioneller Mitwirkung von Ingeborg Büttner bearbeitet worden war. Bedingt durch widrige Umstände war damals allerdings nur ein geraffter Querschnitt durch Wiesbadens bauliche Entwicklung möglich gewesen, der in vieler Hinsicht verbesserungswürdig erschien.

Die nunmehr vorliegende zweite Auflage behandelt das ebenso reizvolle wie wichtige Thema in einer neu gestalteten und seiner Bedeutung angemessenen Form.

Text- und Bildmaterial wurden wesentlich erweitert und durch zahlreiche Karten, Pläne sowie Literaturhinweise ergänzt, während zehn Hauptkapitel den Zugang zu den entwicklungsgeschichtlichen Voraussetzungen Wiesbadens vermitteln. Bemerkenswerte Bauten der 1977 eingemeindeten Orte wurden ebenfalls aufgenommen.

Verleger und Autor danken deshalb allen, die bei der Entstehung des Denkmalführers hilfreich gewesen sind.

Dieser Dank gilt insbesondere dem Magistrat der Landeshauptstadt Wiesbaden sowie Herrn Horst Schiel, Amt für Öffentlichkeitsarbeit und Herrn Edgar A. Heydock, Leiter des Stadtplanungsamtes, ohne deren bereitwillige Unterstützung die Veröffentlichung in dieser Form nicht möglich gewesen wäre.

Gedankt sei ferner Frau Monika Quebe und Herrn Jürgen Göbel, Vermessungsamt, für die Bearbeitung des kartographischen Materials sowie Herrn Siegbert Sattler, Staatsbauamt Wiesbaden und Herrn Günter Mischewski, Leiter des Stadtarchivs, für sonstige hilfreiche Unterstützung.

Unser Anliegen ist es, die Stadt und die Geschichte ihrer Entstehung neu zu erschließen. Hierbei wünschen wir uns eine freundliche Aufnahme sowie Anregungen und Hinweise seitens des Lesers.

Berthold Bubner